会计核算实务

主　编　李　焱　胡浪涛　唐湘娟
副主编　尹　芬　周小妮　杜　娟
　　　　温　莉
参　编　胡智琦　张绍斌

广东高等教育出版社
Guangdong Higher Education Press
·广州·

图书在版编目（CIP）数据

会计核算实务／李焱，胡浪涛，唐湘娟主编．—广州：广东高等教育出版社，2024．9．—ISBN 978－7－5361－7721－5

Ⅰ．F230

中国国家版本馆 CIP 数据核字第 20246XJ910 号

出版发行	广东高等教育出版社 地址：广州市天河区林和西横路 邮政编码：510500　电话：（020）87554153 http://www.gdgjs.com.cn
印　　刷	广东信源文化科技有限公司
开　　本	787 毫米×1 092 毫米　1/16
印　　张	20.5
字　　数	523 千
版　　次	2024 年 9 月第 1 版
印　　次	2024 年 9 月第 1 次印刷
定　　价	55.00 元

序 言

自 2007 年新的会计准则体系实施以来，特别是最近几年，财政部紧跟会计工作的实际需要，对其中的一些会计准则做了修改和完善；与此同时，国家税务总局也对相关税务法规进行了较大幅度的修改。因此，结合教学工作中的实际情况，在吸取他人优点的基础之上，编者对会计核算实务的部分内容做了设计和编排，以满足“工学结合”“项目教学”的要求。

本教材适用于财经类高等院校在校学生、参加自学考试的财经类专业学生及热爱会计工作的社会在职人员。

本教材在编写过程中，主要体现了以下几个方面的特征。

一、 经济业务处理会计模板化

目前市场上中级财务会计教材普遍存在对会计业务处理重文字叙述、轻会计业务的状况，许多初学者读后对具体发生的经济业务无法正确地编制会计分录。为了改变这一状况，在本书编写过程中，编者针对每一种类型的经济业务，不仅进行了简单的文字叙述，而且总结出此类经济业务的会计处理模板，为学习者做出正确的会计分录示范，有利于他们学习和掌握财务会计实务的相关专业知识。

二、 设置重难点内容视频讲解

本书内容应用广泛，但书中部分知识点不容易理解，属于重难点知识。为了解决这些重难点知识的教学，我们将这部分的知识单独抽出来，录制了相关的视频文件，用通俗易懂的语言讲解和直观的案例分析，帮助学生轻松掌握知识点。视频文件制作成二维码，放置相关内容附近，扫码即可学习。

三、 紧密结合工作实际情况， 设计了完整、 系统的实训题库

为了让读者牢固掌握财务会计实务相关专业知识，同时结合企业财务工作要求，本书附录部分设计了每章的若干个实训练习，每个实训内容包含有实训目的、实训资料、实训要求三个部分，目的是让读者明白每一个实训项目的目标及作用。通过这些系统的实训练习，有助于读者掌握中级财务会计实务的相关专业知识，为他们今后顺利地走向会计工作岗位奠定坚实的基础。

这些实训练习答案均可通过扫描封底的二维码查核。每个实训项目的答案都附有详细的计算过程及会计分录，读者在核对答案的同时可清楚实训练习错误的环节和原因，可及时发现学习中存在的问题和不足，以达到查漏补缺、巩固知识点的目的。

四、 紧跟税收法规的变化， 培养学生的思政素养

党的二十大以来，税务部门以实际行动贯彻落实党的二十大精神，积极推动各项税费政策落地落实，不断优化税收服务举措。本书在编写过程中，紧跟税收政策前沿，有机融入最新的税务法律法规和会计准则，在注重理论知识运用、突出实务训练的同时，更进一步地培养学生诚实守信的职业道德、诚信纳税的法律意识和树立正确的责任观念。

本书中的总论、资金岗位核算由温莉（广州科技贸易职业学院）编写；金融资产、负债由胡浪涛（广州科技贸易职业学院）编写；销售及应收款项岗位核算由尹芬（广州科技贸易职业学院）编写；存货及应付款项岗位核算由周小妮（广州科技贸易职业学院）编写；长期股权投资由唐湘娟（广州铁路职业技术学院）编写；无形资产、借款费用由杜娟（广州科技贸易职业学院）编写；固定资产岗位核算、投资性房地产、所有者权益、财务报告编制岗位、附录实训及答案由李焱（广州科技贸易职业学院）编写。胡智琦（广州科技贸易职业学院）和张绍斌（广州科技贸易职业学院）对本书进行了部分审核工作。全书由李焱负责筹划和统稿。

由于编者水平有限，书中难免存在一些错漏，恳请读者提出批评并指正，我们衷心接受您的意见和建议。联系方式：liyan5903@126.com。

编　者

2024 年 3 月于广州

目 录

第一章　总论

本章学习重点

1. 财务会计的含义、特征及目标
2. 会计四大基本假设
3. 会计信息质量要求
4. 会计六要素

第一节　会计的特征

一、财务会计的特征

财务会计是以会计准则为依据，通过填制凭证、登记账簿、编制会计报表等方法，确认和计量企业资产、负债、所有者权益的增减变化，反映企业收入的取得、费用的发生和归属以及净收益的形成及分配，定期以财务报告的形式提供企业的财务状况、经营成果和现金流量的情况，并通过分析财务报告，客观评价企业的经营业绩、偿债能力和获利能力，对企业的经营情况做出综合分析与评价。

通俗地讲，会计是以货币为主要计量单位，以凭证为主要依据，借助于专门的技术方法，对一定单位的资金运动进行全面、综合连续、系统的核算与监督，向有关方面提供会计信息的经济管理活动。

因此，财务会计具有以下特征。

1. **对外提供通用的财务报告**

现代社会中，会计信息的需求者众多，既有企业外部的投资者、债权人、政府机构，也有企业内部管理层。财务会计的主要任务是向企业外部与企业存在经济利益关系的各方提供财务报告，满足外部会计信息使用者的需要。由于企业外部与其利益相关的集团或个人众多，他们所需要的决策信息千差万别，因此，财务会计并不是也不可能针对某一外部会计信息使用者提供财务报告，满足其个别决策的需要，而是通过定期编制通用的“资产负债表”“利润表”“现金流量表”和“所有者权益变动表”，向企业外部会计信息使用者传递企业财务状况、经营成果、现金流量等会计信息，反映企业管理层受托责任履行情况，帮助财务报告使用者做出经营决策。

2. **以会计准则规范会计核算**

在所有权与经营权相分离的情况下，财务报告是由企业管理层负责编报的，而财务报告的使用者主要是来自企业的外部。会计信息的外部使用者远离企业，不直接参与企业的日常经营管理，而主要通过企业提供的财务报告获得有关的经济信息。因此，财务会计信息的质量是企业外部会计信息使用者关注的焦点。为使财务会计提供的会计信息真实、可靠，防止企业管理者在会计报表中弄虚作假，财务会计必须严格遵循会计准则，并按照法定的程序对有关资料进行归类整理，定期提供反映企业财务状况和经营成果的财务报告。

3. **运用传统会计方法和程序进行会计活动**

财务会计是由传统会计演化而来的，它沿用了传统会计中有关确认、计量、记录等方法及程序，对企业的经济活动进行有效的反映和监督。同时，财务会计是在传统会计的基础上进一步发展起来的，将传统会计的方法、程序提高到一定的会计理论高度，并以公认会计原则的形式使之系统化、条理化和规范化，形成较为严密而稳定的基本结构。

二、 财务报告的目标

企业财务会计的目的是为了通过向企业外部会计信息使用者提供有用的信息，帮助使用者做出相关决策。承担这一信息载体和功能的是企业编制的财务报告，它是财务会计确认和计量的最终结果，是企业管理层与外部信息使用者之间沟通的桥梁和纽带。因此，财务报告的目标定位十分重要。财务报告的目标定位决定着财务报告应当向谁提供有用的会计信息，应当保护谁的经济利益，这是编制企业财务报告的出发点；财务报告的目标定位决定着财务报告所要求会计信息的质量特征，决定着会计要素的确认和计量原则，是财务会计系统的核心与灵魂。

通常认为财务报告目标有受托责任观和决策有用观两种。在我国，企业会计准则规定，企业财务报告的目标是向财务报告使用者提供与企业财务状况、经营成果和现金流量等有关的会计信息，反映企业管理层受托责任履行情况，体现为财务报告的受托责任观。

财务报告目标要求满足投资者等财务报告使用者决策的需要，体现财务报告的决策有用观。财务报告的决策有用观与其受托责任观是统一的，投资者出资委托企业管理层经营，希望获得更多的投资回报，实现股东财富的最大化，从而进行可持续投资；企业管理层接受投资者的委托从事生产经营活动，努力实现资产的安全完整、保值增值，防范风险，促进企业可持续发展，更好地、持续地履行受托责任，为投资者提供回报，为社会创造价值，从而构成企业经营者的目标。

第二节 会计基本假设

会计基本假设是指在会计实践中长期奉行、无须证明便为人们所接受的前提条件。为保证会计信息的一致性和符合财务报告的目标，财务会计要在一定的假设条件下才能确认、计量、记录和报告会计信息，并能对会计核算所处的变化不定的会计环境做出合乎情理的判断。我国的会计基本假设有四项，包括会计主体、持续经营、会计分期、货币计量。

一、 会计主体

会计主体是指会计工作所服务的特定单位。会计主体假设要求企业对其本身发生的交易或者事项进行确认、计量和报告，反映企业本身所从事的各项生产经营活动。会计主体基本前提的实质在于它规定了企业会计确认、计量和报告的空间范围。

明确界定会计主体是开展会计确认、计量和报告工作的重要前提。首先，明确会计主体，才能划定会计所要处理的各项交易或事项的范围。在会计实务中，只有那些影响企业本身经济利益的交易或事项才能加以确认、计量和报告。其次，明确会计主体，才能将会计主体的交易或者事项与会计主体所有者的交易或者事项以及其他会计主体的交易或者事项区分开来。

会计主体不同于法律主体。一般来说，法律主体必然是一个会计主体。例如，一个企业作为一个法律主体，应当建立财务会计系统，独立反映其财务状况、经营成果和现金流量。但是，会计主体并不一定是法律主体。例如，一个生产性公司下设五个生产车间，为了独立反映每一个生产车间的生产经营状况，可以为每一个生产车间单独设立一套账，这样每一个生产车间就变成了一个会计主体，但每一个生产车间并不是一个法律主体。

二、 持续经营

持续经营是指在可以预见的将来，企业将会按当前的规模和状态继续经营下去，既不会停业，也不会大规模削减业务。财务会计需按照持续经营的前提下进行会计确认、计量和报告。因此，在这个基本前提下，会计便可认定企业拥有的资产将会在正常的经营过程中被合理地支配和耗用，企业的债务也将在持续经营中得到有序的补偿。例如，以持续经营为前提，企业取得固定资产时，按取得成本而非清算价格予以计价，并且在持续经营期间视其耐用年限将其价值分配转移，即以计提折旧的方式，将购置固定资产的成本分摊到各个会计期间。

持续经营的前提是认定企业在生产经营活动中的资产总以原定的用途被使用、消耗，其资产的现时价值并不重要。倘若持续经营前提不存在，历史成本计价基本原则以及一系列的会计准则和会计方法也将失去存在的基础，就不能客观地反映企业的财务状况、经营成果和现金流量，这会误导会计信息使用者的经济决策。

三、 会计分期

企业应当划分会计期间，分期结算账目和编制财务报告。会计分期是指将会计主体持续不断的经营活动人为划分为相等的、较短的会计期间，以便分期考核其经营活动的成果。企业以持续经营为理念，但是债权人和投资人乃至经营管理者却不能等到经济活动完全结束（承包期满或解散）才核算一次盈亏，这就促使企业需将经营活动划分为一个个连续的、长短相同的期间，据以记录经济业务、结算账目、编制会计报表，及时反映一定时期的财务状况和一定期间的经营成果、现金流量的信息。

会计分期的意义在于界定会计信息的时间段落，产生本期与非本期的区别，才使不同类型的会计主体有了记账的基础，从而形成权责发生制和收付实现制两种不同的会计基础，进而又出现了预收、预付、应收、应付、折旧、推销等会计处理方法。会计期间分为年度和中期。中期是指短于一个完整的会计年度的报告期间，如半年、季度或者月度报告。

四、 货币计量

企业会计应当以货币为主要计量单位。货币计量是指会计主体在财务会计确认、计量和报告时以货币作为主要计量尺度，反映会计主体的生产经营活动。这样，不同企业提供的会计信息便可对比。企业的会计核算一般以人民币作为记账本位币，若业务收支以人民币以外的货币为主的企业，可以选定其中一种货币作为记账本位币，但是编制的财务报告向中国政府有关部门报送时应当折算为人民币。

上述会计核算的四项基本假设，具有相互依存、相互补充的关系。会计主体确立了会计核算的空间范围，持续经营与会计分期确立了会计核算的时间长度，而货币计量则为会计核算提供了必要手段。

第三节　会计信息质量要求

会计信息质量要求是对企业财务报告中所提供会计信息质量的基本要求，财务报告中所提供的会计信息对信息使用者决策有用是其基本特征，它主要包括可靠性、相关性、可理解性、可比性、实质重于形式、重要性、谨慎性和及时性等。

一、 可靠性

可靠性要求企业应当以实际发生的交易或者事项为依据进行会计确认、计量和报告，如实反映符合确认和计量要求的各项会计要素及其他相关信息，保证会计信息真实可靠、内容完整。

财务报告所提供的会计信息若不可靠，就会对投资者等信息使用者的决策产生误导甚至带来损失。为了贯彻可靠性要求，企业应当做好以下工作。

（1）以实际发生的交易或者事项为依据进行确认、计量，将符合会计要素定义及其确认条件的资产、负债、所有者权益、收入、费用和利润等如实反映在财务报表中。

（2）在符合重要性和成本效益原则的前提下，应保证会计信息的完整性，其中包括编制的报表及其附注内容等应当保持完整，不能随意遗漏或者减少应予披露的信息。

（3）在财务报告中的会计信息应当是中立、无偏的。如果企业在财务报告中为了达到事先设定的结果或效果，通过选择或列示有关会计信息以影响投资者等决策和判断，这样的财务报告信息就不是中立的。

二、 相关性

相关性要求企业提供的会计信息应当与财务报告使用者的经济决策需要相关，有助于财务报告使用者对企业过去、现在或者未来的情况做出评价或者预测。也就是说，会计信息是否有用，是否有价值，关键看其与使用者的决策需要是否相关，是否有助于决策或者提高决策水平。

对于会计信息质量的相关性要求，需要企业在确认、计量和报告会计信息的过程中，充分考虑使用者的决策模式和信息需要。但是，相关性是以可靠性为基础的，两者之间并不矛盾，不应将两者对立起来。也就是说，会计信息在可靠性的前提下，尽可能地做到相关，以满足投资者等信息使用者的决策需要。

三、 可理解性

可理解性原则是指企业会计核算和编制的财务报告应当清晰明了，便于理解和运用。会计信息的价值在于对信息使用者的决策有用，因而必须使信息使用者理解会计分录乃至编制报告语言、方法的含义和用途，而且可理解性原则应贯穿于会计核算的各个阶段。对于某些复杂的信息，如交易本身较为复杂或者会计处理较为复杂，但其与使用者的经济决策相关，企业也应当在财务报表中充分披露。

四、 可比性

可比性要求企业提供的会计信息应当具有可比性，可比性包括以下两方面含义。

1．同一企业纵向可比

会计信息质量的可比性要求同一企业不同时期发生的相同或者相似的交易或事项，应当采用一致的会计政策，不得随意变更。确需变更的，应当在附注中说明。如企业将存货计价从先进先出法改为加权平均法，会对存货发出成本和留存存货价值产生不同的影响，这就需在附注中说明。

2．不同企业横向可比

会计信息质量的可比性要求不同企业发生的相同或者相似的交易或事项，应当采用国家规定的会计政策，以确保会计信息口径一致、相互可比。企业经营的好坏，资产情况如何，可通过企业之间会计报表信息的比较来反映，如果企业记账口径都一致，无疑其可比性会增强。可比性原则以客观性原则为基础，并不意味着不能有任何其他选择，只要这种选择仍然可以进行有意义的比较。如为了如实反映应收账款的风险，可以根据实际情况选择计提坏账准备比例。

五、 实质重于形式

实质重于形式要求企业应当按照交易或事项的经济实质进行会计确认、计量和报告，不应仅以交易或者事项的法律形式为依据。如果企业的会计核算仅仅按照交易或事项的法律形式或人为形式进行，而其法律形式或人为形式又未能反映其经济实质和经济现实，那么，会计核算的结果不仅不利于会计信息使用者的决策，反而会误导会计信息使用者的判断。如将融资租入固定资产视同为自有固定资产进行会计处理，就是遵循实质重于形式的原则。

六、 重要性

重要性要求企业提供的会计信息应当反映与企业财务状况、经营成果和现金流量等有关的所有重要交易或事项。企业的会计核算应当遵循重要性原则，在会计核算过程中对交易或事项应当区别其重要性程度，采用不同的核算方法。对资产、负债、损益有较大影响，并进而影响财务报告使用者据以做出合理判断的重要会计事项，必须按照规定的会计方法和程序进行处理，并在财务报告中予以充分、准确地披露；对于次要的会计事项，在不影响会计信息真实性和不至于误导财务报告使用者做出正确判断的前提下，可适当简化处理。如某项资产过少可不单独在会计报告中列报，而在财务会计中合并反映。重要性原则与会计信息成本效益直接相关，坚持重要性原则能使提供会计信息的收益大于成本。

在实务中，如果某会计信息的省略或者错报会影响投资者等财务报告使用者据此做出决策的，该信息就具有重要性。重要性的应用需要依赖职业判断，企业应当根据其所处环境和实际情况，从项目的性质和金额大小两方面加以判断。

七、 谨慎性

谨慎性要求企业对交易或事项进行会计确认、计量和报告应当保持应有的谨慎，不应高估资产或收益、低估负债或费用。谨慎性原则是指会计人员对存在不同会计处理程序和方法的某些经济业务或会计事项，应在不影响合理反映的前提下，尽可能选择不虚增利润和夸大使用者权益的会计处理程序和方法进行会计处理。当有多种会计方法供选择时，企业应当遵循谨慎性原则的要求，不得多计资产或收益、少计负债或费用，也不得设置秘密准备。

八、 及时性

及时性要求企业对于已经发生的交易或事项，应当及时进行会计确认、计量和报告，不得提前或者延后。在会计确认、计量和报告过程中贯彻及时性，企业应做好以下工作。

（1）及时收集会计信息，即在经济交易或事项发生后，及时收集整理各种原始单据或者凭证。

（2）及时处理会计信息，即按照会计准则的规定，及时对经济交易或事项进行确认或者计量，并编制财务报告。

（3）及时传递会计信息，即按照国家规定的有关时限，及时将编制的财务报告传递给财务报告使用者，便于其及时使用和做出决策。

在上述八个会计信息质量要求中，可靠性、相关性、可理解性、可比性是会计信息的首要质量要求，是企业财务报告中所提供会计信息应具备的基本质量特征；实质重于形式、重要性、谨慎性和及时性是会计信息的次要质量要求，是对可靠性、相关性、可理解性和可比性等首要质量要求的补充和完善。及时性还是会计信息相关性和可靠性的制约因素，企业需要在相关性和可靠性之间寻求一种平衡，以确定信息及时披露的时间。

案例 1：

A 公司拥有 B 公司 40% 的表决权资本，C 公司拥有 B 公司 30% 的表决权资本。A 公司与 C 公司达成协议，C 公司在 B 公司的权益由 A 公司代表。则 A 公司对 B 公司是控制关系还是具有重大影响？

案例分析：本例中，A 公司实质上控制 B 公司。

如果仅从 A 公司拥有 B 公司 40% 的表决权资本的角度来分析，A 公司未能对 B 公司实施控制，A 公司只对 B 公司具有重大影响。如果仅从 C 公司拥有 B 公司 30% 的表决权资本的角度来分析，C 公司也未能对 B 公司实施控制，C 公司也只对 B 公司具有重大影响。

但 A 公司与 C 公司达成协议，C 公司在 B 公司的权益由 A 公司代表。根据实质重于形式的会计信息质量要求，在这种情况下，A 公司实质上拥有 B 公司 70% 表决权资本的控制权，表明 A 公司实质上控制 B 公司。

第四节　会计的六大要素

企业会计对象与企业经济活动的内容密切相关，但不是企业经济活动的全部内容，企业会计对象仅指能够用货币表现的资金运动。以工业企业为例，工业企业的资产运动按其运动的程序可分为资金投入、资金使用、资金收回三个基本环节。随着企业供、产、销过程的不断进行，企业的资金也在不断地进行着循环和周转，即由货币资金转化为固定资金、储备资金，再转化为生产资金、成品资金，最后又转化为货币资金。会计要依次反映各阶段的资金运动，这种资金运动也就构成了工业企业会计的一般对象。

会计要素是根据交易或事项的经济特征确定财务会计对象和基本分类。对上述资金运动进行细致的描述即可看出：企业的资金可表现为保持货币形态的资金、原材料占用的资金、固定资产占用的资金、处于生产过程中的在产品占用的资金和完成生产过程待对外销售产成品占用的资金，我们将这些占用资金的项目统称为资产。企业的资金主要来自于两个方面，即从债权人处取得的部分和企业所有者投入的部分，人们习惯上把前者称为负债，把后者称为所有者权益。企业外销产品取得的货币资金，是企业运用资金取得的成果，称其为收入；而企业为取得收入而耗费资产的货币数额称为费用；收入与费用之间的差额称为利润。上述资产、负债、所有者权益、收入、费用和利润，就是一般所说的财务会计要素。可见，会计要素可以使会计对象、会计凭证和会计报表有机地联系起来。

上述会计要素中的资产、负债和所有者权益，是企业财务状况的静态反映，可视为资产负债表要素；收入、费用和利润是从动态方面来反映企业的经营成果，可视为利润表要素。人们利用六个会计要素，就可以从静态和动态两方面来描述企业的经济活动。

一、 反映企业财务状况的会计要素

财务状况是指企业一定日期的资产及权益状况，是资金运动相对静止状态时的表现。一个企业的财务状况可通过以下会计要素来反映。

1. **资产**

资产是指企业过去的交易或事项形成的、由企业拥有或控制的、预期会给企业带来经济利益的资源。资产按其流动性不同，分为流动资产、长期股权投资、固定资产、无形资产及其他资产。根据资产的定义，资产具有以下特征：①资产应为企业拥有或者控制的资源；②资产预期会给企业带来经济利益；③资产是由企业过去的交易或者事项形成的。

将一项资源确认为资产，需要符合资产的定义，还应同时满足以下两个条件：一是与该资源有关的经济利益很可能流入企业；二是该资源的成本或者价值能够可靠地计量。

2. **负债**

负债是指企业过去的交易或者事项形成的、预期会导致经济利益流出企业的现时义务。负债按其流动性的不同，分为流动负债和非流动负债。根据负债的定义，负债具有以下特征：①负债是企业承担的现时义务；②负债预期会导致经济利益流出企业；③负债是由企业过去的交易或事项形成的。

将一项现时义务确认为负债，需要符合负债的定义，还应当同时满足以下两个条件：一是与该义务有关的经济利益很可能流出企业；二是未来流出的经济利益的金额能够可靠地计量。

3. **所有者权益**

所有者权益是指企业资产扣除负债后，由所有者享有的剩余权益。公司的所有者权益又称为股东权益。所有者权益是所有者对企业资产的剩余索取权，它是企业资产中扣除债权人权益后应由所有者享有的部分，既可反映所有者投入资本的保值增值情况，又体现了保护债权人权益的理念。

所有者权益的来源包括所有者投入的资本、直接计入所有者权益的利得和损失、留存收益等，通常是由实收资本（股本）、资本公积、盈余公积和未分配利润构成。其中，利得是指由企业非日常活动所形成的、会导致所有者权益增加的、与所有者投入资本无关的经济利益的流入，包括直接计入所有者权益的利得和直接计入当期损益的利得。损失是指企业非日常活动所形成的、会导致所有者权益减少的、与所有者投入资本无关的经济利益的流出，包括直接计入所有者权益的损失和直接计入当期损益的损失。

所有者权益的确认和计量，主要取决于资产、负债、收入、费用等其他会计要素的确认和计量，尤其是资产和负债的确认与计量。所有者权益即为企业的净资产，是企业资产总额中扣除债权人权益后的净额，反映所有者财富的净增加额。

所有者权益与负债都属权益，都表现为对企业资产的求偿权，都反映在资产负债表的右边。所有者权益与负债合计总额等于资产总额，但两者又有明显的区别，主要表现在以下几方面。

（1）性质不同。负债是企业对债权人负担的经济责任；所有者权益是企业所有者对剩余资产的要求权。

（2）清偿的次序不同。债权人有优先获取企业用以清偿债务的资产的要求权；所有者权益则是所有者对剩余资产的要求权，这种要求权在顺序上置于债权人的要求权之后。

（3）享受的权利不同。债权人只有获取企业用以清偿债务的资产的要求权，而没有经营决策的参与权和收益分配权；所有者则可以参与企业的经营决策及收益分配。

（4）偿还的期限不同。企业的负债通常都有约定的偿还日期，企业必须定期偿还；所有者权益在企业的存续期内一般不存在偿还问题，即不存在约定的偿还日期，它是企业的一项可以长期使用的资金，只有在企业清算时才予以偿还。

二、 反映企业经营成果的会计要素

经营成果是企业在一定时期内从事生产经营活动所取得的最终成果，是资金运动显著变动状态的主要表现。一个企业的经营成果可通过以下会计要素来反映。

1. 收入

收入是指企业在日常活动中形成的、会导致所有者权益增加的、与所有者投入资本无关的经济利益的总流入，包括销售商品的收入、提供劳务的收入和让渡资产使用权而取得的收入等。收入的确认至少应当符合以下条件：一是与收入相关的经济利益应当很可能流入企业；二是经济利益流入企业的结果会导致资产的增加或负债的减少；三是经济利益的流入额能够可靠地计量。

2. **费用**

费用是指企业在日常活动中发生的、会导致所有者权益减少的、与向所有者分配利润无关的经济利益的总流出。我国规定的费用类项目有主营业务成本、其他业务成本、税金及附加、管理费用、销售费用、财务费用、所得税费用等。费用的确认至少应当符合以下条件：一是与费用相关的经济利益应当很可能流出企业；二是经济利益流出企业的结果会导致资产的减少或负债的增加；三是经济利益的流出额能够可靠地计量。

3. **利润**

利润是指企业在一定会计期间内的经营成果。利润是评价企业管理层业绩的指标之一，也是投资者等财务报告使用者进行决策时的重要参考。利润包括收入减去费用后的净额、直接计入当期损益的利得和损失等。即利润分为两个层次：第一个层次为营业收入减去营业成本、税金及附加、管理费用、销售费用、财务费用等，反映企业日常活动的经营业绩。第二个层次为再加减直接计入当期损益的利得和损失，反映企业非日常活动的取得。即利润反映收入减去费用、利得减去损失后的净额。利润的计算公式为：

利润 =（收入 - 费用）+（利得 - 损失）

利润的确认主要依赖于收入和费用以及利得和损失的确认，其金额的确定也主要取决于收入、费用、利得、损失金额的计量。

案例 2：

关于资产，有以下说法：

(1) 资产由企业拥有或控制是指企业享有某项资源的所有权，或者虽然不享有某项资源的所有权，但该资源能被企业控制。

(2) 预期在未来发生的交易或者事项也会形成资产。

(3) 符合资产定义和资产确认条件的项目应当列入资产负债表；符合资产定义，但不符合资产确认条件的项目不应列入资产负债表。

你认为哪种说法是正确的？哪种说法是错误的？

答：资产是指企业过去的交易或者事项形成的、由企业拥有或控制的、预期会给企业带来经济利益的资源。因为资产是由企业过去的交易或者事项形成的，所以第二种说法是错误的，不符合资产的定义和特征。将一项资源确认为资产，需要符合资产的定义，还应同时满足以下两个条件：一是与该资源有关的经济利益很可能流入企业；二是该资源的成本或者价值能够可靠地计量。所以，上述说法中，第一种和第三种说法是正确的，第二种说法是错误的。

第五节　会计要素的计量

会计计量是为了将符合确认条件的会计要素登记入账并列报于财务报表而确定其金额的过程。企业应当按照规定的会计计量属性进行计量，确定相关金额。计量属性是指予以计量的某一要素的特性方面。从会计角度看，计量属性反映的是会计要素金额的确定基础，主要包括历史成本、重置成本、可变现净值、现值和公允价值等。

一、 历史成本

历史成本又称为实际成本，就是取得或制造某项财产物资时所实际支付的现金或其他等价物。在历史成本计量下，资产按照购置时支付的现金或者现金等价物的金额，或者按照购置资产时所付出的对价的公允价值计量。负债按照因承担现时义务而实际支付的款项或者资产的金额，或者承担现时义务的合同金额，或者按照日常活动中为偿还负债预期需要支付的现金或者现金等价物的金额计量。

二、 重置成本

重置成本又称现行成本，是指按照当前市场条件，重新取得同样一项资产所需支付的现金或现金等价物金额。在重置成本计量下，资产按照现在购买相同或者相似资产所需支付的现金或现金等价物的金额计量。负债按照现在偿还该项债务所需支付的现金或现金等价物的金额计量。

三、 可变现净值

可变现净值是指在正常生产经营过程中，以资产预计售价减去进一步加工成本和预计销售费用以及相关税费后的净值。在可变现净值计量下，资产按照其正常对外销售所能收到的现金或者现金等价物的金额扣减该资产完工时估计将要发生的成本、估计的销售费用以及相关税费后的金额计量。可变现净值通常应用于存货资产减值情况下的后续计量。

四、 现值

现值是指对未来现金流量以恰当的折现率进行折现后的价值，是考虑货币时间价值的一种计量属性。在现值计量下，资产按照预计从其持续使用和最终处置中所产生的未来净现金流入量的折现金额计量；负债按照预计期限内需要偿还的未来净现金流出量的折现金额计量。

五、 公允价值

公允价值是指在公平交易中，熟悉情况的交易双方自愿进行资产交换或者债务清偿的金额。在公允价值计量下，资产和负债按照在公平交易中，熟悉情况的交易双方自愿进行资产交换或者债务清偿的金额计量。

根据新准则规定，我国计量属性的应用原则是：企业在对会计要素进行计量时，一般应当采用历史成本；采用重置成本、可变现净值、现值、公允价值计量的，应当保证所确定的会计要素金额能够取得并可靠地计量。

第二章 资金岗位核算

本章学习重点

1. 库存现金开支范围
2. 库存现金会计核算
3. 银行结算方式的种类及其会计核算
4. 其他货币资金的内容及其会计核算

第一节 库存现金

在我国，现金是指库存现金。这是狭义的现金概念，包括库存的人民币和外币。广义的现金不仅包括库存现金，还包括银行存款和其他符合现金定义的票据。

一、 现金管理的基本原则

现金是流动能力最强的货币资金，虽然流动性强但也有一定的适用范围的限制，并有相应条例对其进行严格的管理。现金管理就是对现金的收、付、存等各环节进行的管理，依据《现金管理暂行条例》的规定，现金管理的基本原则包括以下几种。

1. 收付合法原则

收付合法原则是指各单位在收付现金时必须依照国家的财经法规办理现金收支业务。这里所说的合法包括两层含义：一是现金的来源和使用必须合法；二是现金收付必须在合法的范围内进行。

2. **钱账分管原则**

钱账分管，即管钱的不管账，管账的不管钱。一方面，非出纳员不得经管现金的收付业务和现金保管业务；另一方面，按照《会计法》的规定，出纳员不得兼管稽核、会计档案保管和收入、费用、债权、债务账目的登记工作。当然，管钱的不管账，并不是说出纳员不能管理任何账，只要其所管的账与现金及银行存款无关或不影响内部牵制的总体要求即可。例如，出纳员在办理现金收付业务和现金保管的同时，还要登记现金日记账和编制现金日报表，由会计员登记现金总账等。

3. **收付两清原则**

收付两清原则是指为了避免在现金收支过程中发生差错，防止收付发生长款、短款，现金收付要做到相互复核，不论工作忙闲、金额大小或对象生熟，出纳人员对收付的现金都要进行复核，切实做到现金收付不出差错，收付款当面点清，以保证收付两清。

4. **日清月结原则**

日清月结原则是指各单位必须做到对每天发生的现金收付业务都要记入现金日记账，结出每天的库存现金余额，并把账面现金余额与实际库存现金余额核对，保证账实相符。

二、 现金开支范围

按照《现金管理暂行条例》，现金开支范围如下：

（1）职工工资、津贴。

（2）支付给个人的劳动报酬。

（3）根据国家规定颁发给个人的科学技术、文化艺术、体育等各种奖金。

（4）各种劳保、福利费以及国家规定的对个人的其他支出。

（5）向个人收购农副产品和其他物资的价款。

（6）出差人员必须随身携带的差旅费。

（7）结算起点（1 000 元人民币）以下的零星支出。

（8）中国人民银行确定的需要支付现金的其他支出。

不属于上述规定范围的款项支付应通过银行进行转账结算。

三、 库存现金的限额

为了满足企业日常零星开支的需要，按照规定，企业可保持一定数量的库存现金。库存现金的限额是指企业根据日常开支的现金量提出计划，报开户银行审查，由开户银行根据企业的实际需要和企业距离银行远近情况核定的库存现金的最高限度。其限额一般按照企业3～5天内的日常零星支出所需要现金确定；远离银行或交通不便的企业，可以根据企业不超过15天的日常支出来核定。

库存现金限额经银行核定批准后，开户单位应当严格遵守，每天现金的结存数不得超过核定的限额。超过库存现金限额的部分应当日终了前存入银行，如现金不足限额时可从银行提取现金，但不得在未经开户银行准许的情况下坐支现金。库存现金限额一般每年核定一次。单位因业务发展需要而变更库存现金限额时，可向开户银行提出申请，由开户银行重新核实，经批准后，方可调整，单位不得擅自超出核定限额增加库存现金。

四、 禁止坐支现金

企业支付现金时，应从本企业库存现金限额中支付或者从开户银行提取，而不得从本企业的现金收入中直接支付（即坐支现金）。坐支现金是违反财经纪律的行为，会受到相应的处罚。因特殊情况需要坐支现金，应事先报开户银行审查批准，由开户银行核定坐支范围和限额。企业定期向开户银行报送坐支金额及其使用情况。

五、 库存现金的内部控制制度

（1）企业应建立现金的岗位责任制，明确相关部门和岗位的职责权限，确保办理现金业务的不相容岗位的相互分离、制约和监督。出纳人员不得兼管稽核、会计档案保管和收入、费用、债权、债务账目的登记工作。

（2）企业办理现金业务，应配备合格的人员，并根据具体情况进行岗位轮换。

（3）企业应建立现金业务的授权批准制度，明确审批人员对现金业务的授权批准方式、权限、程序、责任和相关控制措施，规定经办人员办理现金业务的职责范围和工作要求。

（4）企业应加强银行预留印鉴的管理。财务专用章由专人保管，个人名章由本人或其授权人保管。严禁一人保管支付款项所需的全部印章。

（5）企业应加强与现金有关票据的管理，防止空白票据的遗失和被盗。

（6）现金管理“八不准”。按照《现金管理暂行条例》及其实施细则规定，企业、事业单位和机关、团体、部队现金管理应遵循以下“八不准”，即：不准用不符合财务制度的凭证顶替库存现金（即不准白条抵库）；不准单位之间互相借用现金；不准谎报用途套取现金；不准利用银行账户代其他单位和个人存入或支取现金；不准将单位收入的现金以个人名义存入储蓄；不准保留账外公款，不得私设“小金库”；不准发行变相货币；不准以任何票券代替人民币在市场上流通。

开户单位如有违反现金管理“八不准”的任何一种情况，开户银行可按照《现金管理暂行条例》的规定，有权责令其停止违法活动，并根据情节轻重给予警告或罚款。

六、 库存现金的核算

1. 库存现金序时核算

为了加强对库存现金的核算与管理，详细地掌握企业现金收支的动态和结存情况，企业必须设置“现金日记账”，按照现金收支业务发生的时间先后顺序，逐日逐笔进行登记，并逐日结出余额，以便与实存现金相核对，做到日清月结，账实相符。

2. 库存现金总分类核算

企业应设置“库存现金”账户对库存现金进行总分类核算。“库存现金”是资产类账户，用以核算库存现金的收入、支出和结存。收入现金时，记入借方；支出现金时，记入贷方；余额在借方，表示库存现金的结存数额。

库存现金总分类账由不从事出纳工作的会计人员登记，一般采用订本式“三栏式”账簿。月份终了，库存现金总分类账余额与出纳人员登记的现金日记账余额应核对相符。

会计业务处理模板：

（1）发生现金收入业务时。

借：库存现金

　贷：其他应收款

　　　应收账款

　　　主营业务收入

　　　其他业务收入

　　　应交税费——应交增值税——销项税额

　　　预收账款

（2）发生现金支付业务时。

借：管理费用

　　销售费用

　　原材料

　　周转材料

　　应付账款

　　其他应付款

　　应交税费——应交增值税——进项税额

　　应付职工薪酬

　贷：库存现金

案例 1：

2020 年 10 月 3 日，浩锐公司采购员张宇借差旅费 1 000 元，以现金支付，根据审批的借款单，编制会计分录如下：

借：其他应收款——张宇　　1 000

　贷：库存现金　　1 000

案例 2：

2020 年 10 月 10 日，浩锐公司采购员张宇报销差旅费 800 元，交回多余的现金 200 元，根据差旅费报销单，编制会计分录如下：

借：管理费用——差旅费　　800

　　库存现金　　200

　贷：其他应收款——张宇　　1 000

案例 3：

2020 年 10 月 11 日，浩锐公司收到零星销售商品款 1 130 元（增值税税率为 13%）。根据销售发票和出库单等相关凭据，编制会计分录如下：

借：库存现金　　1 130

　贷：主营业务收入　　1 000

　　　应交税费——应交增值税——销项税额　　130

案例 4：

2020 年 10 月 11 日，浩锐公司把上述收入 1 130 元现金存入银行，根据银行现金缴款单，编制会计分录如下：

借：银行存款　　1 130

　贷：库存现金　　1 130

案例 5：

2020 年 10 月 12 日，以现金支付总经理办公室购买办公用品款 100 元（增值税普通发票），根据现金支付单据和办公用品发票，编制会计分录如下：

借：管理费用——办公费　　100

　贷：库存现金　　100

案例 6：

2020 年 10 月 15 日，浩锐公司向银行（工行）提取现金 30 000 元以备发放工资，根据现金支票存根联，编制会计分录如下：

借：库存现金　　30 000

　贷：银行存款——工行　　30 000

案例 7：

2020 年 10 月 15 日，浩锐公司发放工资，根据工资清单，编制会计分录如下：

借：应付职工薪酬　　30 000

　贷：库存现金　　30 000

七、 现金的清查

现金是单位最活跃的一项资产，为了保护单位财产物资的安全完整，为了保证会计核算资料的客观真实性，应该对现金进行日常和不定期的清查审核。所谓日常，就是出纳员对于库存现金必须做到日清月结。所谓不定期，是指事先不规定清查时间，由专人组成清查小组对库存现金所进行的突击财产清查，重点应放在账款是否相符、有无白条充抵库存、有无私借公款、有无挪用公款、有无账外资金等违纪违法行为等。

1. **日常工作中，现金出现差错了，如何查出来**

每天工作结束对账时，如出现现金差错，首先要看差数多少和特点，然后确定查找方法。如当天出纳收付数与记账收付数相符就确定现金保管出现差错；如数字不符，而差额数字正好是出纳对账时相关的金额，就要确定查账或查凭证。

（1）查找方法。首先看有无凭证丢失漏记情况，再看是否有大写小写数错误。如发现现金差数既非大写小写数的差错，又不是颠倒的差错，那就要查是否是由于重记、漏记或误记而引起的差错。

（2）查库存现金。必须对所有的票币逐张、逐枚地复点，并加计总数看是否有误。

2. **不定期的清查**

现金的清查，主要是采用实地盘点法，即通过清点票数来确定现金的实存数，然后以实存数与现金日记账的账面余额进行核对，以查明盈亏情况。库存现金的盘点应由清查小组会同出纳员共同负责，一般在当天业务结束或开始之前进行，由出纳员亲点现金，清查小组人员和会计主管监看，注意清查时不得以“白条子”抵充库存现金，盘点结果要填入“现金清查盘点报告表”，并由清查人员、会计主管和出纳员签章。“现金清查盘点报告表”兼有盘存单和账存实存对比表的作用，是反映现金实有数和调整账簿记录的重要原始凭证。其一般格式如表 2－1 所示。

表 2－1　现金清查盘点报告表

单位名称：　　　　　　　　年　　　月　　　日　　　　　　　　单位：元

账面金额	实存金额	清查结果（或对比结果）		备注
		盘盈	盘亏	

监盘人：　　　　　　　　会计主管：　　　　　　　　出纳员：

现金清查的结果，如发现账面金额和实存金额不相符，即出现了“错款”。所谓“错款”，是指当日终了或经过一段时间，库存现金的实存数和账存数间存在差额，如果现金实存多于账上结存款，就叫“长款”；反之，则称“短款”。这些长、短款大多是由于工作差错造成的，故应及时查清原因，正确处理。如属于违反现金管理有关规定的，应及时予以纠正；如属于账实不符的，应查明原因，并将“短款”或“长款”先记入“待处理财产损溢”账户，待查明原因后根据情况分别处理：属于记账差错的应及时予以更正；如果是无法查明原因的“长款”，应计入“营业外收入”账户；如果是无法查明原因的“短款”，应计入“管理费用”账户；如果是由出纳员失职造成的“短款”，通常由出纳员赔偿，应计入“其他应收款”账户。

会计业务处理模板：

（1）企业发生现金短缺时。

借：待处理财产损溢——待处理流动资产损溢

　贷：库存现金

（2）企业发生现金溢余时。

借：库存现金

　贷：待处理财产损溢——待处理流动资产损溢

（3）经批准，对短缺的现金进行处理时。

借：管理费用

　　其他应收款

　贷：待处理财产损溢——待处理流动资产损溢

（4）经批准，对溢余的现金进行处理时。

借：待处理财产损溢——待处理流动资产损溢

　贷：营业外收入

案例 8：

2020 年 10 月 31 日，浩锐公司盘点现金，短缺 300 元，根据盘点报告单，编制会计分录如下：

借：待处理财产损溢——待处理流动资产损溢　　300

　贷：库存现金　　300

经查明原因，由出纳员陈强私自借了 100 元给公司业务员王明（有王明打的未经批准的借条），另 200 元找不到原因，经批准后由出纳员陈强负责偿还，编制会计分录如下：

借：其他应收款——陈强　　200

　　其他应收款——王明　　100

　贷：待处理财产损溢——待处理流动资产损溢　　300

案例 9：

2020 年 12 月 31 日，浩锐公司清查现金时，发现多了 700 元，根据库存现金盘点表，编制会计分录如下：

借：库存现金　　700

贷：待处理财产损溢——待处理流动资产损溢　　700

经查明原因，其中200元系多收客户款（甲公司），其他500元无法找到原因，根据审批意见，编制会计分录如下：

借：待处理财产损溢——待处理流动资产损溢　　700

贷：其他应付款——甲公司　　200

营业外收入　　500

第二节　银行存款核算

一、银行存款概述

银行存款是企业存放在银行或其他金融机构的货币资金。按照国家《支付结算办法》规定，企业应在当地银行开立账户，办理存款、取款和转账等结算业务。开立账户后，必须遵守中国人民银行《银行账户管理办法》的各项规定。

1. 银行存款开户的有关规定

银行账户，又称“银行存款账户”或“存款账户”，是各单位为办理结算和申请贷款在银行开立的户头，也是单位委托银行办理信贷和转账结算以及现金收付业务的工具。它具有监督和反映各单位经济活动的作用。凡新办的企业或公司在取得工商行政管理部门颁发的法人营业执照后，可选择离办公场所、办事工作效率高的银行营业机构申请开设自己的结算户头。对非现金使用范围的开支，都要通过银行账户办理。根据《银行账户管理办法》，银行存款账户分为基本存款账户、一般存款账户、临时存款账户、专用存款账户。

基本存款账户是存款人办理日常转账结算和现金收付开立的银行结算账户。一个单位只能选择一家银行的一个营业机构开立一个基本存款账户，不得在多家银行机构开立基本存款账户。单位的工资、资金、奖金等现金的支取，只能通过基本存款账户办理。

一般存款账户是存款人因借款或其他结算需要，在基本存款账户开户银行以外的银行营业机构开立的银行结算账户。存款人可以通过本账户办理借款转存、借款归还、其他结算的资金收付现金缴存，但不能办理现金支取。一个单位不得在同一家银行的几个分支机构开立一般存款账户。

临时存款账户是企业因临时经营活动需要开立的账户。企业可以通过本账户办理转账结算和根据国家现金管理规定办理现金收付。

专用存款账户是存款人按照法律、行政法规和规章，对其特定用途资金进行专项管理和使用而开立的银行结算账户。

企业在银行开立账户后，与其他单位之间的一切收付款项，除制度规定可用现金支付的部分外，都必须通过银行办理转账结算。银行结算是社会经济活动各项资金清算的中介，银行结算过程也是一个复杂的款项收付过程。在银行结算过程中，要涉及收款单位、收款银行、付款单位、付款银行等几个相互关联的个体，以及多个企业环节和繁杂的资金增减变动过程。所以，为保证银行结算的顺利进行，各单位都应严格遵守银行结算的基本原则。

（1）一个基本账户原则。

一个基本账户原则即恪守引用、履约付款原则。存款人在银行开立基本存款账户，实行由中国人民银行当地分支机构核发开户许可证制度。同时，存款人在其账户内必须有足够的资金，以保证支付。收付款双方在经济交往过程中，只有坚持诚实信用，达成交易，才能保证各方经济活动的顺利进行。

（2）自愿选择原则。

自愿选择原则是指存款人自己支配原则，即“谁的钱进谁的账，由谁支配”原则。存款人可以自主选择银行开户，银行也可以自愿选择存款人；一经双方相互认可后，存款人应遵循银行结算的规定；而银行应保证对资金的所有权和自主支配不受侵犯。

（3）存款保密原则。

银行必须为存款人保密，除国家法律规定的国务院授权中国人民银行总行的监督项目外，银行不代任何单位和个人查询、冻结存款人账户内的存款，以维护存款人资金的自主支配权。

（4）不垫款原则。

银行在办理结算时，只负责办理结算双方单位的资金转移，不为任何单位垫付资金。

2. 支付结算方式

银行支付结算方式是以银行作为支付结算和资金清算的中介，办理各种货币支付和资金清算。按照结算双方所在地区不同，结算方式分为同城结算方式和异地结算方式。所谓同城结算方式，是指同一区域范围内的转账结算方式；所谓异地结算方式，是指不同地区之间的转账结算方式。根据中国人民银行颁发的《支付结算办法》规定，企业可选择使用的结算方式有支票、银行本票、银行汇票、汇兑、托收承付、商业汇票、委托收款、信用卡、信用证等。

（1）支票。

①定义。

支票是指单位或个人签发的，委托办理支票存款业务的银行见票时无条件支付确定金额给收款人或持票人的票据。

②种类。

a. 现金支票，即印有“现金”字样的支票。现金支票只能用于支取现金。

b. 转账支票，即印有“转账”字样的支票。转账支票只能用于转账。

c．普通支票，即未印有“现金”和“转账”字样的支票。普通支票可以用于支取现金，也可以用于转账。在普通支票左上角划两条平行线的为划线支票，它只能用于转账，不能用于支取现金。

③金额。

支票签发时，不得超过其付款时在银行或其他金融机构的支票存款账户中实存的存款金额，即不允许签发空头支票。否则，银行予以退票，并按票面金额处以5%但不低于1 000元的罚款。

④付款期限。

支票的付款期限为自出票日起10天，中国人民银行另有规定的除外。对于超过提示付款期限的，持票人开户银行不予受理，付款人不予付款。

⑤适用范围。

支票结算方式是同城结算中应用比较广泛的一种结算方式。单位和个人在同一票据交换区域的各种款项结算均可使用支票。从2007年7月开始，支票可在全国通用。为防范支付风险，异地使用支票的单笔金额上限为50万元。

⑥核算账户。

在会计核算中，使用“银行存款”账户。

（2）商业汇票。

①定义。

商业汇票是指出票人签发的，委托付款人在指定日期无条件支付确定金额给收款人或者持票人的票据。

②种类。

商业汇票按承兑人不同，分为商业承兑汇票和银行承兑汇票。其中，商业承兑汇票是由银行以外的付款人承兑。商业承兑汇票按交易双方约定，由销货企业或购货企业签发，但由购货企业承兑。银行承兑汇票是由在承兑银行开立存款账户的存款人出票，向开户银行申请并经银行审查同意承兑的，保证在指定日期无条件支付确定的金额给收款人或持票人的票据；承兑银行按票面金额向出票人收取万分之五的手续费。

③付款期限。

商业汇票的承兑期限，由交易双方商定，最长不超过6个月。商业汇票提示付款期限为自汇票到期日起10天。

④适用范围。

商业汇票结算方式适用范围广泛，在银行开立账户的法人之间根据购销合同进行的商品交易均可使用商业汇票。商业汇票同城、异地均可使用。

⑤核算账户。

在会计核算中，对债权方，使用“应收票据”账户；对债务方，使用“应付票据”账户。

（3）银行汇票。

①定义。

银行汇票是指汇款人将款项交存当地出票银行，由出票银行签发的，并由其在见票时，按实际结算的金额无条件支付给收款人或持票人的票据。

②付款期限。

银行汇票的付款期限为自出票日起 1 个月。超过提示付款期限不获付款的，持票人在票据权利时效内向出票银行做出说明，并提供本人身份证或单位证明，可持银行汇票和解讫通知向出票银行请求付款。

③适用范围。

对于单位和个人的各种款项结算、异地结算可使用银行汇票。

④核算账户。

在会计核算中，使用“其他货币资金——银行汇票”账户。

（4）委托收款。

①定义。

委托收款是指收款人委托银行向付款人收取款项的结算方式。

②种类。

委托收款结算方式分为邮寄和电报两种。

③付款期限。

以银行为付款人的，银行应在当日将款项主动支付给收款人；以单位为付款人的，银行应及时通知付款单位。付款单位收到银行交给的委托收款证明及债务证明后，应签收并在 3 天内审查债务证明是否真实，是否是本单位的债务，确认之后通知银行付款。

④适用范围。

委托收款结算方式办理款项收取，同城、异地均可使用。它适用于在银行或其他金融机构开立账户的单位和个体经济户的商品交易、劳务款项及其他应收款项的结算。

⑤核算账户。

在会计核算中，对债权方，使用“应收账款”账户；对债务方，使用“应付账款”账户。

（5）银行本票。

①定义。

银行本票是指由银行签发的，承诺自己在见票时无条件支付确定的金额给收款人或者持票人的票据。

②种类、金额。

银行本票分为定额本票和不定额本票。定额本票面值为 1 000 元、5 000 元、10 000 元、50 000 元。

③付款期限。

银行本票的付款期限为自出票日起 2 个月。超过提示付款期限不获付款的，持票人在票据权利时效内向出票银行做出说明，并提供本人身份证或单位证明，可持银行本票向银行请求付款。

④适用范围。

无论是单位还是个人，在同一票据交换区域支付各种款项，均可使用银行本票。

⑤核算账户。

在会计核算中，使用“其他货币资金——银行本票”账户。

（6）汇兑。

①定义。

汇兑是指汇款人委托银行将其款项支付给收款人的结算方式。

②种类。

汇兑分为信汇、电汇两种。信汇是指汇款人委托银行通过邮寄方式将款项划转给收款人；电汇是指汇款人委托银行通过电报将款项划转给收款人。这两种汇兑方式由汇款人根据需要选择使用。

③适用范围。

汇兑结算方式适用于同城或异地之间的各种款项结算。

④核算账户。

在会计核算中，对债权方，使用“应收账款”账户；对债务方，使用“应付账款”账户。

（7）托收承付。

①定义。

托收承付是指根据购销合同由收款人发货后委托银行向异地付款人收取款项，并由付款人向银行承认付款的结算方式。

②主体使用要求。

使用托收承付结算方式，必须是国有企业、供销合作社以及经营管理良好并经开户银行审查同意的城乡集体所有制工业企业。办理托收承付结算的款项必须是商品交易以及因商品交易而产生的劳务供应款项。代销、寄销、赊销商品的款项不得办理托收承付结算。

③金额。

托收承付结算的金额起点为 10 000 元。新华书店系统每笔金额起点为 1 000 元。

④付款期限。

a. 验单付款，期限为 3 天，从付款人开户银行发出承付通知的次日算起。付款人在承付期限内，未向银行表示拒绝付款，银行即视为承付。

b. 验货付款，期限为 10 天，从运输部门向付款人发出提货通知的次日算起。

⑤适用范围。

托收承付结算方式适用于异地之间的各种款项结算。

⑥核算账户。

在会计核算中，对债权方，使用“应收账款”账户；对债务方，使用“应付账款”账户。

主要银行结算方式的区别如表2－2所示。

表2－2　主要银行结算方式的区别

结算方式	适用地域	起点	期限	可否背书	种类	备注
银行汇票	异地	500元	1个月	可		一律记名，逾期汇兑付，银行不予办理
商业汇票	同城、异地		最长不得超过6个月	可	商业承兑汇票、银行承兑汇票	一律记名，必须订有购销合同商品交易
银行本票	同城	定额面值有1 000元、5 000元、10 000元、50 000元；不定额	2个月	可	定额本票、不定额本票	一律记名，逾期后银行不予办理，但签发银行可办理退款手续
支票	同城、异地	100元	10天	可	现金支票、转账支票、普通支票	普通支票可从银行提取现金，也可以转账。异地使用支票的单笔金额上限为50万元
汇兑	异地				信汇、电汇	
委托收款	同城、异地		3天		邮寄、电报	
托收承付	异地		验单付款3天；验货付款10天		邮划、电划	有经济合同的商品交易

二、银行存款的核算

1. 银行存款的序时核算

银行存款日记账应由出纳人员登记，账簿的格式和登记方法均与库存现金日记账基本相同。为了及时了解和掌握银行存款的动态和余额，银行存款日记账的登记也应做到日清月结。

2. **银行存款的总分类核算**

企业设置“银行存款”总账账户，以对银行存款进行总分类核算。该账户为资产类账户，借方登记收入的存款，贷方登记付出的存款，期末余额在借方，反映存款的结存数额。银行存款的总分类账簿由不从事出纳工作的会计人员登记。登记的方法、依据和账簿的格式均与库存现金总账基本相同。

会计业务处理模板：

(1) 发生银行收入业务或办理相关结算时。

借：银行存款

　贷：应收账款

　　　其他货币资金

　　　预收账款

　　　主营业务收入

　　　其他业务收入

　　　应交税费——应交增值税——销项税额

　　　短期借款

　　　长期借款

　　　应付债券

　　　实收资本

(2) 发生银行支付业务或办理相关结算时。

借：管理费用

　　销售费用

　　财务费用

　　应付职工薪酬

　　其他货币资金

　　周转材料

　　原材料

　　应交税费——应交增值税——进项税额

　　营业外支出

　　在途物资

　　材料采购

　　应付账款

　　预付账款

　贷：银行存款

案例 10：

2020 年 6 月 5 日，某公司购入材料一批，不含税价款 30 000 元，增值税为 3 900 元，取得了增值税专用发票。开出转账支票支付货款，材料尚未验收入库。材料采用实际成本法核算。会计处理如下：

借：在途物资　　30 000
　　应交税费——应交增值税——进项税额　　3 900
　贷：银行存款　　33 900

案例 11：

2020 年 6 月 6 日，公司收到安飞公司前欠货款 80 000 元，存入银行。会计处理如下：

借：银行存款　　80 000
　贷：应收账款——安飞公司　　80 000

案例 12：

2020 年 6 月 15 日，公司以银行存款偿还前欠三江公司货款 100 000 元。会计处理如下：

借：应付账款——三江公司　　100 000
　贷：银行存款　　100 000

案例 13：

2020 年 6 月 16 日，公司向银行借入 150 000 元，期限为 6 个月，借款已存入银行。会计处理如下：

借：银行存款　　150 000
　贷：短期借款　　150 000

案例 14：

2020 年 12 月 18 日，公司签发转账支票一张，金额 50 000 元，以支付下半年的财产保险费。根据支票存根联，会计处理如下：

借：预付账款　　50 000
　贷：银行存款　　50 000

案例 15：

2020 年 12 月 18 日，公司收到明治公司前欠货款 15 000 元。根据银行转来信汇凭证收账通知单，会计处理如下：

借：银行存款　　15 000
　贷：应收账款——明治公司　　15 000

案例 16：

2020 年 12 月 19 日，由君飞公司签发的期限为 5 个月、金额 40 000 元的商业汇票到期，君飞公司如期兑现。会计处理如下：

借：银行存款　　40 000
　贷：应收票据——君飞公司　　40 000

三、 银行存款的清查

银行存款的清查，是采用与开户银行核对账目的方法进行的，即将本单位的银行存款日记账与开户行转来的对账单逐笔进行核对，检查账账是否相符。

银行对账单上的余额，常与企业银行存款日记账上的余额不一致，其原因有：一是某一方记账有错误。如有的企业同时在几家银行开户，记账时会发生银行之间串户的错误，同样，银行也可能把各存款单位的账目相互混淆。二是存在未达账项。所谓未达账项是指企业与银行之间对同一项经济业务，由于取得凭证的时间不同，导致记账时间不一致，即发生的一方已取得结算凭证登记入账，另一方由于尚未取得结算凭证还未入账的款项。产生未达账项的原因有以下四种情况。

（1）企业已收，银行未收款。例如企业收到转账支票送存银行后，登记银行存款增加；而银行由于还未收妥该笔款项，尚未记账。因而形成企业已收款入账，银行尚未收款入账的情况。

（2）企业已付，银行未付款。例如企业开出支票支付某笔款项，并根据有关单据登记银行存款减少；而此时银行由于尚未接到该笔款项支付的凭证，未记减少。因而形成企业已付款记账，银行尚未记账的情况。

（3）银行已收，企业未收款。例如银行代企业收入一笔外地汇款，银行已记存款增加；而企业由于尚未收到汇款凭证，未记增加。因而形成银行已收款入账，企业尚未收款入账的情况。

（4）银行已付，企业未付款。例如银行代企业支付某种费用，银行已记存款减少；而企业尚未接到有关凭证，未记减少。因而形成银行已付款记账，企业尚未付款记账的情况。

上述任何一种未达账项的存在，都会使企业银行存款日记账余额与银行对账单余额不一致。出现上述第一和第四种情况，会使企业银行存款日记账的账面余额大于银行对账单余额；出现上述第二和第三种情况则会使企业银行存款日记账的账面余额小于银行对账单余额。因此，在与银行核对对账单时，应首先检查是否存在未达账项，如确有未达账项存在，即编制“银行存款余额调节表”，待调整后，再确定企业与银行之间记账是否一致，双方账面余额是否相符。

“银行存款余额调节表”的编制方法有多种。在会计实务中，多采用以双方的账面余额为起点，加减各自的未达账项，使双方的余额达到平衡。应该指出的是：银行存款余额调节表只是为了核对账目，并不能作为调整银行存款账面余额的原始凭证。具体调节公式如下：

银行存款日记账余额 + 银行已收企业未收的款项 − 银行已付企业未付的款项 = 银行对账单余额 + 企业已收银行未收的款项 − 企业已付银行未付的款项

案例 17：

明锐公司 2020 年 12 月 31 日的银行存款日记账余额为 58 000 元，银行对账单余额为 60 540 元。经逐笔核对，发现以下未达账项：

（1）银行从企业中扣除借款利息 980 元，企业未入账。

（2）企业 12 月 28 日开出转账支票一张，金额 4 280 元，银行未入账。

（3）银行 12 月 29 日收到企业的外地汇款 2 500 元，企业未入账。

（4）企业 12 月 29 日存入转账支票一张 3 260 元，银行未入账。

要求：编制“银行存款余额调节表”（见表 2－3）。

表 2－3　银行存款余额调节表

2020 年 12 月 31 日　　　　单位：元

项目	金额	项目	金额
银行存款日记账余额	58 000	银行对账单余额	60 540
加：银行已收，企业未收	2 500	加：企业已收，银行未收	3 260
减：银行已付，企业未付	980	减：企业已付，银行未付	4 280
调整后余额	59 520	调整后余额	59 520

特别提示

如果对未达账项编制“银行存款余额调节表”，发现调整后的余额仍不一致时，则存在某一方记账错误，需查找原因并反映在“银行存款余额调节表”里，以使调整后的余额相一致。

第三节　其他货币资金核算

其他货币资金是指企业除库存现金、银行存款以外的其他各种货币资金，包括外埠存款、银行汇票存款、银行本票存款、信用卡存款、信用证保证金存款、存出投资款等。

为了反映和监督其他货币资金的收支和结存情况，企业应当设置“其他货币资金”科目，借方登记其他货币资金的增加数，贷方登记其他货币资金的减少数，期末余额在借方，反映企业实际持有的其他货币资金。本科目应按其他货币资金的种类设置明细科目进行明细核算。

一、 外埠存款

外埠存款是指企业到外地进行临时或零星采购时，汇往采购地银行开立采购专户的款项。该账户的存款不计利息、只付不收、付完清户，除了采购人员可从中提取少量现金外，一律采用转账结算。

会计业务处理模板：

A. 企业将款项委托当地银行汇往采购地开立专户时。

借：其他货币资金——外埠存款

　贷：银行存款

B. 企业收到采购人员交来的供货单位发货票、账单等报销凭证时。

借：原材料

　　材料采购

　　周转材料

　　库存商品

　　在途物资

　　应交税费——应交增值税——进项税额

　贷：其他货币资金——外埠存款

C. 用外埠存款采购结束将多余资金转回时。

借：银行存款

　贷：其他货币资金——外埠存款

二、 银行汇票存款

银行汇票存款是指企业为取得银行汇票按照规定存入银行的款项。

会计业务处理模板：

A. 企业填送银行汇票申请书并将款项交存银行，取得银行汇票时。

借：其他货币资金——银行汇票存款

　贷：银行存款

B. 企业使用银行汇票进行相关业务结算时。

借：原材料

　　材料采购

　　周转材料

　　库存商品

　　在途物资

　　应交税费——应交增值税——进项税额

贷：其他货币资金——银行汇票存款

C. 如有多余款或因汇票超过付款期限等原因而退回款项时。

借：银行存款

贷：其他货币资金——银行汇票存款

三、 银行本票存款

银行本票存款是指企业为取得银行本票按照规定存入银行的款项。

会计业务处理模板：

A. 企业向银行提交银行本票申请书并将款项交给银行，取得银行本票时。

借：其他货币资金——银行本票存款

贷：银行存款

B. 企业使用银行本票进行相关业务结算时。

借：原材料

材料采购

周转材料

库存商品

在途物资

应交税费——应交增值税——进项税额

贷：其他货币资金——银行本票存款

C. 如有多余款或因本票超过付款期限等原因而退回款项时。

借：银行存款

贷：其他货币资金——银行本票存款

四、 信用卡存款

信用卡存款是指企业为取得信用卡按照规定存入银行的款项。信用卡按使用对象的不同，可分为单位卡和个人卡。凡在中国境内金融机构开立基本存款账户的单位可申领单位卡。单位卡账户资金一律从基本存款账户转入，不得交存现金，不得将销货收入的款项存入其账户。单位卡不得用于10万元以上的商品交易、劳务供应款项的结算，不得支取现金。信用卡按是否向发卡银行交存备用金分为贷记卡、准贷记卡。贷记卡是指发卡银行给予持卡人一定的信用额度，持卡人可在信用额度内先消费、后还款的信用卡。准贷记卡是指持卡人须先按发卡银行要求交存一定金额的备用金，当备用金账户余额不足支付时，可在发卡银行规定的信用额度内透支的信用卡。

会计业务处理模板：

A. 企业按规定填制申请表，连同支票和有关资料一并送交发卡银行办理时。

借：其他货币资金——信用卡存款
　贷：银行存款
B．企业用信用卡购物或支付有关费用时。
借：管理费用等科目
　贷：其他货币资金——信用卡存款
C．企业信用卡在使用过程中，需要向其账户续存资金时。
借：其他货币资金——信用卡存款
　贷：银行存款
D．如果企业不需要继续使用信用卡，办理销卡时。
借：银行存款
　贷：其他货币资金——信用卡存款

特别提示

销卡时，信用卡余额转入企业基本存款账户，不得提取现金。

五、信用证保证金存款

信用证保证金存款是指采用信用证结算方式的企业为开具信用证而按规定存入银行信用证保证金专户的金额。企业向银行申请开立信用证，应按规定向银行提交开证申请书、信用证申请人承诺书和购销合同。

会计业务处理模板：
A．企业向银行交纳保证金时。
借：其他货币资金——信用证保证金
　贷：银行存款
B．根据开证行交来的信用证通知书及有关单据进行业务处理。
借：原材料
　　材料采购
　　周转材料
　　库存商品
　　在途物资
　　应交税费——应交增值税——进项税额
　贷：其他货币资金——信用证保证金
C．企业未用完的信用证保证金余额转回开户银行时。
借：银行存款
　贷：其他货币资金——信用证保证金存款

六、 存出投资款

存出投资款是指企业已存入证券公司但尚未进行短期投资的现金。

会计业务处理模板：

A. 企业向证券公司划出资金时。

借：其他货币资金——存出投资款

　贷：银行存款

B. 企业委托证券公司购买股票、债券等进行短期投资时。

借：交易性金融资产等科目

　贷：其他货币资金——存出投资款

特别提示

企业应当加强其他货币资金的管理，定期对其他货币资金进行检查，对于部分不能收回或者全部不能收回的其他货币资金，应当查明原因进行处理，有确凿证据表明无法收回的，应当根据企业管理权限报经批准后，借记“营业外支出”科目，贷记“其他货币资金”科目。

案例 18：

2020 年 8 月 19 日，公司向开户银行申请办理银行汇票，公司开出汇票委托书并将款项 10 360 元交存银行取得银行汇票。8 月 20 日，采用上述银行汇票办理采购货款的结算，其中货款 8 000 元，取得了增值税专用发票，增值税 1 040 元，材料已验收入库。8 月 21 日，公司收到开户银行的收账通知，收到汇票余款 1 320 元。会计处理如下：

（1）8 月 19 日。

借：其他货币资金——银行汇票存款　　10 360

　贷：银行存款　　10 360

（2）8 月 20 日。

借：原材料　　8 000

　　应交税费——应交增值税——进项税额　　1 040

　贷：其他货币资金——银行汇票存款　　9 040

（3）8 月 21 日。

借：银行存款　　1 320

　贷：其他货币资金——银行汇票存款　　1 320

案例 19：

2020 年 8 月 21 日，某公司到外地采购材料，开出汇款委托书，委托当地开户银行将采购款8 000元汇往采购地银行开立采购专户。8月24日，收到采购人员交来采购专用发票，其中货款6 000元，增值税780元，材料已验收入库。8月26日接当地银行通知，汇出的采购专户存款余额已汇回，存入公司的银行存款账户。会计处理如下：

(1) 8月21日。

借：其他货币资金——外埠存款　　8 000

　贷：银行存款　　8 000

(2) 8月24日。

借：原材料　　6 000

　　应交税费——应交增值税——进项税额　　780

　贷：其他货币资金——外埠存款　　6 780

(3) 8月26日。

借：银行存款　　1 220

　贷：其他货币资金——外埠存款　　1 220

案例20：

某企业向证券公司划出款项800 000元，拟进行短期投资。会计处理如下：

借：其他货币资金——存出投资款　　800 000

　贷：银行存款　　800 000

案例21：

某公司决定从飞玫公司采购原材料，2020年12月23日，填制银行汇票申请书36 000元办理银行汇票以便进行采购结算。12月24日，材料入库，货款30 000元，增值税3 900元，取得增值税专用发票，一并以面值36 000元的银行汇票付讫，余款尚未收回。12月25日，收到银行转来多余款收账通知，金额为2 100元，系24日签发的银行汇票使用后的余额。会计处理如下：

(1) 12月23日。

借：其他货币资金——银行汇票　　36 000

　贷：银行存款　　36 000

(2) 12月24日。

借：原材料　　30 000

　　应交税费——应交增值税——进项税额　　3 900

　贷：其他货币资金——银行汇票　　33 900

(3) 12月25日。

借：银行存款　　2 100

　贷：其他货币资金——银行汇票　　2 100

第三章　金融资产

本章学习重点

1. 金融资产的定义和分类
2. 以摊余成本计量的金融资产的核算
3. 以公允价值计量且其变动计入其他综合收益的金融资产的核算
4. 以公允价值计量且其变动计入当期损益的金融资产的核算
5. 转让金融资产应交增值税的会计核算
6. 应收款项的核算

第一节　金融资产的定义和分类

金融工具是指形成一方的金融资产并形成其他方的金融负债或权益工具的合同。金融工具包括金融资产、金融负债和权益工具，也可能包括一些尚未确认的项目。其中，企业的金融资产主要包括库存现金、银行存款、应收账款、应收票据、其他应收款、贷款、垫款、债权投资、股权投资、基金投资、衍生金融资产等。

企业应当按照《企业会计准则》的相关规定，根据其管理金融资产的业务模式和金融资产的合同现金流量特征，将取得的金融资产在初始确认时分为以下几类。

（1）以摊余成本计量的金融资产。

（2）以公允价值计量且其变动计入其他综合收益的金融资产。

（3）以公允价值计量且其变动计入当期损益的金融资产。

上述分类一经确定，不得随意变更。

企业管理金融资产的业务模式，是指企业如何管理其金融资产以产生现金流量。业务模式决定企业所管理金融资产现金流量的来源，是收取合同现金流量、出售金融资产还是两者兼有。企业管理金融资产的业务模式，应当以企业关键管理人员决定的对金融资产进行管理的特定业务目标为基础确定，以客观事实为依据，不得按照合理预期不会发生的情形为基础确定。

金融资产的合同现金流量特征，是指金融工具合同约定的、反映相关金融资产经济特征的现金流量属性。相关金融资产在特定日期产生的合同现金流量仅为对本金和以未偿付本金金额为基础的利息的支付，其中，本金是指金融资产在初始确认时的公允价值，本金金额可能因提前还款等原因在金融资产的存续期内发生变动；利息包括对货币时间价值、与特定时期未偿付本金金额相关的信用风险，以及其他基本借贷风险、成本和利润的对价。其中，货币时间价值是利息要素中仅因为时间流逝而提供对价的部分，不包括为所持有金融资产的其他风险或成本提供的对价，但货币时间价值要素有时可能存在修正。在货币时间价值要素存在修正的情况下，企业应当对相关修正进行评估，以确定其是否满足上述合同现金流量特征的要求。此外，金融资产若包含可能导致其合同现金流量的时间分布或金额发生变更的合同条款（如包含提前还款特征）的，企业应当对相关条款进行评估（如评估提前还款特征的公允价值是否非常小），以确定其是否满足上述合同现金流量特征的要求。

第二节　以摊余成本计量的金融资产的核算

金融资产同时符合下列条件的，应当分类为以摊余成本计量的金融资产。

（1）企业管理该金融资产的业务模式是以收取合同现金流量为目标。

（2）该金融资产的合同条款规定，在特定日期产生的现金流量，仅为对本金和以未偿付本金金额为基础的利息的支付。

企业一般应设置“银行存款”“贷款”“应收票据”“应收账款”“债权投资”等账户核算此类金融资产。

债权投资，是指到期日固定、回收金额固定或可确定，且企业有明确意图和能力持有至到期的非衍生金融资产。到期日固定、回收金额固定或可确定，是指相关合同明确了投资者在确定的期间内获得或应收取现金流量（如投资利息和本金等）的金额和时间。因此，首先从投资者角度看，如果不考虑其他条件，在将某项投资划分为债权投资时可以不考虑可能存在的发行方重大支付风险。其次，由于要求到期日固定，从而权益工具投资不能划分为债权投资。再次，如果符合其他条件，不能由于某债务工具投资是浮动利率投资而不将其划分为债权投资。

若企业将一项金融资产分类为债权投资，则一般不能随意地改变其管理该项金融资产的业务模式，如果改变，就应当按照规定对该项已确认的债权投资进行重分类。

一、 债权投资核算的账户设置

为了核算企业持有的债权投资价值的增减变动情况，应设置“债权投资”科目。

“债权投资”账户属于资产类账户，用来核算企业持有的债权投资的摊余成本。该账户应当按照持有的债权投资的类别和品种，分别按“成本”“利息调整”“应计利息”等进行明细分类核算。

（1）“债权投资——成本”明细账户，借方核算到期得以摊余成本计量的债权投资的面值，贷方核算到期时收回的投资的面值及出售时转出的面值。

（2）“债权投资——利息调整”明细账户，借方核算取得的债权投资的实际支付的价款（不包括购入时已到付息期尚未领取的“应收利息”，下同）高于面值的差额以及以后摊销的购入时实际支付的价款低于面值的差额，贷方核算取得的债权投资的实际支付的价款低于面值的差额以及以后摊销的购入时实际支付的价款高于面值的差额。

（3）“债权投资——应计利息”明细账户，借方核算到期一次还本付息的债权投资在资产负债表日按面值和票面利率计算确定的应收未收利息，贷方核算到期时实际收到利息或出售时转出的应收未收利息。

二、 债权投资的账务处理

企业取得以摊余成本计量金融资产并确认划分为债权投资时，应按公允价值进行初始计量，发生的交易费用也应当计入初始确认金额。取得债权投资成本，应按该债券的面值，借记“债权投资——成本”科目，按支付的价款中包含的已到付息期但尚未领取的利息，借记“应收利息”科目，按实际支付的金额，贷记“银行存款”等科目，按其差额，借记或贷记“债权投资——利息调整”科目。

1. 折价购买的会计业务处理模板

（1）购买时的会计处理。

借：债权投资——成本

　　应收利息

　贷：银行存款

　　　债权投资——利息调整

（2）持有期间投资收益的确认。

借：应收利息

　　债权投资——利息调整

　贷：投资收益

借：银行存款

　贷：应收利息

(3) 到期收回本金。

借：银行存款

　贷：债权投资——成本

案例1：

甲公司支付936.59元购买乙公司于2019年1月1日发行面值为1 000元的债券，其票面利率为8%，每年计算并付利息一次，并于4年后的12月31日到期。当时的实际利率为10%。

当时购买价 = 80 × (P/A、10%、4) + 1 000 × (P/S、10%、4)
= 80 × 3.169 9 + 1 000 × 0.683 0
= 253.592 + 683 = 936.59 (元)

表3-1

单位：元

年份	期初摊余成本 (A)	实际利息 (B = A × 10%)	现金流入 (C = 面值 × 8%)	差额 (D = B - C)	期末摊余成本 (E = A + D)
2019	936.59	93.659	80	13.659	950.249
2020	950.249	95.024 9	80	15.024 9	965.273 9
2021	965.273 9	96.527 39	80	16.527 39	981.801 29
2022	981.801 29	98.198 71*	80	18.198 71	1 000
合计			320	63.41	

* 98.198 71 = 80 + (63.41 - 13.659 - 15.024 9 - 16.527 39)

1. 购买时的会计处理

借：债权投资——成本　　1 000

　贷：银行存款　　936.59

　　　债权投资——利息调整　　63.41

2. 持有期间投资收益的确认

(1) 2019年。

借：应收利息　　80

　　债权投资——利息调整　　13.659

　贷：投资收益　　93.659

借：银行存款　　80

　贷：应收利息　　80

(2) 2020年。

借：应收利息　　80

债权投资——利息调整	15.024 9	
贷：投资收益		95.024 9
借：银行存款	80	
贷：应收利息		80

(3) 2021 年。

借：应收利息	80	
债权投资——利息调整	16.527 39	
贷：投资收益		96.527 39
借：银行存款	80	
贷：应收利息		80

(4) 2022 年。

借：应收利息	80	
债权投资——利息调整	18.198 71	
贷：投资收益		98.198 71
借：银行存款	80	
贷：应收利息		80

3. 到期收回本金

借：银行存款	1 000	
贷：债权投资——成本		1 000

2. 溢价购买的会计业务处理模板

(1) 购买时的会计处理。

借：债权投资——成本

  债权投资——利息调整

 贷：银行存款

(2) 持有期间的收益会计处理。

借：应收利息

 贷：债权投资——利息调整

   投资收益

借：银行存款

 贷：应收利息

(3) 到期收回本金。

借：银行存款

 贷：债权投资——成本

案例 2：

甲公司支付 1 066.21 元购买乙公司于 2019 年 1 月 1 日发行面值为 1 000 元的债券，其票面利率为 10%，每年计算并付利息一次，并于 4 年后的 12 月 31 日到期。当时的实际利率为8%。

当时购买价 =100 ×（P/A、8%、4）+1 000 ×（P/S、8%、4）

=100 ×3. 312 1 +1 000 ×0. 735 0

=331. 21 +735 =1 066. 21（元）

表3 -2

单位：元

年份	期初摊余成本（A）	实际利息（B = A ×8%）	现金流入（C = 面值 ×10%）	差额（D = C - B）	期末摊余成本（E = A - D）
2019	1 066. 21	85. 296 8	100	14. 703 2	1 051. 506 8
2020	1 051. 506 8	84. 120 5	100	15. 879 5	1 035. 627 3
2021	1 035. 627 3	82. 850 2	100	17. 149 8	1 018. 477 5
2022	1 018. 477 5	81. 522 5	100	18. 477 5*	1 000
合计			400	66. 21	

* 18. 477 5 =66. 21 - 14. 703 2 - 15. 879 5 - 17. 149 8

81. 522 5 =100 - 18. 477 5

1. 购买时的会计处理

借：债权投资——成本　　1 000

　　债权投资——利息调整　　66. 21

　贷：银行存款　　1 066. 21

2. 持有期间的收益会计处理

(1) 2019年。

借：应收利息　　100

　贷：债权投资——利息调整　　14. 703 2

　　　投资收益　　85. 296 8

借：银行存款　　100

　贷：应收利息　　100

(2) 2020年。

借：应收利息　　100

　贷：债权投资——利息调整　　15. 879 5

　　　投资收益　　84. 120 5

借：银行存款　　100

　贷：应收利息　　100

(3) 2021年。

借：应收利息　　100

　贷：债权投资——利息调整　　17. 149 8

投资收益　　82.850 2
借：银行存款　　100
　贷：应收利息　　100
(4) 2022 年。
借：应收利息　　100
　贷：债权投资——利息调整　　18.477 5
　　投资收益　　81.522 5
借：银行存款　　100
　贷：应收利息　　100
3. 到期收回本金
借：银行存款　　1 000
　贷：债权投资——成本　　1 000

3. 平价购买的会计业务处理模板

(1) 购买时的会计处理。
借：债权投资——成本
　贷：银行存款
(2) 持有期间的收益会计处理。
借：应收利息
　贷：投资收益
借：银行存款
　贷：应收利息
(3) 到期收回本金。
借：银行存款
　贷：债权投资——成本

案例 3：

甲公司支付 1 000 元购买乙公司于 2019 年 1 月 1 日发行面值为 1 000 元的债券，其票面利率为 10%，每年计算并付利息一次，并于 4 年后的 12 月 31 日到期。当时的实际利率为 10%。

表 3－3

单位：元

年份	期初摊余成本（A）	实际利息（B＝A×10%）	现金流入（C＝面值×10%）	差额（D＝C－B）	期末摊余成本（E＝A－D）
2019	1 000	100	100	0	1 000
2020	1 000	100	100	0	1 000
2021	1 000	100	100	0	1 000

（续上表）

年份	期初摊余成本（A）	实际利息（B = A × 10%）	现金流入（C = 面值 × 10%）	差额（D = C − B）	期末摊余成本（E = A − D）
2022	1 000	100	100	0	1 000
合计		400	400		

1. 购买时的会计处理

借：债权投资——成本　　1 000

　贷：银行存款　　1 000

2. 持有期间的收益会计处理

（1）2019 年。

借：应收利息　　100

　贷：投资收益　　100

借：银行存款　　100

　贷：应收利息　　100

（2）2020 年、2021 年、2022 年持有期间收益会计处理是相同的。

3. 到期收回本金

借：银行存款　　1 000

　贷：债权投资——成本　　1 000

4. 债权投资减值的核算

《企业会计准则》规定，对金融工具减值采用“预期信用损失法”。信用损失，是指企业根据合同应收的现金流量与预期能收到的现金流量之间差额的现值。在资产负债表日，企业应对持有的债权投资计算预期信用损失。

会计业务处理模板：

发生的预期信用损失大于该金融资产当前减值准备的账面金额，将其差额确认为减值损失。

借：信用减值损失

　贷：债权投资减值准备

特别提示

已计提减值准备的债权投资，预期信用损失以后又得以恢复，应在原已计提的减值准备金额内，按恢复增加的金额予以转回。

借：债权投资减值准备

　贷：信用减值损失

三、 债权投资重分类的核算

企业将一项以摊余成本计量的金融资产重分类为以公允价值计量且其变动计入当期损益的金融资产的，应当按照该资产在重分类日的公允价值进行计量。原账面价值与公允价值之间的差额计入当期损益。

企业将一项以摊余成本计量的金融资产重分类为以公允价值计量且其变动计入其他综合收益的金融资产的，应当按照该资产在重分类日的公允价值进行计量。原账面价值与公允价值之间的差额计入其他综合收益。该金融资产重分类不影响其实际利率和预期信用损失的计量。

第三节 以公允价值计量且其变动计入其他综合收益的金融资产的核算

金融资产同时符合下列条件的，应当分类为以公允价值计量且其变动计入其他综合收益的金融资产。

（1）企业管理该金融资产的业务模式既以收取合同现金流量为目标，又以出售该金融资产为目标。

（2）该金融资产的合同条款规定，在特定日期产生的现金流量，仅为对本金和以未偿付本金金额为基础的利息的支付。

企业购入的在活跃市场上有报价的股票、债券和基金等，没有划分为以公允价值计量且其变动计入当期损益的金融资产或债权投资等金融资产的，可归为此类。

一、 以公允价值计量且其变动计入其他综合收益的金融资产核算的账户设置

为了核算企业以公允价值计量且其变动计入其他综合收益的金融资产的增减变动情况，应设置“其他债权投资”“其他权益工具投资”“其他综合收益——其他债权投资（其他权益工具投资）公允价值变动”等账户核算此类金融资产。

1. **“其他债权投资”**

“其他债权投资”账户属于资产类账户，核算企业以公允价值计量且其变动计入其他综合收益的债券等债权投资的公允价值和交易费用，企业应当按照债券等债权投资的类别和品种，分别设置“成本”“利息调整”“应计利息”“公允价值变动”等明细账户进行明细核算。

“其他债权投资——成本”账户的借方登记债券投资的面值，贷方登记出售该金融

资产时结转的面值。

“其他债权投资——公允价值变动”账户借方登记资产负债表日其他债权投资公允价值高于账面余额的差额以及企业出售该债券投资时结转的该明细账户贷方余额，贷方登记资产负债表日其他债权投资公允价值低于账面余额的差额以及企业出售该债券投资时结转的该明细账户借方余额。

“其他债权投资——利息调整”账户的借方登记实际支付的到期一次还本付息的债券投资的价款（包括交易费用，不包括购入时已到付息期但尚未领取的应收利息，下同）高于面值的差额以及以后摊销的购入时实际支付的价款低于面值的差额，贷方登记实际支付的到期一次还本付息的债券价款低于面值的差额以及以后摊销的购入时实际支付的价款高于面值的差额。

“其他债权投资——应计利息”账户的借方登记到期一次还本付息的债券应于资产负债表日按票面利率计算确定的应收未收利息，贷方登记到期时实际收到利息或出售时转出的应收未收利息。

2.“其他权益工具投资”

“其他权益工具投资”账户属于资产类账户，核算企业以公允价值计量且其变动计入其他综合收益的股票等权益投资的公允价值和交易费用，企业应当按照股票等权益投资的类别和品种，分别设置“成本”“公允价值变动”等明细账户进行明细核算。

“其他权益工具投资——成本”账户的借方登记股票等权益投资的公允价值与交易费用之和，贷方登记出售该金融资产时结转的公允价值与交易费用之和。

“其他权益工具投资——公允价值变动”账户的借方登记资产负债表日股票等权益投资公允价值高于账面余额的差额以及企业出售该投资时结转的该明细账户贷方余额，贷方登记资产负债表日股票等权益投资公允价值低于账面余额的差额以及企业出售该金融资产时结转的该明细账户借方余额。

3.“其他综合收益——其他债权投资（其他权益工具投资）公允价值变动”

该账户属于所有者权益类账户，核算企业以公允价值计量且变动计入其他综合收益的金融资产公允价值变动而形成的利得和损失。

该账户的贷方登记资产负债表日企业持有的以公允价值计量且其变动计入其他综合收益的金融资产的公允价值高于账面余额的差额，借方登记资产负债表日企业持有的该金融资产的公允价值低于账面余额的差额。

二、 以公允价值计量且其变动计入其他综合收益的金融资产核算的账务处理

1. 以公允价值计量且其变动计入其他综合收益的金融资产的取得

会计业务处理模板：

（1）企业取得以公允价值计量且其变动计入其他综合收益的金融资产为股票等权

益工具投资的，应按公允价值与交易费用之和，借记“其他权益工具投资——成本”账户，按支付价款中包含的已宣告但尚未发放的现金股利，借记“应收股利”账户，按实际金额，贷记“其他货币资金”等账户。

借：其他权益工具投资——成本

　　应收股利

　贷：其他货币资金

（2）企业取得以公允价值计量且其变动计入其他综合收益的金融资产为债券投资的，应按债券的面值，借记“其他债权投资——成本”账户，按支付价款中包含的已到付息期但尚未领取的利息，借记“应收利息”账户，按实际金额，贷记“银行存款”等账户，按差额，借记或贷记“其他债权投资——利息调整”账户。

借：其他债权投资——成本

　　应收利息

　贷：银行存款

　　　其他债权投资——利息调整　（差额，或在借方）

2. 持有期间投资收益的确认

（1）企业取得以公允价值计量且其变动计入其他综合收益的金融资产为股票等权益工具投资的，如果被投资方宣告发放现金股利时，才能确认为该项投资的投资收益。

会计业务处理模板：

借：应收股利

　贷：投资收益

（2）企业取得的以公允价值计量且其变动计入其他综合收益的金融资产为债券投资，在资产负债表日，计算利息并确认投资收益。债券利息的计算与本章“债权投资”计算方法一样。

会计业务处理模板：

①以公允价值计量且其变动计入其他综合收益的金融资产为分期付息，一次还本的债券投资。

借：应收利息（按票面利率计算确定的应收未收利息）

　贷：投资收益（实际利息收入）

　　　其他债权投资——利息调整（差额，或在借记）

②以公允价值计量且其变动计入其他综合收益的金融资产为一次还本付息的债券投资。

借：其他债权投资——应计利息（按票面利率计算确定的应收未收利息）

　贷：投资收益（实际利息收入）

　　　其他债权投资——利息调整（差额，或在借记）

3. 资产负债表日公允价值变动的核算

资产负债表日，如果以公允价值计量且其变动计入其他综合收益的金融资产的公允价值高于其账面余额，则将按其差额做如下账务处理。

会计业务处理模板：

（1）企业取得以公允价值计量且其变动计入其他综合收益的金融资产为股票等权益工具投资的。注意这部分利得和损失后续不得转入当期损益。

借：其他权益工具投资——公允价值变动

　贷：其他综合收益——其他权益工具投资公允价值变动

（2）企业取得以公允价值计量且其变动计入其他综合收益的金融资产为债券投资的。

借：其他债权投资——公允价值变动

　贷：其他综合收益——其他债权投资公允价值变动

（3）如果是以公允价值计量且其变动计入其他综合收益的金融资产公允价值低于其账面余额，则做相反的会计分录。

4. 以公允价值计量且其变动计入其他综合收益的金融资产减值

资产负债表日，企业应当计算以公允价值计量且其变动计入其他综合收益的金融资产的预期信用损失，将该预期信用损失的金额与该金融资产当前减值准备的账面金额进行对比，如果前者大于后者，将其差额借记“信用减值损失”账户，贷记“其他综合收益”账户；如果前者小于后者，应将差额确认为减值利得，做相反的会计分录。

5. 以公允价值计量且其变动计入其他综合收益的金融资产重分类的核算

企业将一项以公允价值计量且其变动计入其他综合收益的金融资产重分类为以摊余成本计量的金融资产的，应当将之前计入其他综合收益的累计利得或损失转出，调整该金融资产在重分类日的公允价值，并以调整后的金额作为新的账面价值，即视同该金融资产一直以摊余成本计量。该金融资产重分类不影响其实际利率和预期信用损失的计量。

企业将一项以公允价值计量且其变动计入其他综合收益的金融资产重分类为以公允价值计量且变动计入当期损益的金融资产，应当继续以公允价值计量该金融资产。同时，企业应当将之前计入其他综合收益的累计利得或损失从其他综合收益转入当期损益。

6. 出售以公允价值计量且其变动计入其他综合收益的金融资产的核算

会计业务处理模板：

（1）企业取得以公允价值计量且其变动计入其他综合收益的金融资产为其他债权投资的。

借：银行存款等

　贷：其他债权投资——成本

　　　其他债权投资——公允价值变动（或在借方）

　　　其他债权投资——应计利息

　　　其他债权投资——利息调整（或在借方）

　　　投资收益（或在借方）

同时，将计入其他综合收益的累计利得或损失，从“其他综合收益”中转出，计入当期损益。

借：其他综合收益——其他债权投资公允价值变动

　贷：投资收益

或者

借：投资收益

　贷：其他综合收益——其他债权投资公允价值变动

案例 4：

甲公司支付 936.59 元购买乙公司于 2019 年 1 月 1 日发行面值为 1 000 元的债券，其票面利率为 8%，每年计算并付利息一次，并于 4 年后的 12 月 31 日到期。当时的实际利率为 10%。甲公司根据其管理该债券的业务模式和该债券的合同现金量特征，将该债券分类为以公允价值计量且其变动计入其他综合收益的金融资产。

当时购买价 = 80 ×（P/A、10%、4）+ 1 000 ×（P/S、10%、4）

= 80 × 3.169 9 + 1 000 × 0.683 0

= 253.592 + 683 = 936.59（元）

2019 年 12 月 31 日，乙公司债券的公允价值为 960 元（不含利息）。

2020 年 12 月 31 日，乙公司债券的公允价值为 980 元（不含利息）。

2021 年 12 月 31 日，乙公司债券的公允价值为 989 元（不含利息）。

2022 年 1 月 20 日，通过证券公司出售了乙公司的债券，取得价款 1 010 元。

表 3－4

单位：元

时间	现金流入（A＝面值×8%）	实际利息收入（B＝D×10%）	已收回本金（C＝A－B）	期末摊余成本（D＝期初 D－C）	公允价值（E）	公允价值变动额（F＝E－D－期初 G）	公允价值变动累计额（G＝期初 G＋F）
2019. 1. 1				936. 59	936. 59	0. 00	0. 00
2019. 12. 31	80. 00	93. 66	－13. 66	950. 25	960. 00	9. 75	9. 75
2020. 12. 31	80. 00	95. 02	－15. 02	965. 27	980. 00	4. 98	14. 73
2021. 12. 31	80. 00	96. 53	－16. 53	981. 80	989. 00	－7. 53	7. 20
2022. 1. 20	0. 00	28. 20*	－28. 20	1 010. 00	1 010. 00	－7. 20	0. 00
小计	240. 00	313. 41	－73. 41				
2022. 1. 20	1 010. 00		1 010. 00				
合计	1 250. 00	313. 41	936. 59				

＊ 28. 20 = 1 010 + 0 － 981. 80

1. 2019 年购买时会计处理

借：其他债权投资——成本	1 000	
贷：银行存款		936.59
其他债权投资——利息调整		63.41

2. 持有期间投资收益的确认

（1）2019 年。

借：应收利息	80	
其他债权投资——利息调整	13.66	
贷：投资收益		93.66
借：银行存款	80	
贷：应收利息		80
借：其他债权投资——公允价值变动	9.75	
贷：其他综合收益		9.75

（2）2020 年。

借：应收利息	80	
其他债权投资——利息调整	15.02	
贷：投资收益		95.02
借：银行存款	80	
贷：应收利息		80
借：其他债权投资——公允价值变动	4.98	
贷：其他综合收益		4.98

（3）2021 年。

借：应收利息	80	
其他债权投资——利息调整	16.53	
贷：投资收益		96.53
借：银行存款	80	
贷：应收利息		80
借：其他债权投资——公允价值变动	-7.53	
贷：其他综合收益		-7.53

（4）2022 年。

借：其他债权投资——利息调整	28.20	
贷：投资收益		28.20
借：银行存款	1 010	
投资收益	7.20	
贷：其他债权投资——成本		1 000
其他债权投资——公允价值变动		7.20

其他债权投资——利息调整　　10

公司的债券成本为 1 000 元。

公司债券公允价值变动余额 =9.75 +4.98 −7.53 =7.2（元）

公司债券的利息调整余额 = −63.41 +13.66 +15.02 +16.53 +28.02 =10（元）

同时应从其他综合收益中转出的公允价值累计金额为 7.2 元。

借：其他综合收益　　7.2

　贷：投资收益　　7.2

（2）企业取得以公允价值计量且其变动计入其他综合收益的金融资产为股票等权益工具投资的。

借：其他货币资金

　贷：其他权益工具投资——成本

　　其他权益工具投资——公允价值变动（或在借方）

　　盈余公积（差额，或在借方）

　　利润分配——未分配利润（差额，或在借方）

之前计入其他综合收益的累计利得或损失应当转出。

借：其他综合收益——其他权益工具投资公允价值变动

　贷：盈余公积

　　利润分配——未分配利润

或

借：盈余公积

　利润分配——未分配利润

　贷：其他综合收益——其他权益工具投资公允价值变动

案例 5：

2020 年 5 月 20 日，甲公司从深圳证券交易所购入乙公司股票 1 000 000 股，支付价款合计 5 080 000 元，其中，证券交易税等交易费用 8 000 元，已宣告但尚未发放现金股利 72 000 元。甲公司将其划分为其他权益工具投资。2020 年 6 月 20 日，收到乙公司发放的现金股利 72 000 元。2020 年 12 月 31 日，乙公司股票收盘价为每股 4.90 元。2021 年 1 月 15 日，以每股 5 元的价格将股票全部出售，同时支付证券交易税等交易费用 7 000 元。假定按 10% 计提盈余公积。

①2020 年 5 月 20 日购入乙公司股票时。

借：其他权益工具投资——成本　　5 008 000

　应收股利　　72 000

　贷：其他货币资金　　5 080 000

②2020 年 6 月 20 日收到乙公司发放的现金股利。

借：其他货币资金　　72 000

　贷：应收股利　　72 000

③2020 年 12 月 31 日公允价值发生变动。

借：其他综合收益——其他权益工具投资公允价值变动　108 000
　贷：其他权益工具投资——公允价值变动　108 000

④2021 年 1 月 15 日出售股票时。

借：其他货币资金　4 993 000
　其他权益工具投资——公允价值变动　108 000
　贷：其他权益工具投资——成本　5 008 000
　　其他综合收益——其他权益工具投资公允价值变动　93 000

借：其他综合收益——其他权益工具投资公允价值变动　108 000
　贷：盈余公积　10 800
　　利润分配——未分配利润　97 200

第四节　以公允价值计量且其变动计入当期损益的金融资产的核算

重难点知识讲解

除了本章分类为以摊余成本计量的金融资产和分类为以公允价值计量且其变动计入其他综合收益的金融资产之外的金融资产，企业应当将其分类为以公允价值计量且其变动计入当期损益的金融资产。

金融资产满足下列条件之一的，表明企业持有该金融资产的目的是具备交易性的。

（1）取得相关金融资产的目的，主要是为了近期出售或回购。例如企业以赚取差价为目的从二级市场购入的股票、债券、基金等。

（2）相关金融资产在初始确认时属于集中管理的可辨认金融工具组合的一部分，且有客观证据表明近期实际存在短期获利模式。这里的“金融工具组合”是指金融资产组合。

（3）相关金融资产属于衍生工具。但符合财务担保合同定义的衍生工具以及被指定为有效套期工具的衍生工具除外。其中，财务担保合同是指保证人和债权人约定，当债务人不履行债务时，保证人按照约定履行债务或者承担责任的合同。

企业应当设置“交易性金融资产”“公允价值变动损益”“投资收益”等账户核算此类金融资产。

在活跃市场中没有报价、公允价值不能可靠计量的权益工具投资，不得指定为以公允价值计量且其变动计入当期损益的金融资产。所谓活跃市场，是指同时具有下列特征的市场：

（1）市场内交易的对象具有同质性。

（2）可随时找到自愿交易的买方和卖方。

（3）市场价格信息是公开的。

一、 以公允价值计量且其变动计入当期损益的金融资产的会计账户设置

“交易性金融资产”科目核算企业为交易目的所持有的债券投资、股票投资、基金投资等交易性金融资产的公允价值。企业持有的直接指定为以公允价值计量且其变动计入当期损益的金融资产也在“交易性金融资产”科目核算。“交易性金融资产”科目的借方登记交易性金融资产的取得成本、资产负债表日其公允价值高于账面余额的差额等；贷方登记资产负债表日其公允价值低于账面余额的差额，以及企业出售交易性金融资产时结转的成本和公允价值变动损益。因此企业应当按照交易性金融资产的类别和品种，分别设置“成本”“公允价值变动”等明细科目进行核算。

“公允价值变动损益”科目核算企业交易性金融资产等公允价值变动而形成的应计入当期损益的利得或损失，贷方登记资产负债表日企业持有的交易性金融资产等的公允价值高于账面余额的差额；借方登记资产负债表日企业持有的交易性金融资产等的公允价值低于账面余额的差额。“公允价值变动损益”作为损益项目列入利润表。

“投资收益”科目核算企业持有金融资产期间取得的投资收益以及处置交易性金融资产等实现的投资收益或投资损失，贷方登记企业出售交易性金融资产等实现的投资收益；借方登记企业为取得交易性金融资产所发生的相关交易费用及企业出售交易性金融资产等发生的投资损失。其中，交易费用是指可直接归属于购买、发行或处置金融工具新增的外部费用，包括支付给代理机构、咨询公司、券商等的手续费和佣金及其他必要支出，但不包括债券溢折价、融资费用、内部管理成本及其他与交易不直接相关的费用。

二、 以公允价值计量且其变动计入当期损益的金融资产的核算

1. 以公允价值计量且其变动计入当期损益的金融资产初始计量的核算

企业取得以公允价值计量且变动计入当期损益的金融资产时，应当按照该金融资产取得时的公允价值作为其初始确认金额；如果取得交易性金融资产所支付的价款中包含了已宣告但尚未发放的现金股利或已到付息期但尚未领取的债券利息的，应当单独确认为应收项目。企业取得以公允价值计量且其变动计入当期损益的金融资产所发生的相关交易费用应当在发生时计入投资收益。交易费用是指可直接归属于购买、发行或处置金融资产工具新增的外部费用，包括支付给代理机构、咨询公司、券商等的手续费和佣金及其他必要支出。

会计业务处理模板：

（1）取得时。

借：交易性金融资产——成本

　　投资收益

应收利息
应收股利
贷：银行存款或其他货币资金

（2）收到购买时已宣告但尚未发放的现金股利或已到付息期但尚未领取的债券利息时。

借：银行存款或其他货币资金
贷：应收利息
应收股利

2. 持有期间的股利或利息

企业在持有以公允价值计量且其变动计入当期损益的金融资产的期间里，对于被投资单位宣告发放的现金股利或企业在资产负债表日按分期付息、一次还本债券投资的票面利率计算的利息收入，应当确认为投资收益，同时也应确认为应收项目。

会计业务处理模板：

（1）确认时。

借：应收利息或应收股利
贷：投资收益

（2）实际收到时。

借：银行存款或其他货币资金
贷：应收利息或应收股利

3. 资产负债表日公允价值变动

在资产负债表日，以公允价值计量且其变动计入当期损益的金融资产应当按照公允价值计量，公允价值与账面余额之间的差额计入当期损益。

会计业务处理模板：

（1）如果在资产负债表日，交易性金融资产公允价值高于其账面余额时。

借：交易性金融资产——公允价值变动
贷：公允价值变动损益

（2）如果在资产负债表日，交易性金融资产公允价值低于其账面余额时。

借：公允价值变动损益
贷：交易性金融资产——公允价值变动

4. 出售交易性金融资产

会计业务处理模板：

借：银行存款或其他货币资金
贷：交易性金融资产——成本
——公允价值变动（或在借方）
投资收益

案例6：

2020年11月5日，A公司存入证券公司1 000万元备用。11月9日，A公司委托证券公司从上海证券交易所购入B上市公司股票50万股，并将其划分为交易性金融资产。该笔股票投资在购买日的公允价值为900万元。另支付相关交易费用金额为2.5万元。要求编制A公司的账务处理。

①2020年11月5日，存入证券公司1 000万元时。

借：其他货币资金——存出投资款　　10 000 000

　贷：银行存款　　10 000 000

②2020年11月9日，购入B上市公司股票时。

借：交易性金融资产——成本　　9 000 000

　　投资收益　　25 000

　贷：其他货币资金——存出投资款　　9 025 000

案例7：

2020年1月8日，A公司购入B公司发行的公司债券，该笔债券于2019年7月1日发行，面值为2 000万元，票面利率为4%，债券每年末付息一次，次年的2月份收到。A公司将其划分为交易性金融资产，以银行存款支付价款为2 100万元（其中包括已到付息期尚未领取的债券利息40万元）和交易费用30万元。2020年2月5日，A公司收到该笔债券利息40万元。2020年12月31日，A公司购买的该笔债券的市价为2 080万元。2021年2月5日，A公司收到债券利息80万元。2021年2月25日，A公司出售了所持有的B公司发行的公司债券，售价为2 085万元。要求编制A公司的账务处理。

①2020年1月8日，购入B公司债券时。

借：交易性金融资产——成本　　20 600 000

　　应收利息　　400 000

　　投资收益　　300 000

　贷：银行存款　　21 300 000

②2020年2月5日，收到购买价款中所包含的已到付息期尚未领取的债券利息时。

借：银行存款　　400 000

　贷：应收利息　　400 000

③2020年12月31日，确认B公司的公司债券利息收入时。

借：应收利息　　800 000

　贷：投资收益　　800 000

④2020年12月31日，B公司的公司债券公允价值发生变动时。

借：交易性金融资产——公允价值变动　　200 000

　贷：公允价值变动损益　　200 000

⑤2021 年 2 月 5 日，收到 B 公司的公司债券利息时。

借：银行存款　　800 000

　贷：应收利息　　800 000

⑥2021 年 2 月 25 日，出售 B 公司的公司债券时。

借：银行存款　　20 850 000

　贷：交易性金融资产——成本　　20 600 000

　　　　　　　　——公允价值变动　　200 000

　　投资收益　　50 000

5. 以公允价值计量且其变动计入当期损益的金融资产的重分类

企业将一项以公允价值计量且其变动计入当期损益的金融资产重分类以摊余成本计量的金融资产，应当以其在重分类日的公允价值作为新的账面余额。

企业将一项以公允价值计量且其变动计入当期损益的金融资产重分类以公允价值计量且其变动计入其他综合收益的金融资产，应当继续以公允价值计量该金融资产。

第五节　转让金融资产应交增值税的会计核算

一、 转让金融资产的会计科目设置

转让金融资产应交增值税是在应交税费科目下设置一个二级明细科目，二级会计科目名称是转让金融商品应交增值税。

二、 转让金融资产的会计核算

一般纳税人企业转让金融资产以盈亏相抵后的余额作为销售额来进行账务处理，应交增值税的会计处理如下：

（1）月末，若转让金融资产实现了收益，则按转让金融资产实现的收益额为基数计算应交的增值税，注意收益额要理解为含税的金额。

其会计分录模板为：

借：投资收益

　贷：应交税费——转让金融商品应交增值税

（2）月末，若转让金融资产实现了亏损，则按转让金融资产实现的亏损额为基数计算应抵扣的增值税，亏损额的增值税可从后期转让金融资产实现的收益额应交的增值税中进行抵扣。亏损额要理解为含税的金额。

借：应交税费——转让金融商品应交增值税
　贷：投资收益

需要特别强调的是，转让金融资产实现的亏损额和转让金融资产实现的收益额必须要在一个年度内，不得跨年度进行应交增值税抵扣。

（3）缴纳增值税时，其会计分录做如下处理。

借：应交税费——转让金融商品应交增值税
　贷：银行存款

案例8：

广州某公司为一般纳税人，2020年4月5日从证券二级市场购入某上市公司股票20 000股，含税价8元/股，支付交易费用10 000元。2020年8月9日，转让该股票5 000股，转让价7.4元/股，同时支付交易费用2 000元。2020年11月25日转让15 000股，转让价9.2元/股，支付交易费用8 600元。该公司拟将该业务划分为交易性金融资产。要求根据该经济业务进行账务处理。

①2020年4月5日购入股票时。

借：交易性金融资产——成本　　160 000
　　投资收益　　10 000
　贷：银行存款或其他货币资金　　170 000

②2020年8月9日转让股票5 000股。

借：银行存款或其他货币资金　　35 000
　　投资收益　　5 000
　贷：交易性金融资产——成本　　40 000

月末根据出售该金融资产实现的收益额为基数计算的应抵扣的应交增值税账务处理：

应抵扣的增值税税额：$5\ 000 \div 1.06 \times 6\% = 283.02$（元）

借：应交税费——转让金融商品应交增值税　　283.02
　贷：投资收益　　283.02

③2020年11月25日转让股票15 000股。

借：银行存款或其他货币资金　　129 400
　贷：交易性金融资产——成本　　120 000
　　　投资收益　　9 400

月末根据出售该金融资产实现的收益额为基数计算的应交增值税税额为 $9\ 400 \div 1.06 \times 6\% = 532.08$（元），账务处理如下：

借：投资收益　　532.08
　贷：应交税费——转让金融商品应交增值税　　532.08

计算出应缴纳增值税为 $523.08 - 283.02 = 249.06$（元），其账务处理如下：

借：应交税费——转让金融商品应交增值税　　249.06
　贷：银行存款　　249.06

第六节 应收款项的核算

重难点知识讲解

一、应收票据的核算

1. 应收票据概述

应收票据是指企业因采用商业汇票支付方式销售商品、产品或提供劳务等而收到的商业汇票。

商业汇票是出票人签发的，委托付款人在指定日期无条件支付确定的金额给收款人或持票人的票据。在银行开立存款账户的法人以及其他组织之间须具有真实的交易关系或债权债务关系，才能使用商业汇票。

商业汇票按承兑人的不同，分为商业承兑汇票和银行承兑汇票。

商业承兑汇票是由银行以外的付款人承兑。商业承兑汇票按交易双方的约定，由销货企业或购货企业签发，但由购货企业承兑。承兑时，购货企业应在汇票正面记载“承兑”字样和承兑日期并签章。

银行承兑汇票是由银行承兑，由在承兑银行开立账户的存款人签发。承兑银行按票面金额向出票人收取万分之五的手续费。购货企业应于汇票到期前将票款足额交存其开户银行，以备由承兑银行在汇票到期日或到期日后的见票当日支付票款。销货企业应在汇票到期时将汇票连同进账单送交开户银行以便转账收款。承兑银行凭汇票将承兑款项无条件转给销货企业，如果购货企业于汇票到期日未能足额交存票款时，承兑银行除凭票向持票人无条件付款外，对出票人尚未支付的汇票金额按每天万分之五计收罚息。

商业汇票按照是否计息可分为带息商业汇票和不带息商业汇票。带息商业汇票是指在商业汇票到期时，承兑人必须按票面金额加上应计利息向收款人或被背书人支付票款的票据。不带息商业汇票是指商业汇票到期时，承兑人只按票面金额（即面值）向收款人或被背书人支付票款的票据。

2. 应收票据的会计处理

应收票据应当按票据的面值计价，即企业收到应收票据时，应按照票据的面值入账。

为了反映和监督应收票据取得、收回及票据贴现等业务，企业应设置“应收票据”账户。该账户的借方登记取得的应收票据的面值和计提的票据利息，贷方登记到期收回票款或到期前向银行贴现的应收票据的票面余额；期末余额在借方，反映企业尚未收回且未申请贴现的应收票据的面值和应计利息。本账户应按照商业汇票的种类设置明细账，进行明细核算。

（1）不带息应收票据的核算。

会计业务处理模板：

①票据取得时。

借：应收票据

　贷：主营业务收入

　　　应交税费——应交增值税——销项税额

②应收票据到期收回时。

借：银行存款

　贷：应收票据

③到期不能收回的不带息应收票据。

借：应收账款

　贷：应收票据

案例 9：

2020 年 2 月 A 企业销售一批产品给 B 企业，货已发出，货款 30 000 元，增值税额为 3 900 元。双方商定采用商业汇票结算。B 企业交给 A 企业一张 6 个月到期不带息的商业承兑汇票，面额为 33 900 元。6 个月后，应收票据到期，A 企业收回款项 33 900 元，存入银行。

①票据取得时。

借：应收票据	33 900	
贷：主营业务收入		30 000
应交税费——应交增值税——销项税额		3 900

②应收票据到期收回时。

借：银行存款	33 900	
贷：应收票据		33 900

③到期不能收回的不带息应收票据。

借：应收账款	33 900	
贷：应收票据		33 900

（2）带息应收票据的核算。

带息应收票据的核算，应注意票据利息的计算，其计算公式为：

应收票据到期利息 = 票面金额 × 票面利率 × 期限

应收票据到期值 = 应收票据面值 + 应收票据到期利息

公式中，“票面利率”一般指年利率，“期限”指签发日至到期日的时间间隔。票据的期限，有按日表示和按月表示两种。

票据期限按月表示时，应以到期月份中与出票日相同的那一天为到期日。如 3 月

10 日签发的 3 个月票据，到期日应为 6 月 10 日。月末签发的票据，不论月份大小，以到期月份的月末那一天为到期日。如 4 月 30 日签发的 4 个月票据，到期日应为 8 月 31 日。票据期限按月表示时，计算利息使用的利率要换算成月利率（年利率 ÷12）。

票据期限按日表示时，应从出票日起按实际经历天数计算。通常出票日和到期日，只能计算其中的一天，即“算头不算尾”或“算尾不算头”。例如，3 月 10 日签发的 90 天票据，其到期日应为 6 月 8 日，原因是 3 月份有 22 天，4 月份有 30 天，5 月份 31 天，6 月份 7 天，共 90 天。同时，计算利息使用的利率要换算成日利率（年利率 ÷360）。

会计业务处理模板：

①期中或年末计算票据的利息。

借：应收票据

　贷：财务费用

②带息应收票据到期收回时。

借：银行存款

　贷：应收票据

　　　财务费用

③到期不能收回的带息应收票据时。

借：应收账款

　贷：应收票据

案例 10：

一张面值 50 000 元、利率为 10%、期限为 180 天的商业汇票，其出票日为 3 月 18 日，求该票据的到期日及应计提利息额。

①票据到期日应为 9 月 14 日（3 月 18 日至月底计 14 天；4 月份 30 天；5 月份 31 天；6 月份 30 天；7 月份 31 天；8 月份 31 天；至 9 月 13 日共 180 天，按“算头不算尾”的办法，到期日应为 9 月 14 日，14 日不计息）。

②该票据应计利息额 $=50\ 000\times10\%\times180\div360=2\ 500$（元）

案例 11：

甲企业 2020 年 1 月 1 日销售一批产品给乙企业，货已发出，专用发票上注明的销售收入为 10 000 元，增值税 1 300 元。收到乙企业交来的商业承兑汇票一张，期限 5 个月，票面利率为 4%。

①收到票据时。

借：应收票据　　11 300

　贷：主营业务收入　　10 000

　　　应交税费——应交增值税——销项税额　　1 300

②票据到期收回款项时。

票据到期值 $=11\ 300+11\ 300\times4\%\div12\times5=11\ 488.33$（元）

借：银行存款　　　　　　　　　　　　11 488.33
　贷：应收票据　　　　　　　　　　　　11 300
　　　财务费用　　　　　　　　　　　　188.33

（3）应收票据转让的核算。

企业可以将自己持有的商业汇票背书转让。背书是持票人在票据背面签字，签字人称为背书人，背书人对票据的到期付款负连带责任。

①会计业务处理模板：转让不带息应收票据。

借：原材料
　　材料采购
　　应交税费——应交增值税——进项税额
　贷：应收票据

②转让带息应收票据。

借：原材料
　　材料采购
　　应交税费——应交增值税——进项税额
　贷：应收票据
　　　财务费用

3. 应收票据贴现

（1）票据贴现的概念。

应收票据贴现是指持票人因急需资金，将未到期的商业汇票背书后质押给银行，银行受理后，从票面金额中扣除按银行的贴现率计算的贴现利息后，将余额付给贴现企业的业务活动。

应收票据贴现实质上是将商业票据质押给银行的一种企业融资形式。在贴现中，企业付给银行的利息称为贴现利息，银行计算贴现利息的利率为贴现率，企业从银行获得的票据到期值扣除贴现利息后的货币收入称为贴现所得，即贴现净额。

（2）票据贴现的计算及账务处理。

应收票据的贴现要计算贴现期、贴现利息和贴现净额。其中，贴现期是指自贴现日起至到期日前一天为止的实际天数，也采用“算头不算尾”或“算尾不算头”的方法计算确定。贴现的计算公式如下：

票据到期值＝票据面值＋票据到期利息

贴现利息＝票据到期值×贴现率×贴现期

贴现额＝票据到期值－贴现利息

贴现时，取得贴现款。

会计业务处理模板：

借：银行存款
　　财务费用
　贷：应收票据
　　　财务费用

贴现的商业承兑汇票到期，因承兑人的银行存款账户不足支付，申请贴现的企业收到银行退回的商业承兑汇票时，申请贴现企业的银行存款账户余额充足时，按商业汇票的票面金额，借记“应收账款”科目，贷记“银行存款”科目。申请贴现企业的银行存款账户余额不足，应按商业汇票的票面金额，借记“应收账款”科目，贷记“短期借款”科目；银行做逾期贷款处理。

案例12：

某企业4月29日售给本市F公司产品一批，货款总计100 000元，适用增值税税率为13%。F公司交来一张出票日为5月1日、面值113 000元、期限为3个月的商业承兑无息票据。该企业6月1日持票据到银行贴现，贴现率为12%。如果本项贴现业务符合金融资产转移准则规定的金融资产终止确认条件。

①收到票据时。

借：应收票据——F公司　　113 000

　贷：主营业务收入　　100 000

　　应交税费——应交增值税——销项税额　　13 000

②6月1日到银行贴现时，票据到期日为8月1日，贴现期为2个月（6月1日至8月1日）。

票据到期值 = 票据票面金额 = 113 000（元）

票据贴现息 = 113 000 × 12% × 2 ÷ 12 = 2 260（元）

票据贴现额 = 113 000 − 2 260 = 110 740（元）

借：银行存款　　110 740

　财务费用　　2 260

　贷：应收票据——F公司　　113 000

案例13：

案例12中，到8月1日，企业已办理贴现的应收票据到期，若F公司无力向贴现银行支付票款，贴现银行将票据退回企业并从该企业的账户将票据款划出。

借：应收账款——F公司　　113 000

　贷：银行存款　　113 000

案例14：

案例12中，到8月1日，企业已办理贴现的应收票据到期，若F公司无力向贴现银行支付票款，贴现银行将票据退回企业，但该企业银行存款账户余额不足，则贴现银行将这笔款项金额作为逾期贷款通知该企业。

借：应收账款——F公司　　113 000

　贷：短期借款　　113 000

案例15：

某企业4月29日售给本市F公司产品一批，货款总计100 000元，适用增值税税率为13%。F公司交来一张出票日为5月1日、面值113 000元、期限为4个月的商业承兑带息票据，票面利率为10%。该企业8月1日持票据到银行贴现，贴现率为12%。

①收到票据时。

借：应收票据——F公司　113 000

　贷：主营业务收入　100 000

　　应交税费——应交增值税——销项税额　13 000

②票据贴现时。

票据到期值 = 113 000 + 113 000 × 10% × 4 ÷ 12 = 116 766.67（元）

票据贴现息 = 116 766.67 × 12% × 1 ÷ 12 = 1 167.67（元）

票据贴现额 = 116 766.67 − 1 167.67 = 115 599（元）

借：银行存款　115 599

　贷：应收票据——F公司　113 000

　　财务费用　2 599

特别提示

①“应收票据”账户入账金额只能以票面金额计入。

②要弄清楚“财务费用”账户出现在贷方的真实本质。

二、应收账款的核算

1. 应收账款概述

应收账款是指企业因销售商品、产品或提供劳务等业务，应向购货单位或接受劳务单位收取的款项。它是企业因销售商品、产品、提供劳务等经营活动所形成的债权。核算应收账款时，必须确定其入账价值，及时反映应收账款的形成、收回情况，合理地确认和计量坏账损失，并按规定计提坏账准备。

2. 应收账款入账价值的确定

应收账款应按实际发生额计价入账。其入账价值包括：销售货物或提供劳务的价款、增值税，代购货单位垫付的包装费、运杂费等。在确认应收账款的入账价值时，还要考虑商业折扣等因素。

（1）商业折扣。

所谓商业折扣，是指销售企业为了鼓励客户多购商品而在商品标价上给予的扣除。通常用百分数来表示，如10%、20%等。扣减折扣后的净额才是实际销售价格。商业折扣一般在交易发生时即已确定，它仅仅是确定实际销售价格的一种手段，不需在买卖双方任何一方的账上反映。因此，在存在商业折扣的情况下，企业应收账款入账金额应按扣除商业以后的实际售价确认。

（2）现金折扣。

所谓现金折扣，是指债权人为了鼓励债务人在规定的期限内早日付款而向债务人提供的债务扣除。现金折扣通常发生在以赊销方式销售商品及提供劳务的交易中。企业为了鼓励客户提前偿付货款，通常与债务人达成协议，债务人在不同的期限内付款可享受不同比例的折扣。现金折扣一般用符号“折扣率/付款期限”来表示。例如“3/10，1/20，N/30”分别表示：10 天内付款按售价给予 3% 的折扣；20 天内付款按售价给予 1% 的折扣；30 天内付款则不给予折扣。

《企业会计准则》规定，在存在现金折扣的情况下，应收账款应以未减去现金折扣的金额作为入账价值，即按总价法入账。实际发生的现金折扣作为一种理财费用，计入发生当期的损益，即“财务费用”会计科目中。

特别提示

计算现金折扣时，以应收账款入账总金额减去所包含的增值税金额的数额作为计算现金折扣的基数。

3. 应收账款会计处理

（1）没有商业折扣情况。

会计业务处理模板：

借：应收账款

　贷：主营业务收入

　　　其他业务收入

　　　应交税费——应交增值税（销项税额）等科目

（2）有商业折扣情况。

企业发生的应收账款在有商业折扣的情况下，应按扣除商业折扣后的金额入账。

（3）有现金折扣情况。

企业发生的应收账款在有现金折扣的情况下，采用总价法入账，发生的现金折扣作为财务费用处理。

案例 16：

2020 年 10 月 1 日，甲企业采用委托收款方式向乙企业销售一批商品，不含税价款 50 000 元，增值税税率为 13%，甲企业以支票方式为乙企业代垫付运费 500 元，已办妥托收手续。10 月 6 日收到银行收款通知，收到上述全部货款。

①借：应收账款——乙企业	57 000	
贷：主营业务收入		50 000
应交税费——应交增值税——销项税额		6 500
银行存款		500

②借：银行存款　　57 000

　　贷：应收账款　　57 000

案例 17：

甲企业销售一批产品给丙企业，按价目表标明的价格计算，不含税金额为 10 000 元，由于是成批销售，甲企业给丙企业 10% 的商业折扣，折扣金额为 1 000 元，增值税税率为 13%。款项尚未收到。

借：应收账款——丙企业　　10 170

　　贷：主营业务收入　　9 000

　　　　应交税费——应交增值税——销项税额　　1 170

案例 18：

甲企业 2020 年 9 月 5 日销售一批产品给 A 公司，增值税专用发票上注明不含税售价是 10 000 元，增值税 1 300 元，产品交付并办妥托收手续。销售产品时，规定现金折扣的条件为 2/10，1/20，N/30。

①借：应收账款——A 公司　　11 300

　　贷：主营业务收入　　10 000

　　　　应交税费——应交增值税——销项税额　　1 300

②如果 A 公司在 10 日内付款，甲企业应做如下账务处理：

借：银行存款　　11 100

　　财务费用　　200

　　贷：应收账款——A 公司　　11 300

③如果 A 公司在 20 日内付款，甲企业应做如下账务处理：

借：银行存款　　11 200

　　财务费用　　100

　　贷：应收账款——A 公司　　11 300

④如果 A 公司超过了现金折扣的最后期限付款，甲企业应做如下账务处理：

借：银行存款　　11 300

　　贷：应收账款——A 公司　　11 300

4. 坏账损失的核算

坏账是指企业无法收回或收回的可能性极小的应收款项，包括应收账款和其他应收款等。由于发生坏账而产生的损失，称为坏账损失。

企业确认坏账时，应遵循财务报告的目标和会计核算的基本原则，具体分析各应收账款的特性、金额的大小、信用期限、债务人的信誉和当时的经营情况等因素。一般来讲，企业的应收账款符合下列条件之一的，应确认为坏账：债务人破产或死亡，其破产财产或遗产清偿后仍然无法收回；债务人较长时间内未履行其偿债义务，并有足够的证据表明无法收回或收回的可能性极小。

企业应当在期末对应收账款进行检查，并预计可能产生的坏账损失。对预计可能产生的坏账损失，计提坏账准备。企业计提坏账准备的方法由企业自行确定。企业应当制定计提坏账准备的政策，明确计提的范围、方法、账龄的划分和提取比例，按照管理权限，经股东大会或董事会，或经理（厂长）会议或类似机构批准，按照法律、行政法规的规定报有关各方备案，并备置于企业所在地，以供投资者查阅。坏账准备计提方法一经确定，不得随意变更，如需变更，仍需按上述程序，经批准后报送有关各方备案，并在会计报表附注中予以说明。

在计提坏账准备时，应注意以下几个问题：

第一，除有确凿证据表明该项应收款项不能收回或收回的可能性不大外（如债务单位已撤销、破产、资不抵债、现金流量严重不足、发生严重的自然灾害等导致停产而在短时间内无法偿付债务等以及 3 年以上的应收款项），下列情况不能全额计提坏账准备：

A. 当年发生的应收款项。

B. 计划对应收款项进行重组。

C. 与关联方发生的应收款项。

D. 其他已逾期，但无确凿证据表明不能收回的应收款项。

第二，对于企业的预付账款，如有确凿证据表明其不符合预付账款性质，或者因供货单位破产、撤销等原因已无望再收到所购货物时，应当将原计入预付账款的金额转入其他应收款，并按规定计提坏账准备。

第三，企业不应对应收票据计提坏账准备，而应等应收票据到期不能收回转入应收账款后，再按规定计提坏账准备。

坏账损失的核算方法一般有两种：直接转销法和备抵法。我国《企业会计准则》规定，企业应采用备抵法核算坏账损失。

（1）备抵法的概念。

备抵法是指采用一定的方法按期估计坏账损失，计入当期费用，同时建立坏账准备，当实际发生坏账损失时，应根据其金额冲减已计提的坏账准备，同时转销相应的应收款项的一种方法。

采用这种方法，坏账损失计入同一期间损益，体现了权责发生制和配比原则的要求；避免了企业虚盈实亏，体现了谨慎原则的要求；在报表上列示应收款项净额，使报表使用者能了解企业应收款项的可变现金额。

重难点知识讲解

企业采用备抵法进行坏账损失的核算时，首先应按期估计坏账损失。估计坏账损失的方法有应收款项余额百分比法、账龄分析法和销货百分比法等。

①应收款项余额百分比法。

应收款项余额百分比法，是根据会计期末应收款项的余额乘以估计坏账率即为当期应估计的估计坏账损失，据此提取坏账准备。估计坏账率可以按照以往的数据资料加以确定，也可以根据规定的百分率计算。企业发生的坏账多，比例相应就高些；反之则低些。

②账龄分析法。

账龄分析法是指根据应收账款入账时间的长短来估计坏账损失的一种方法。虽然应收账款能否收回以及能收回多少不一定完全取决于入账时间的长短，但一般来说，账款拖欠的时间越长，发生坏账的可能性就越大。

③销货百分比法。

销货百分比法是指根据赊销金额的一定百分比估计坏账损失的一种方法。在采用此方法时，估计坏账损失百分比可能由于企业生产经营情况的不断变化而不相适应。因此，必须经常检查百分比是否能反映企业坏账损失的实际情况，倘若发现过高或过低的情况，应及时调整百分比。采用该种方法计提坏账准备时，不用考虑上年“坏账准备”科目的余额。

在备抵法下，企业应设置“坏账准备”账户，该账户期末余额一般在贷方，反映企业已经提取但尚未转销的坏账准备数额。

（2）坏账损失的核算。

采用备抵法，坏账准备可按下列公式计算：

当期应提坏账准备金额 = 本期“应收款项”科目的期末余额 × 坏账准备计提比例

当期实际提取的坏账准备 = 当期应提坏账准备金额 − 计提前“坏账准备”科目的贷方余额（ + 计提前“坏账准备”科目的借方余额）

特别提示

①在每年年末计提坏账准备前，要充分考虑前期坏账准备的余额方向，若坏账准备的余额方向在借方，表示前期计提的金额过少，需要在本期补提回来，本期实际计提坏账准备金额 = 应收账款余额 × 计提比例 + 前期坏账准备借方金额。若坏账准备的余额方向在贷方，表示前期计提的金额过多，需要在本期冲减计提过多的金额，本期实际计提坏账准备金额 = 应收账款余额 × 计提比例 − 前期坏账准备贷方金额。

②计提坏账准备时间在每年年末，也就是在每年的 12 月月末。

③检验坏账准备计提正确与否的方法是每年年末应收账款余额乘以计提坏账准备的比例等于坏账准备的余额。

①如果当期按应收款项计算的应提坏账准备金额大于计提前“坏账准备”科目的贷方余额，应按其差额提取坏账准备。

借：信用减值损失

　　贷：坏账准备

②如果当期按应收款项计算的应提坏账准备金额小于计提前“坏账准备”科目的贷方余额，应按其差额冲减已计提的坏账准备；如果当期按应收款项计算的应提坏账准备金额为零，应将“坏账准备”科目余额全部冲回。

借：坏账准备
　　贷：信用减值损失

③企业实际发生坏账时。

借：坏账准备
　　贷：应收账款
　　　　其他应收款

④如果已确认并转销的坏账以后又收回，其业务处理如下。

借：应收账款
　　其他应收款
　　贷：坏账准备

同时：

借：银行存款
　　贷：应收账款
　　　　其他应收款

案例 19：

某企业 2018 年末应收账款的余额为 1 000 000 元，提取坏账准备的比例为 5‰，2019 年发生了坏账损失 6 000 元，年末应收账款的余额为 1 100 000 元，2020 年已冲销的应收账款又收回 1 900 元，期末应收账款的余额为 1 200 000 元。

①2018 年提取坏账准备为 1 000 000 × 5‰ = 5 000（元）。

借：信用减值损失　　5 000
　　贷：坏账准备　　5 000

②2019 年转销坏账。

借：坏账准备　　6 000
　　贷：应收账款　　6 000

2019 年末按应收账款的余额计提坏账准备为 1 100 000 × 5‰ = 5 500（元）。

年末计提坏账准备前，“坏账准备”科目的借方余额为 1 000 元，则本年度实际应提坏账准备为 6 500（5 500 + 1 000）元。

借：信用减值损失　　6 500
　　贷：坏账准备　　6 500

③2020 年，已冲销的应收账款又收回 1 900 元。

借：应收账款　　1 900
　　贷：坏账准备　　1 900

同时，

借：银行存款　　　　1 900

　　贷：应收账款　　　　1 900

2020 年末按应收账款的余额计算提取坏账准备为 1 200 000 × 5‰ = 6 000（元）。

至年末，计提坏账准备前的“坏账准备”科目的贷方余额为 7 400 元，本年度应冲销多提的坏账准备金额为 1 400（7 400 − 6 000）元。

借：坏账准备　　　　1 400

　　贷：信用减值损失　　　　1 400

案例 20：

某企业 2020 年 12 月 31 日应收账款账龄及估计坏账损失的情况见表 3 − 5。

表 3 − 5　2020 年 12 月 31 日应收账款账龄及估计坏账损失情况表

应收账款账龄	应收账款金额/元	估计损失/%	估计损失金额/元
未到期	60 000	0.5	300
过期 2 个月	50 000	1	500
过期 4 个月	40 000	2	800
过期 6 个月	30 000	3	900
过期 6 个月以上	20 000	4	800
合计	200 000		3 300

要求：①假设在估计坏账损失前，“坏账准备”科目有贷方余额 300 元，计算本期“坏账准备”科目应入账的金额，并编制会计分录。

②假设在估计坏账损失前，“坏账准备”科目有贷方余额 4 000 元，计算本期“坏账准备”科目应入账的金额，并编制会计分录。

③假设在估计坏账损失前，“坏账准备”科目有借方余额 300 元，计算本期“坏账准备”科目应入账的金额，并编制会计分录。

解答：①从表 3 − 5 中可以看出，该企业 2020 年 12 月 31 日“坏账准备”科目的账面金额应为3 300元，而在估计坏账损失前，“坏账准备”科目有贷方余额 300 元，则该企业本期还应计提 3 000（3 300 − 300）元的坏账准备。编制的会计分录如下：

借：信用减值损失　　　　3 000

　　贷：坏账准备　　　　3 000

②假设在估计坏账损失前，“坏账准备”科目有贷方余额 4 000 元，则该企业本期应冲减 − 700（3 300 − 4 000）元，编制的会计分录如下：

借：坏账准备　　　　700

　　贷：信用减值损失　　　　700

③假设在估计坏账损失前，“坏账准备”科目有借方余额 300 元，则该企业本期还

应计提 3 600（3 300 +300）元，编制的会计分录如下：

借：信用减值损失　　3 600

　　贷：坏账准备　　3 600

案例 21：

某公司 2020 年全年赊销金额为 500 000 元，根据以往资料和经验，估计坏账损失率为 3%，要求根据销货百分比法计算 2020 年末应计提的坏账准备金额并编制会计分录。

2020 年末估计坏账损失为 =500 000 ×3% =15 000（元）

借：信用减值损失　　15 000

　　贷：坏账准备　　15 000

第四章　存货及应付款项岗位核算

本章学习重点

1. 存货的初始计量
2. 存货购进的实际成本法核算
3. 存货购进的计划成本法核算
4. 存货发出的核算
5. 存货的期末计量

第一节　存货的确认和初始计量

一、存货的确认

1. 存货的概念与特征

存货，是指企业在日常生产经营过程中持有的以备出售的产成品或商品，以及处在生产过程中的在产品、在生产过程或提供过程中耗用的材料、物料等。

存货通常有如下特征：

（1）存货是有形资产。

（2）存货是流动资产。

（3）持有存货的目的是在正常生产经营过程中被销售或耗用。

（4）存货可能发生价值的减损。

2. 存货的确认标准

存货在同时满足以下两个条件时，才能加以确认：一是与该存货有关的经济利益很可能流入企业；二是该存货的成本能够可靠地计量。

某个项目要确认为存货，首先要符合存货的定义。在此前提下，应当符合上述存货确认的两个条件。关于存货的确认，尚须说明以下几点。

第一，关于代销商品。代销商品（也称为托销商品）是指一方委托另一方代其销售商品。从商品所有权的转移来分析，代销商品在售出以前，所有权属于委托方，受托方只是代对方销售商品。因此，代销商品应作为委托方的存货处理。但为了使受托方加强对代销商品的核算和管理工作，企业会计制度也要求受托方将其受托代销商品纳入账内核算。

第二，关于在途商品。对于销售合同或协议规定已确认销售（如已收到货款）但尚未发运给购货方的商品，应作为购货方的存货而不应再作为销货方的存货；对于购货方已收到商品但尚未收到销货方结算发票等的商品，购货方应作为其存货处理；对于购货方已经确认为购进（如付款等）但尚未到达入库的在途商品，购货方应将其作为存货处理。

第三，关于购货约定。对于约定未来购入的商品，由于企业并没有实际的购货行为发生，所以，不作为企业的存货，也不确认有关的负债和费用。

3. 存货的分类

（1）按经济用途分。

①原材料。指企业在生产过程中经加工改变其形态或性质并构成产品主要实体的各种原料及主要材料、辅助材料、外购半成品（外购件）、修理用备件（备品、备件）、包装材料、燃料等。

②在产品。指企业正在制造但尚未完工的生产物，包括正在各生产工序加工的产品，以及已加工完毕但尚未检验或已检验但尚未办理入库手续的产品。

③半成品。指经过一定生产过程并已检验合格交付半成品仓库保管，但还未制造完工成为产成品，仍需进一步加工的中间产品。但不包括从一个生产车间转给另一个生产车间继续加工的自制半成品以及不能单独计算成本的自制半成品。

④产成品。指工业企业已经完成全部生产过程并验收入库，可以按照合同规定的条件送交订货单位，或者可以作为商品对外销售的产品。企业接受外来原材料加工制造的代制品和为外单位加工修理的代修品，制造和修理完成验收入库后，应视同企业的产成品。

⑤商品。指商品流通企业的商品，包括外购或委托加工完成验收入库用于销售的各种商品。

⑥包装物。指生产流通过程中，为包装本企业的产品或商品并随它们一起出售、出借或出租的各种包装容器，如桶、箱、瓶、坛、袋等。其主要作用是盛装、装潢产

品或商品。

但是，下列包装物在会计上不作为包装物存货进行核算：一是各种包装用的材料，如纸、绳、铁丝、铁皮等，应作为低值易耗品进行核算；二是企业在生产经营过程中用于储存和保管产品或商品、材料、半成品、零件等，而不随同产品或商品出售、出租或出借的包装物，如企业在经营过程中周转使用的包装容器，应按其价值大小和使用年限长短，分别归入固定资产或低值易耗品进行核算。

⑦低值易耗品。指不能作为固定资产的各种用具物品，如工具、管理用具、玻璃器皿、劳动保护用品，以及在经营过程中周转使用的容器等。其特点是单位价值较低，使用期限相对于固定资产较短，在使用过程中基本保持其原有实物形态不变。

⑧委托代销商品。指企业委托其他单位代销的商品。

⑨委托加工物资。指企业委托外单位加工的各种材料、商品等物资。

（2）按存入地点分。

企业的存货分布于供、产、销各个环节，按存放地点可分为在库存货、在途存货、在制存货和发出存货。

（3）按取得来源分。

存货按取得来源可分为外购存货、自制存货、委托加工存货、投资者投入的存货、接受捐赠的存货、盘盈的存货等。

二、 存货的初始计量

存货应当按照成本进行初始计量。存货成本包括采购成本、加工成本和其他成本。企业存货的来源不同，其成本构成内容也不同。

1. 外购存货的计价

存货的采购成本一般包括购买价款、相关税费、运输费、装卸费、保险费以及其他可归属于存货采购成本的费用，具体包括买价、运杂费、运输途中的合理损耗、入库前的整理挑选费、购入物资负担的税金和其他费用。

对于商品流通业的外购商品，其采购过程中发生的买价以外的相关进货费用，应计入存货采购成本，也可以先行归集，期末根据所购商品的存销情况进行分摊。企业采购商品的进货费用金额较小的，可以在发生时计入当期损益。

特别提示

对于一般纳税人来讲，购进货物时没有取得增值税专用发票，而只是取了增值税普通发票，所支付的增值税计入购进货物的成本中。对于小规模纳税人来讲，购进货物所支付的增值税只能全部计入购进货物的成本中。

2. 自制存货的计价

自制存货的成本主要由采购成本、加工成本以及使存货达到目前场所和状态所发生的其他成本构成。其中存货的加工成本是指存货加工过程中发生的追加费用，包括直接人工以及按照一定方法分配的制造费用。存货的其他成本是指除采购成本、加工成本以外的，使存货到达目前场所和状态所发生的其他支出，如为特定客户设计产品所发生的设计费用等。

3. 委托加工存货的计价

委托加工的存货，以实际耗用的原材料或者半成品及加工费、运输费、装卸费和保险费等费用，以及按规定应计入成本的税金作为实际成本。

4. 投资者投入的存货的计价

投资者投入的存货的计价，应当按照投资合同或协议约定的价值确定，但合同或协议约定价值不公允的除外。

5. 接受捐赠的存货的计价

对于接受捐赠的存货，按以下规定确定其实际成本。

（1）捐赠方提供了有关凭据（如发票、报关单、有关协议）的，按凭据上标明的金额加上应支付的相关税费作为实际成本。

（2）捐赠方没有提供有关凭据的，按如下顺序确定其实际成本。

①同类或类似存货存在活跃市场的，按同类或类似存货的市场价格估计的金额加上应支付的相关税费作为实际成本。

②同类或类似存货不存在活跃市场的，按该接受捐赠的存货的预计未来现金流量现值作为实际成本。

6. 盘盈存货的计价

盘盈存货的计价，按同类或类似存货的市场价格作为实际成本。

7. 企业提供劳务的计价

企业提供劳务的计价，按所发生的从事劳务提供人员的直接人工和其他直接费用以及可归属的间接费用计入存货成本。

案例 1：

某企业为增值税一般纳税人，2020 年 12 月 12 日购入乙材料 5 000 吨，收到的增值税专用发票上注明的不含税单价为每吨 1 200 元，增值税为 780 000 元，另发生运输费用 60 000 元，装卸费用 20 000 元，途中保险费用 18 000 元，运输费用、装卸费用、途中保险费用只取得了增值税普通发票。原材料运抵企业后，验收入库原材料为 4 996 吨，运输途中发生合理损耗 4 吨。求该原材料的入账价值。

答：该原材料的入账价值 = 1 200 × 5 000 + 60 000 + 20 000 + 18 000 = 6 098 000（元）

第二节　存货购进的实际成本法核算

对于存货日常核算，既可以按实际成本核算，也可以按计划成本核算。存货按实际成本核算，不论是总分类核算，还是明细分类核算，都按实际成本计价。实际成本法一般适用于规模较小、存货品种简单、采购业务不多的企业。下面以原材料为例，介绍实际成本法核算。

一、　实际成本法下原材料核算的账户设置

原材料按实际成本核算时，应设置“原材料”“在途物资”等账户。

“原材料”账户属于资产类账户，用来核算企业库存的各种原材料实际成本。该账户借方登记收入原材料的实际成本；贷方登记发出原材料的实际成本；期末余额在借方，表示库存原材料的实际成本。

“在途物资”账户用来核算企业已经付款或已开出承兑商业汇票但尚未到达或尚未验收入库的各种物资的实际成本。借方登记已支付或已开出承兑商业汇票的各种物资的实际成本；贷方登记已验收入库物资的实际成本；期末余额在借方，表示已经付款或已开出承兑商业汇票但尚未到达或尚未验收入库的在途物资的实际成本。

二、　实际成本法下原材料取得的核算

由于结算方式和采购地点的不同，材料入库和货款的支付在时间上往往不一致，因而其账务处理也有所不同。材料入库和货款的支付所在时间的不同，形成以下三种基本情况：材料到达企业验收入库，同时货款已经支付；结算凭证已到，货款已付，材料尚未验收入库；材料已验收入库，货款尚未支付。

（1）材料到达企业验收入库，货款已支付。

会计业务处理模板：

借：原材料

　　周转材料

　　库存商品

　　应交税费——应交增值税——进项税额

　　贷：银行存款

　　　　其他货币资金

案例 2：

某企业经有关税务部门核定为一般纳税人，某日该企业从本地购进 A 材料一批，取得的增值税专用发票上注明的原材料不含税货款计 100 000 元，增值税额为 13 000 元，发票等结算凭证已经收到，材料已验收入库，货款已通过银行转账支付。

借：原材料　　100 000

　　应交税费——应交增值税——进项税额　　13 000

　　贷：银行存款　　113 000

（2）结算凭证已到，货款已付，材料尚未验收入库。

会计业务处理模板：

①结算凭证已到，货款已付，材料尚未验收入库。

借：在途物资

　　应交税费——应交增值税——进项税额

　　贷：银行存款

　　　　其他货币资金

②材料验收入库后。

借：原材料

　　贷：在途物资

案例 3：

某企业收到银行转来的托收承付付款通知以及发票，向甲公司购进原材料一批，不含税买价为 200 000 元，增值税税额为 26 000 元，取得了增值税专用发票，经审核无误，到期承付，材料尚未验收入库。

借：在途物资　　200 000

　　应交税费——应交增值税——进项税额　　26 000

　　贷：银行存款　　226 000

（3）材料已验收入库，货款尚未支付。

根据货款未付的几种形式，又分为下面三种情况：

①发票账单已到，货款暂欠。

会计业务处理模板：

借：原材料

　　周转材料

　　库存商品

　　应交税费——应交增值税——进项税额

　　贷：应付账款

案例 4：

某公司从外地购进甲材料，不含税买价为 630 000 元，增值税税额为 81 900 元，取得了增值税专用发票，材料已到达企业且验收入库，并收到委托收款、运单等单证。

企业无款支付，货款暂欠。

借：原材料　　630 000

　　应交税费——应交增值税——进项税额　　81 900

　　贷：应付账款　　711 900

②发票账单已到，企业开出商业汇票。

会计业务处理模板：

借：原材料

　　库存商品

　　周转材料

　　应交税费——应交增值税——进项税额

　　贷：应付票据

案例5：

某公司由外地购进甲材料，不含税买价为200 000元，增值税税额为26 000元，取得了增值税专用发票，材料已到达企业且验收入库，开出一张面值为226 000元，期限为2个月的商业承兑汇票支付款项。

借：原材料　　200 000

　　应交税费——应交增值税——进项税额　　26 000

　　贷：应付票据　　226 000

③发票账单未到，企业无法付款。

会计业务处理模板：

A. 月末，发票账单未到，企业无法付款，按材料的暂估价值入账。

借：原材料

　　周转材料

　　库存商品

　　贷：应付账款——暂估应付账款

B. 下月初用红字作上述同样的记账凭证予以冲回。

C. 收到结算凭证。

借：原材料

　　周转材料

　　库存商品

　　应交税费——应交增值税——进项税额

　　贷：银行存款

　　　　其他货币资金

　　　　应付票据

　　　　应付账款

案例 6：

某公司 8 月 25 日从外地购进乙材料一批，材料已运达并验收入库，结算凭证尚未到达，款项未付。8 月 31 日结算凭证仍未到，该批材料估价为 11 000 元。9 月 26 日结算凭证到达，该批材料增值税专用发票上注明价款为 10 000 元，增值税税额为 1 300 元，全部款项已经通过银行转账支付。

①8 月 31 日，材料虽已验收入库，但结算凭证仍未到，款项未付，月末按估价暂估入账。

借：原材料　　11 000

　　贷：应付账款——暂估应付账款　　11 000

②9 月 1 日，将估价入账的材料以红字冲回。

借：原材料　　11 000（红字）

　　贷：应付账款——暂估应付账款　　11 000（红字）

③9 月 26 日结算凭证到达，并支付货款。

借：原材料　　10 000

　　应交税费——应交增值税——进项税额　　1 300

　　贷：银行存款　　11 300

三、 购料途中发生短缺和毁损

（1）如果是运输途中的合理损耗，应当计入材料采购成本，无须做业务处理。

（2）如果是供货单位责任事故造成的短缺，应视款项是否已经支付而做出相应的账务处理；如果尚未支付货款，应按短缺的数量和发票金额填写拒付理由书，向银行办理拒付手续；如果货款已经支付，并已记入“在途物资”科目的情况下，在材料运达企业验收入库，发现短缺或毁损时，应根据有关的索赔凭证编制业务处理。

会计业务处理模板：

借：应付账款

　　应交税费——应交增值税——进项税额（红字）

　　贷：在途物资

（3）如果是运输部门的责任事故造成的短缺或毁损。

会计业务处理模板：

借：其他应收款

　　应交税费——应交增值税——进项税额（红字）

　　贷：在途物资

（4）如果在运输途中发生的非常损失和尚待查明原因的途中损耗。

会计业务处理模板：

①查明原因前。

借：待处理财产损溢——待处理流动资产损溢

　　贷：原材料

　　　　应交税费——应交增值税——进项税额转出

②待查明原因经批准后。

借：应付账款

　　其他应收款

　　管理费用

　　营业外支出——非常损失

　　贷：待处理财产损溢——待处理流动资产损溢

特别提示

如果是因自然灾害等非正常原因造成的损失，应将扣除残料价值和过失人、保险公司赔偿后的净损失，借记“营业外支出——非常损失”科目；如果是其他无法收回的损失，经批准后，借记“管理费用”科目。

第三节　存货购进的计划成本法核算

重难点知识讲解

计划成本法是指企业存货的收入、发出和结余均按预先制定的计划成本计价，实际成本与计划成本之间的差额单独进行核算。存货按计划成本核算，要求存货的总分类核算和明细分类核算均按计划成本计价。单位计划成本一旦确定，在一定时期内应相对固定不变，以收、发、存的数量乘相应的单位计划成本就可计算出收发成本，核算比较简单、迅速。计划成本法一般适用于存货品种繁多、收发频繁的企业。

一、计划成本法下原材料核算的账户设置

原材料按计划成本核算时，应设置“原材料”“材料采购”和“材料成本差异”等账户。

“原材料”账户属于资产类账户。在计划成本法下该账户用来核算企业库存的各种原材料的计划成本。该账户借方登记验收入库材料的计划成本；贷方登记发出原材料的计划成本；期末余额在借方，表示库存原材料的计划成本。

“材料采购”账户核算企业采用计划成本进行材料日常核算时购入材料的采购成本。该账户的借方登记外购材料的实际成本，贷方登记已验收入库的材料的计划成本。

借方大于贷方表示超支，从本科目贷方转入“材料成本差异”科目的借方；借方小于贷方表示节约，从本科目借方转入“材料成本差异”科目的贷方。月末借方余额表示尚未验收入库的在途材料的实际成本。

“材料成本差异”账户是资产类账户，是“原材料”账户的调整账户，用来核算材料实际成本与计划成本的差异。借方登记验收入库材料的实际成本大于计划成本的超支差异以及发出材料应承担的节约差异，贷方登记验收入库材料的实际成本小于计划成本的节约差异以及发出材料应承担的超支差异。期末余额若在借方，表示库存各种材料实际成本大于计划成本的超支差异；若在贷方，表示库存各种材料实际成本小于计划成本的节约差异。

特别提示

在计划成本法下，原材料（周转材料、库存商品）的实际成本 = 原材料（周转材料、库存商品）的计划成本 + （－）材料成本差异。

二、 计划成本法下原材料取得的核算

（1）材料到达企业验收入库，货款已支付。

会计业务处理模板：

借：材料采购（实际成本）
　　应交税费——应交增值税——进项税额
　　贷：银行存款
　　　　其他货币资金
借：原材料（计划成本）
　　周转材料
　　库存商品
　　贷：材料采购（计划成本）

①若实际成本大于计划成本，则超支。

企业会计处理模板为：

借：材料成本差异
　　贷：材料采购

②若实际成本小于计划成本，则节约。

企业会计处理模板为：

借：材料采购
　　贷：材料成本差异

案例 7：

某企业经有关部门核定为一般纳税人，某日该企业从本地购进 A 材料 1 000 千克，取得的增值税专用发票上注明的原材料货款计 100 000 元，增值税税额为 13 000 元，发票等结算凭证已经收到，材料已验收入库，货款已通过银行转账支付。该材料的计划单价是 98 元。

借：材料采购　　100 000

　　应交税费——应交增值税——进项税额　　13 000

　　贷：银行存款　　113 000

借：原材料　　98 000

　　贷：材料采购　　98 000

借：材料成本差异　　2 000

　　贷：材料采购　　2 000

（2）结算凭证已到，贷款已付，材料尚未验收入库。

会计业务处理模板：

①结算凭证已到，贷款已付，材料尚未验收入库。

借：材料采购

　　应交税费——应交增值税——进项税额

　　贷：银行存款

　　　　其他货币资金

②材料验收入库后。

借：原材料

　　周转材料

　　库存商品

　　材料成本差异

　　贷：材料采购

　　　　材料成本差异

案例 8：

某企业收到银行转来的托收承付付款通知以及发票，向甲公司购进原材料 4 000 吨，不含税买价 200 000 元，增值税专用发票上注明税款为 26 000 元，经审核无误，到期承付，材料尚未验收入库。该材料的计划单价 52 元。

借：材料采购　　200 000

　　应交税费——应交增值税——进项税额　　26 000

　　贷：银行存款　　226 000

（3）材料已验收入库，货款尚未支付。

根据货款未付的几种形式，又分为下面几种情况。

①发票账单已到，货款暂欠或开出商业汇票。

会计业务处理模板：

借：材料采购

　　应交税费——应交增值税——进项税额

　　贷：应付账款

　　　　应付票据

借：原材料

　　周转材料

　　库存商品

　　材料成本差异

　　贷：材料采购

　　　　材料成本差异

案例9：

某公司由外地购进甲材料，不含税买价为630 000元，增值税税额为81 900元，取得了增值税专用发票，材料已到达企业且验收入库，并收到委托收款、运单等单证。企业无款支付，货款暂欠。该批材料计划成本650 000元。

借：材料采购	630 000	
应交税费——应交增值税——进项税额	81 900	
贷：应付账款		711 900
借：原材料	650 000	
贷：材料采购		650 000
借：材料采购	20 000	
贷：材料成本差异		20 000

②发票账单未到，企业无法付款。

会计业务处理模板：

A．月末，发票账单未到，企业无法付款，按材料的计划成本入账。

借：原材料

　　贷：应付账款——暂估应付账款

B．下月初用红字作上述同样的记账凭证予以冲回。

C．收到结算凭证。

借：材料采购（实际成本）

　　应交税费——应交增值税——进项税额

　　贷：银行存款

　　　　其他货币资金

　　　　应付票据

　　　　应付账款

借：原材料
　　周转材料
　　库存商品
　　材料成本差异
　　贷：材料采购
　　　　材料成本差异

案例 10：

某公司 8 月 25 日从外地购进乙材料一批，材料已运达并验收入库，结算凭证尚未到达，款项未付。8 月 31 日结算凭证仍未到，该批材料计划成本为 10 000 元。9 月 26 日结算凭证到达，该批材料增值税专用发票上注明不含税价款为 10 000 元，增值税税额为 1 300 元，另外支付运杂费 1 000 元，没有取得增值税专用发票，全部款项已经通过银行转账支付。

(1) 8 月 31 日，材料虽已验收入库，但结算凭证仍未到，款项未付，月末按计划成本入账。

借：原材料　　10 000
　　贷：应付账款——暂估应付账款　　10 000

(2) 9 月 1 日，将估价入账的材料以红字冲回。

借：原材料　　10 000（红字）
　　贷：应付账款——暂估应付账款　　10 000（红字）

(3) 9 月 26 日结算凭证到达，并支付货款。

借：材料采购　　11 000
　　应交税费——应交增值税——进项税额　　1 300
　　贷：银行存款　　12 300

借：原材料　　10 000
　　材料成本差异　　1 000
　　贷：材料采购　　11 000

第四节　存货发出的核算

在日常工作中，企业存货的发出，既可以按实际成本核算，也可以按计划成本核算。如果采用计划成本核算，会计期末应调整为实际成本。

一、 实际成本法下存货发出的核算

企业应当根据各类存货的实物流转方式、企业管理的要求、存货的性质等实际情

况，合理确定发出存货成本的计算方法，以及当期发出存货的实际成本。对于性质和用途相同的存货，应当采用相同的成本计算方法确定发出存货的成本。在实际成本法核算方式下，企业可以采用的发出存货成本的计价方法有先进先出法、加权平均法、个别计价法等。

1. **先进先出法**

先进先出法是指根据先入库先发出的原则，对于发出的存货，以先入库存货的单价进行计价，从而计算发出存货成本的方法。采用先进先出法计算发出存货成本的具体做法是：先按第一批入库存货的单价计算发出存货的成本，领发完毕后，再按第二批入库存货的单价计算，以此类推。若领发的存货属于前后两批入库的，单价又不同时，就分别用两个单价计算。在采用先进先出法的情况下，由于期末结存材料金额是根据近期入库存货成本计价的，所以其价值接近于市场价格，并能随时结转发出存货的实际成本。但每次发出存货要根据先入库的单价计算，工作量较大，故该方法一般适用于收发存货次数不多的情况。当物价上涨时，采用先进先出法会高估企业当期利润和库存存货价值；反之，会低估企业当期利润和库存存货价值。

2. **加权平均法**

加权平均法包括月末一次加权平均法和移动加权平均法。

①月末一次加权平均法。

月末一次加权平均法是指在期末计算存货的平均单位成本时，用期初存货数量和本期各批收入的数量作为权数来确定存货的平均单位成本，从而计算出期末存货和已销存货成本的一种计价方法。计算公式如下：

$$加权平均单位成本=\frac{期初存货成本+本期收入存货成本}{期初存货数量+本期收入存货数量}$$

本期销售或耗用存货成本 = 本期销售或耗用存货数量 × 加权平均单位成本

期末结存存货成本 = 期末结存存货数量 × 加权平均单位成本

特别提示

考虑到计算出的加权平均单位成本不一定是整数，往往是要在小数点之后四舍五入，为了保证账面数字之间的平衡关系，一般采用倒挤成本法计算发出存货的成本，即：

本期销售或耗用存货成本 = 月初结存存货成本 + 本期收入存货成本 − 期末结存存货成本

采用月末一次加权平均法，只需在期末计算一次加权平均单价，比较简单。但平时从账上无法提供存货的收、发、存情况，不利于存货的管理。

②移动加权平均法。

移动加权平均法是指在每次收到存货以后，以各批收入数量与各批收入前的结存数量为权数，为存货计算出新的加权平均单位成本的一种方法。每次进货后，都要重新计算一次加权平均单位成本。计算公式如下：

$$移动加权平均单位成本=\frac{结存存货成本+本批进货成本}{结存存货数量+本批进货数量}$$

本批销售或耗用存货成本 = 本批销售或耗用存货数量 × 本批存货移动加权平均单位成本

移动加权平均法的优点是便于管理人员及时了解存货的结存情况，并且每当购入新的存货，就要重新计算加权平均单位成本，使得存货的单价比较接近于市场价格。缺点是计算量较大。

3. 个别计价法

个别计价法又称为分批计价法，是指认定每一件或每一批的实际单价，计算发出该件或该批存货成本的方法。其计算公式如下：

发出存货成本 = 发出存货数量 × 该件（批）存货单价

采用个别计价法，对每件或每批购进的存货应分别存放，并分别登记存货明细分类账。对每次领用的存货，应在存货领用单上注明购进的件别或批次，便于按照该件或该批存货的实际单价计算其耗用金额。

个别计价法的成本计算准确，符合实际情况，但在存货收发频繁的情况下，其发出成本分辨的工作量较大。因此，这种方法适用于一般不能替代使用的存货、为特定项目专门购入或制造的存货以及提供的劳务，如珠宝、名画等数量品种较少、单位价值高的存货。

案例 11：

2020 年 10 月，甲公司存货的收、发、存如表 4－1 所示。

表 4－1　2020 年 10 月甲公司存货的收、发、存表

单位：略

2020 年		凭证编号	摘要	收入		发出		结存	
月	日			数量	单价	数量	单价	数量	单价
10	1	略	期初余额					6	5
	5		购入	8	4				
	10		购入	6	3				
	18		发出			17			
	25		购入	20	2				
	28		发出			14			
	31		合计	34		31		9	

要求：分别按先进先出法、月末一次加权平均法和移动加权平均法，求出 10 月份发出存货的成本和月末结存存货的成本。（如有小数位，四舍五入保留两位小数）

答：（1）采用先进先出法。

本月发出存货的成本为：$(6\times5+8\times4+3\times3)+(3\times3+11\times2)=102$

月末结存存货的成本为：$9\times2=18$

（2）采用月末一次加权平均法。

加权平均单位成本为：$(6\times5+8\times4+6\times3+20\times2)\div(6+8+6+20)=3$

本月发出存货的成本为：$(17+14)\times3=93$

月末结存存货的成本为：$9\times3=27$

（3）采用移动加权平均法。

①10 月 5 日。

加权平均单位成本为：$(6\times5+8\times4)\div(6+8)=62\div14=4.43$

结存存货的成本为：$(6+8)\times4.43=62.02$

②10 月 10 日。

加权平均单位成本为：$(62.02+6\times3)\div(14+6)=80.02\div20=4$

结存存货的成本为：$(6+8+6)\times4=80$

③10 月 18 日。

发出存货的成本为：$17\times4=68$

结存存货的成本为：$80-68=12$

④10 月 25 日。

加权平均单位成本为：$(12+20\times2)\div(3+20)=52\div23=2.26$

结存存货的成本为：$(3+20)\times2.26=52$

⑤10 月 28 日。

发出存货的成本为：$14\times2.26=31.64$

结存存货的成本为：$52-31.64=20.36$

⑥本月发出存货的总成本为：$68+31.64=99.64$

月末结存存货的成本为：$6\times5+(8\times4+6\times3+20\times2)-99.64=20.36$

4. 原材料发出的核算

根据“领料单”或“限额领料单”“领料登记簿”或“发出材料汇兑表”登记发出材料的记账凭证，进而登记原材料明细账。企业发出的材料，根据不同的用途，分别计入相应科目。

会计业务处理模板：

借：生产成本

　　管理费用

　　制造费用

　　销售费用

　　其他业务成本

　　贷：原材料

案例 12：

甲企业本月发出材料共计 78 000 元，其中用于制造产品 61 000 元，车间领用 10 000元，管理部门领用 7 000 元。

借：生产成本　　　　　　　　　　　　61 000
　　制造费用　　　　　　　　　　　　10 000
　　管理费用　　　　　　　　　　　　 7 000
　　贷：原材料　　　　　　　　　　　　　　78 000

二、 计划成本法下原材料发出的核算

在计划成本法下，企业发出材料时，一律采用计划成本计价，根据不同的用途，借记“生产成本”“制造费用”“管理费用”等账户，贷记“原材料”账户。期末再将发出材料计划成本调整为实际成本，调整公式为：

实际成本 = 计划成本 ± 材料成本差异

在期末，根据“原材料”和“材料成本差异”科目的记录，计算出材料成本差异分配率和本期发出材料应承担的材料成本差异。发出材料应负担的成本差异应当按期（月）分摊，不得在季末或年末一次计算。有关计算公式如下：

$$\text{材料成本差异分配率} = \frac{\text{期初结存材料成本差异} + \text{本期收入材料成本差异}}{\text{期初结存材料计划成本} + \text{本期收入材料计划成本}} \times 100\%$$

上述公式中，材料成本差异如果是节约差异，用负号表示。

发出材料应负担的材料成本差异 = 本期发出材料计划成本 × 材料成本差异率

案例 13：

甲企业采用计划成本法，2020 年 10 月份 A 材料收、发、存情况如下：

（1）原材料期初余额为 5 800 元，“材料成本差异”账户期初贷方余额为 212 元，原材料计划单位成本为 5. 20 元。

（2）10 月 5 日和 19 日购入材料的数量分别为 1 500 千克和 2 000 千克，实际购货成本分别为 7 600 元和 10 332 元。

（3）本月发出材料 1 600 千克用于生产产品。

要求：编制发出材料及结转材料成本差异会计处理。

（1）发出材料时。

借：生产成本　　　　　　　　　　　　8 320
　　贷：原材料——A 材料　　　　　　　　　8 320

（2）材料成本差异分配率 =（−212 + 7 600 − 1 500 × 5. 20 + 10 332 − 2 000 × 5. 20）÷（5 800 + 1 500 × 5. 20 + 2 000 × 5. 20） = （−480） ÷ 24 000 = −2%

本月耗用材料应承担的材料成本差异 = （−2%） × 8 320 = −166. 40（元）

借：材料成本差异　　　　　　　　　　166. 40
　　贷：生产成本　　　　　　　　　　　　　166. 40

第五节　存货的期末计量

一、存货清查

1. 存货清查概述

存货的品种、规格繁多，在收、发、存过程中，由于种种原因，如计量或计算上的差错，自然损耗，丢失、被盗或毁损等现象，往往造成账实不符。因此，必须建立和健全各种规章制度，对存货进行清查盘点，如实反映企业存货的实有数额，保证存货核算的真实性，监督存货的安全完整。

存货清查的内容一般包括核对存货的账存数和实存数；查明盘盈、盘亏存货的品种、规格和数量；查明变质、毁损、积压呆滞存货的品种、规格和数量。

企业在年终编制会计报表以前，必须进行一次全面清查，以确保年度决算报告的真实性。年度内应进行定期或不定期清查、全面或局部清查。年终清查应由有关的领导干部、会计人员和供应保管部门的有关职工组成小组负责进行清查；平时清查则可由会计人员会同仓库管理人员进行。

2. 存货清查核算

《企业会计制度》规定，经股东大会或董事会或经理（厂长）会议或类似机构批准后，对盘盈、盘亏和毁损的存货，应在期末结账前处理完毕。如在期末结账前未经批准的，应在对外提供财务报告时先进行处理，并在会计报表附注中做出说明，如果其后批准处理的金额与已处理的金额不一致，应按其差额调整会计报表相关项目的年初数。

为反映存货清查盘盈、盘亏的发生和财产盘盈、盘亏发生和账务处理，应设置“待处理财产损溢”账户。该账户核算企业在清查财产过程中查明的各种财产盘盈、盘亏和毁损的价值。贷方登记材料、产品等的盘盈数（不包括固定资产）以及批准处理各项资产的盘亏、毁损的价值；借方登记材料、产品等的盘亏、毁损数以及批准处理各项资产的盘盈数（不包括固定资产）。企业的财产损溢应查明原因，在期末结账前处理完毕，处理后本科目应无余额。

（1）存货盘盈的核算。

对存货盘盈的金额一般做冲减管理费用处理。

（2）存货盘亏的核算。

对盘亏、毁损等的损失要分别按不同性质的原因进行处理：由于自然损耗造成的定额以内的短缺，应在相关成本费用中核销；由于各种原因造成的超定额损耗，应该明确责任后，由有关单位或个人赔偿，实在无法确定责任单位或个人的扣除残料价值，在管理费用中核销；由于自然灾害等不可抗拒原因发生的严重损失，应在扣除保险公司赔偿后扣除处置收入、过失人赔偿，在营业外支出中列支。

会计业务处理模板：

①企业如果发生存货盘亏时。

借：待处理财产损溢——待处理流动资产损溢

　　贷：原材料

　　　　周转材料

　　　　库存商品

　　　　应交税费——应交增值税——进项税额转出

②企业如果发生存货盘盈时。

借：原材料

　　周转材料

　　库存商品

　　贷：待处理财产损溢——待处理流动资产损溢

③经批准，对于盘亏的存货进行处理时。

借：管理费用

　　其他应收款

　　营业外支出

　　贷：待处理财产损溢——待处理流动资产损溢

④经批准，对于盘盈的存货进行处理时。

借：待处理财产损溢——待处理流动资产损溢

　　贷：管理费用

案例 14：

企业在财产清查盘点中发现库存商品盘亏 1 000 元，购进时取得了增值税专用发票，该商品的进项税额为 130 元，经查明原因，上项盘亏的存货是由于管理不善所造成的，应做会计分录如下。

①批准前。

借：待处理财产损溢——待处理流动资产损溢　　1 130

　　贷：库存商品　　1 000

　　　　应交税费——应交增值税——进项税额转出　　130

②批准后。

借：管理费用　　1 130

　　贷：待处理财产损溢——待处理流动资产损溢　　1 130

特别提示

①如果企业存货是采用计划成本核算的，还应当同时结转应负担的成本差异。

②从 2009 年 1 月 1 日开始，非正常损失是指因管理不善造成被盗、丢失、霉烂变质的损失。“自然灾害损失”已不属于增值税法规规定进项税额不得从销项税额中抵扣的“非正常损失”的范围，因此，自然灾害造成损失不做进项税额转出处理。

案例 15：

如果案例 14 中的盘亏经查明并审批后的处理意见是：由保管员赔偿 10%，其余计入本期损益。

①批准前。

借：待处理财产损溢——待处理流动资产损溢　　1 130

　　贷：库存商品　　1 000

　　　　应交税费——应交增值税（进项税额转出）　　130

②批准后。

借：其他应收款　　113

　　管理费用　　1 017

　　贷：待处理财产损溢——待处理流动资产损溢　　1 130

案例 16：

甲企业在财产清查中盘盈库存商品 300 元，经批准期末冲减管理费用，应作会计分录如下：

①批准前。

借：库存商品　　300

　　贷：待处理财产损溢——待处理流动资产损溢　　300

②批准后。

借：待处理财产损溢——待处理流动资产损溢　　300

　　贷：管理费用　　300

二、 存货期末计价原则

在资产负债表日，存货应当按照成本与可变现净值孰低法计量。

当存货成本低于可变现值时，存货按成本计量；当存货成本高于可变现净值时，存货按可变现净值计量，同时按照成本高于可变现净值的差额计提存货跌价准备，计入当期损益。

这里所讲的“成本”是指存货的历史成本，即按前面所介绍的以历史成本为基础的发出存货计价方法（如先进先出法等）计算的期末存货的实际成本，如果企业在存货成本的日常核算中采用简化核算方法（如计划成本法或售价金额核算法等），则“成本”为经调整后的实际成本。

“可变现净值”是指在正常生产经营过程中，以存货的估计售价减去至完工时估计将要发生的成本、估计的销售费用以及相关税费后的余额。对于企业的各类存货，在确定其可变现净值时，应当以当期取得的最可靠的证据为基础预计，同时，应考虑持有存货的目的。

在资产负债表日，当存在下列情况之一时，应当计提存货跌价准备：

①市价持续下跌，并且在可预见的未来无回升的希望。

②企业使用该项原材料生产的产品的成本大于产品的销售价格。

③企业因产品更新换代，原有库存原材料已经不适应新产品的需要，而该原材料的市场价格又低于其账面价值。

④因企业所提供的商品或劳务过时或消费者偏好改变而使市场的需求发生变化，导致市场价格逐渐下跌。

⑤其他足以证明该项存货实质上已经发生减值的情形。

三、 存货可变现净值确定

（1）为执行销售合同或者劳务合同而持有的存货，通常以产成品或商品的合同价格作为其可变现净值的确定基础。

案例 17：

A 公司与 B 公司签订了一份销售合同，B 公司向 A 公司购进某种设备 20 台，每台设备的合同价格为 5 万元，A 公司该种设备的账面价值为 4.5 万元。预计每台设备的销售费用为 0.1 万元。

在此种情况下，每台设备的可变现净值为 5 − 0.1 = 4.9（万元）。

（2）当企业持有存货的数量多于销售合同订购数量，超出部分的存货可变现净值应当以产成品或商品的销售价格为基础计量。

案例 18：

A 公司与 B 公司签订了一份销售合同，B 公司向 A 公司购进某种设备 20 台，每台设备的合同价格为 5 万元，A 公司该种设备的账面价值为 4.5 万元。A 公司仓库中有此种设备 30 台。此种设备市场销售价格为 4.8 万元。预计每台设备的销售费用为 0.1 万元。

在此种情况下，由于 20 台设备订有销售合同，因此每台设备的可变现净值为 5 − 0.1 = 4.9（万元）；另外 10 台设备没有销售合同，因此每台设备的可变现净值为 4.8 − 0.1 = 4.7（万元）。

（3）没有销售合同或劳务合同约定的存货，其可变现净值应当以产成品或商品一般销售价格或原材料的市场价格作为计量基础。

案例 19：

A 公司拥有某种库存商品，成本为 10 000 元/吨，市场售价为 9 800 元/吨，每吨销售费用及非增值税的税金 300 元。

在此情况下，可变现净值为 9 800 − 300 = 9 500（元）。

（4）对于材料存货应当区分以下两种情况来确定其期末价值。

①为生产而拥有的材料，如果用其生产的产成品的预计可变现净值高于成本，则该材料仍然按成本计量。

案例 20：

A 公司有一批原材料，其成本为 10 万元，市场价值为 9.5 万元，用该批原材料生产的产品成本为 15 万元，其市场价格为 20 万元，预计每件产品的销售费用为 0.5 万元。

在此情况下，由于产成品的可变现净值为 20 − 0.5 = 19.5（万元），高于其生产成本 15 万元，虽然材料市场价值低于其成本，但材料的计价基础仍然为 10 万元。

②如果原材料价格的下降等原因表明产成品的可变现净值低于成本，则该材料应当按可变现净值计量。

案例 21：

A 公司有一批原材料，其成本为 10 万元，市场价值为 9.5 万元，用该批原材料生产的产品成本为 15 万元，其市场价格为 14 万元，预计每件产品的销售费用为 0.5 万元。

每件产成品的可变现净值为 14 − 0.5 = 13.5（万元），低于其生产成本 15 万元；此时材料的市场价值低于其购进成本，由于产成品的可变现净值低于其生产成本，所以材料的计价基础为其可变现净值。

四、计提存货跌价准备的核算

1. 计提存货跌价准备的方法

如果期末存货的成本低于可变现净值时，不必做会计处理，资产负债表中的存货仍按期末账面的价值列示；如果期末可变现净值低于成本时，则必须确认当期的期末存货跌价损失，计提存货跌价准备。具体计提方法如下。

①按照单个存货项目计提存货跌价准备。

企业将每个存货项目的成本与其可变现净值逐一进行比较，按较低者计量存货，并且按成本高于可变现净值的差额，计提存货跌价准备。

②按照存货类别计提存货跌价准备。

对于数量繁多、单位价值较低的存货，按照存货类别的成本总额与可变现净值的总额进行比较，每个存货类别均取较低者确定存货期末价值。

2. 存货跌价准备的会计处理

为核算企业的存货跌价准备，企业应设置“存货跌价准备”科目。该科目借方登记冲减恢复的减值准备、发出存货应转出的减值准备，贷方登记计提的减值准备。余额在贷方，反映企业已计提但尚未转销的存货跌价准备。

在资产负债表日，首先比较成本与可变现净值，算出应计提的跌价准备，然后与“存货跌价准备”账户的余额进行比较，如果应提数大于已提数，应予以补提；反之，应冲销部分已提数。但如果已计提跌价准备的存货，其价值以后得以恢复，其转回已计提的存货跌价准备应以原计提的金额为限。

会计业务处理模板：

①当初次提取或补提存货跌价准备时。

借：资产减值损失

　　贷：存货跌价准备

②冲回或转销存货跌价准备时。

借：存货跌价准备

　　贷：资产减值损失

案例 22：

假设某企业 2018 年年末存货的账面成本为 110 000 元，预计可变现净值为 105 000 元。2019 年年末该存货成本不变，预计可变现净值为 95 000 元。2020 年该存货成本不变，可变现净值有所恢复，预计可变现净值为 103 000 元。

（1）2018 年年末因存货的预计可变现净值低于其成本，因此，按其差额计提存货跌价准备 5 000（110 000 – 105 000）元，做如下会计分录：

借：资产减值损失	5 000	
贷：存货跌价准备		5 000

（2）2019 年年末该存货的预计可变现净值为 95 000 元，应补提存货跌价准备 10 000（110 000 – 95 000 – 5 000）元，做如下会计分录：

借：资产减值损失	10 000	
贷：存货跌价准备		10 000

（3）2020 年年末该存货的可变现净值有所恢复，预计可变现净值为 103 000 元，则应冲减存货跌价准备 8000（110 000 – 103 000 – 15 000 = –8 000）元，做如下会计分录：

借：存货跌价准备	8 000	
贷：资产减值损失		8 000

但 2020 年如果该存货预计可变现净值不是恢复到 103 000 元，而是恢复到 135 000 元，则应冲减计提的存货跌价准备 15 000 元，以“存货跌价准备”科目余额冲减至零为限，即：

借：存货跌价准备	15 000	
贷：资产减值损失		15 000

第五章　长期股权投资

本章学习重点

1. 长期股权投资的初始计量
2. 长期股权投资的后续计量
3. 长期股权投资核算方法的转换

第一节　长期股权投资的初始计量

一、长期股权投资的概念及特点

投资是指企业为了获得收益或实现资本增值向被投资单位投放资金的行为。从性质划分，可以分为债权性投资和权益性投资。按对被投资单位的控制情况和影响程度划分，可以分为对子公司投资、对合营企业投资和对联营企业投资。

长期股权投资，是指投资方对被投资单位实施控制、重大影响的权益性投资，以及对其合营企业的权益性投资。

对子公司投资，即投资方能够对被投资单位实施控制的权益性投资。所谓控制，是指投资方拥有对被投资单位的权力，就是对被投资方在生产经营与财务决策方面拥有决策权力。

对合营企业投资，投资方与其他合营主一同对被投资单位实施共同控制且对被投资单位净资产享有权利的权益性投资。共同控制，按照相关约定对某项安排所共有的控制，并且该安排的相关活动必须经过分享控制权的参与方一致同意后才能决策。

对联营企业投资，即投资方对被投资单位具有重大影响的权益性投资。重大影响，是指投资方对被投资单位的财务和经营决策有参与决策的权力，但并不能够控制和与其他方一起共同控制这些政策的制定。

会计核算所涉及的会计科目：

（1）长期股权投资，属于资产类科目，核算按照投资企业所持有的，采用成本法和权益法核算的长期股权投资。采用权益法核算时，应当分设“投资成本”“损益调整”“其他权益变动”等明细科目。

（2）投资收益，属于损益类科目，按照投资项目明细核算企业确认的投资收益或损失。

（3）其他综合收益，属于所有者权益类科目，其主要核算内容有：金融资产重分类产生的利得和损失；权益法核算的长期股权投资被投资单位其他综合收益变动；存货或自用房地产转换为公允价值模式计量的投资性房地产时，账面价值和公允价值的差额；现金流量套期工具利得或损失中属于有效套期的部分以及其后续的转出；可供出售外币非货币性项目公允价值变动。

（4）其他权益工具投资，属于资产类科目，主要核算内容以公允价值计量且其变动计入其他综合收益的非交易性权益工具投资。

二、 长期股权投资取得的方式

长期股权投资取得的方式多种多样，具体有如下几种。

1. 通过企业合并取得的长期股权投资

在企业合并中，合并方以支付现金、转让非现金资产、承担债务或发行权益性证券等方式取得被合并方的控股权，形成长期股权投资。

企业合并是指将两个或两个以上单独的企业合并形成一个报告主体的交易或事项。

（1）以合并方式为基础的企业合并分类。

从本质上看，企业合并是一个企业取得对另外一个企业的控制权，吸收另一个或多个企业的净资产以及将参与合并的企业相关资产、负债进行整合后成立新的企业等情况，因此，以合并方式为基础，企业合并分为控股合并、吸收合并及新设合并。

控股合并，是指合并通过企业合并交易或事项取得对被合并方的控制权，能够主导被合并企业的生产经营政策，从而将被合并方纳入其合并财务报表范围形成一个报告主体情况。在控股合并中，被合并方在企业合并后仍保持其独立的法人资格，合并方在合并中取得的是对被合并方的股权，合并方在其账簿中及个别财务报表中应确认对被合并方的长期股权投资，合并中取得的被合并方的资产和负债仅在合并财务报表中确认。

吸收合并，是指合并方在企业合并中取得被合并方的全部净资产，并将有关资产、负债并入合并方自身的账簿和报表进行核算。合并后，注销被合并方的法人资格，由合并方持有合并中取得的被合并方的资产、负债，在新的基础上继续经营。

新设合并，是指企业合并中注册成立一家新的企业，由其持有原参与合并各方的资产、负债在新的基础上经营，原参与合并各方在合并后均注销其法人资格。

（2）以是否在同一控制下进行合并为基础对企业合并的分类。

以是否在同一控制下进行合并为基础，企业合并可以分为同一控制下的企业合并和非同一控制下的企业合并。

①同一控制下合并。

参与合并的企业在合并前后均受同一方或相同的多方最终控制且该控制并非暂时性的，为同一控制下的企业合并。同一控制下的企业合并，在合并日取得对其他参与合并企业控制权的一方为合并方，参与合并的其他企业为被合并方。合并日，是指合并方实际取得对被合并方控制权的日期。

同一控制下的企业合并包括但不仅限于以下几种情况：一是母公司将持有的对子公司的股权用于交换非全资子公司增加发生的股份；二是母公司将其持有的对某一子公司的控股权出售给另一子公司。

②非同一控制下合并。

参与合并的各方在合并前后不受同一方或相同的多方最终控制，为非同一控制下合并。非同一控制下的企业合并，在其购买日取得其他参与合并企业控制权的一方为购买方，参与合并的其他企业为被购买方。购买日，是指购买方实际取得被购买方控制权的日期。

2. 以支付现金方式取得的长期股权投资

这是指以支付货币获得被投资方的股票或股权形成的长期股权投资。

3. 以发行权益性证券取得的长期股权投资

这是指以本公司的股票或股权换取投资者自己的股票或股权形成的长期股权投资。

4. 投资者投入的长期股权投资

这是指投资者将其持有的对第三方的股权投资作为出资投入另一企业形成的长期股权投资。

5. 通过非货币性资产交换取得的长期股权投资

这是指以非货币性资产换取其他公司的股票或股权形成的长期股权投资。

6. 通过债务重组取得的长期股权投资

这是指在债务重组中，将债务转为股权或以股权投资偿债形成的长期股权投资。

三、 长期股权投资的内容

根据长期股权投资准则规定，长期股权投资包括以下几方面。

（1）投资企业能够对被投资单位实施控制的权益性投资，即对子公司的投资。

（2）投资企业与其他合营方一同对被投资单位实施共同控制的权益性投资，即对合营企业的投资。

（3）投资企业对被投资单位具有重大影响的权益性投资，即对联营企业的投资。

（4）投资企业对被投资单位不具有控制、共同控制或重大影响，在活跃市场上没有报价且公允价值不能可靠计量的权益性投资。

1. 控制

控制，是指有权决定一个企业的财务和经营政策，并能据以从该企业的经营活动中获取利益。控制一般存在于以下情况：

（1）投资企业直接拥有被投资单位50%以上的表决权资本的。

（2）投资企业虽然直接拥有被投资单位50%或以下的表决权，但具有实质控制权的。

投资企业对被投资单位是否具有实质控制权，可以通过以下一种或几种情形来判定。

①通过与其他投资者的协议，投资企业拥有被投资单位50%以上表决权资本的控制权。例如，A公司拥有B公司40%的表决权资本，C公司拥有B公司30%的表决权资本，D公司拥有B公司30%的表决权资本。A公司与C公司达成协议，C公司在B公司的权益由A公司代表。在这种情况下，A公司实质上拥有B公司70%表决权资本的控制权，则表明A公司实质上控制B公司。

②根据章程或协议，投资企业有权控制被投资单位的财务和经营政策。例如，A公司拥有B公司45%的表决权资本，同时，根据协议，B公司的生产经营决策由A公司控制，则表明A公司实质上控制B公司。

③有权任免被投资单位董事会或类似权力机构的多数成员。这种情况是指，虽然投资企业拥有被投资单位50%或以下表决权资本，但根据章程、协议等有权任免董事会的董事，以达到实质上控制的目的。

④在被投资单位的董事会或类似权力机构会议上拥有半数以上投票权。这种情况是指，虽然投资企业拥有被投资单位50%或以下表决权资本，但能够控制被投资单位董事会或类似权力机构的会议，从而能够控制其财务和经营决策，使其达到实质上的控制。

投资企业能够对被投资单位实施控制的，被投资单位为其子公司，投资企业应当将子公司纳入合并财务报表的合并范围。投资企业对子公司的长期股权投资，应当采用成本法进行会计核算。

2. 共同控制

共同控制是指按照合同约定对某项经济活动所共有的控制，仅在与该项经济活动相关的重要财务和经营决策需要分享控制权的投资方一致同意时存在，任何一方都不能独自控制。投资企业与其他方对被投资企业实施共同控制的，被投资单位为其合营企业。

3. 重大影响

重大影响是指对一个企业的财务和经营政策有参与决策的权力，但并不能够控制或者与其他方一起共同控制这些政策的制定。投资企业能够对被投资单位施加重大影响的，被投资单位为其联营企业。当投资企业直接拥有被投资单位20%～50%的表决权资本时，一般认为对被投资单位具有重大影响，除非有明确的证据表明该种情况下不能参与被投资单位的生产经营决策，不形成重大影响。

投资企业拥有被投资单位表决权资本的比例低于20%的，一般认为对被投资单位不具有重大影响，但符合下列情况之一的，也应该认为对被投资单位具有重大影响。

①在被投资单位的董事会或类似的权力机构中派有代表。在这种情况下，投资企业享有相应的实质性的决策权，可以通过代表参与被投资单位政策的制定，从而对被投资单位施加重大影响。

②参与被投资单位的政策制定过程。在这种情况下，投资企业在参与政策制定过程中可以为其自身利益提出建议或意见，从而可以对被投资单位施加重大影响。

③向被投资单位派出管理人员。在这种情况下，投资企业派出的管理人员有权力管理被投资单位的财务和经营活动，从而能对被投资单位施加重大影响。

④向被投资企业提供关键技术或技术资料。在这种情况下，由于被投资单位的生产经营需要依赖投资企业的技术或技术资料，从而表明投资企业对被投资单位具有重大影响。

⑤其他能足以证明投资企业对被投资单位具有重大影响的情形。

4. 无控制、无共同控制且无重大影响

如果投资企业与被投资企业之间的关系均不符合上述控制、共同控制、重大影响条件的，则投资企业对被投资企业就是无控制、无共同控制且无重大影响。一般情况下，当投资企业的投资额占被投资企业有表决权资本总额的比例低于20%时（不含20%），通常视为投资企业对被投资企业无重大影响。

案例1：

A公司直接拥有B公司42%的股权，同时受托行使其他股东所持有B公司15%的表决权。B公司董事会由11名董事组成，其中A公司派出6名。B公司章程规定，其财务和经营决策须经董事会三分之二以上成员通过即可实施。问：A公司能否对B公司实施控制？

答：因为A公司在B公司董事会成员的比例没有达到三分之二，所以A公司不能对B公司实施控制。

四、 长期股权投资的初始计量

1. 企业合并以外其他方式取得的长期股权投资

（1）以支付现金取得的长期股权投资，应当按照实际支付的购买价作为初始投资成本，包括与取得长期股权投资直接相关的费用、税金及其他必要支出。但所支付价款中包含的被投资单位已宣告但尚未发放的现金股利或利润应计入“应收股利”或“应收利息”中，不构成取得长期股权投资的成本中。

会计业务处理模板：

借：长期股权投资

　　应收股利

　　应收利息

　　贷：银行存款

案例2：

A公司于2020年9月2日购买了B公司30%的股份，实际支付价款8 500 000元，另外向有关证券机构支付了手续费1 000 000元，款项已经全部支付。

借：长期股权投资　　9 500 000

　　贷：银行存款　　9 500 000

（2）以发行权益性证券方式取得的长期股权投资，其成本为所发行权益性证券的公允价值，但不包括应自被投资单位收取的已宣告但尚未发放的现金股利或利润。

为发行权益性证券支付给有关证券机构的手续费、佣金等与权益性证券发行直接相关的费用，不计入长期股权投资的成本中。该部分费用应当先在溢价发行收入中扣除，若溢价发行收入不足冲减的，应冲减盈余公积和未分配利润。

会计业务处理模板：

借：长期股权投资

　　盈余公积

　　利润分配——未分配利润

　　贷：股本

　　　　资本公积

案例3：

2020年8月10日，A公司发行5 000万份普通股取得B公司20%的股份，每股股票的面值为1元，每股发行价为3元，按发行收入的1%向证券机构支付手续费。

借：长期股权投资　　148 500 000

　　贷：股本　　50 000 000

　　　　资本公积　　98 500 000

投资者投入的长期股权投资，应当按照合同或协议约定的价值作为初始投资成本，但合同或协议约定的价值不公允的除外。

2. 企业合并形成的长期股权投资

（1）同一控制下企业合并形成的长期股权投资。

合并方以支付现金、转让非现金资产或承担债务方式作为合并对价的，应当在合并日按照取得被合并方所有者权益账面价值的份额作为长期股权投资的初始投资成本。长期股权投资的初始投资成本与支付的现金、转让非现金资产或承担债务账面价值之间的差额，应当调整资本公积，资本公积不足冲减的，调整盈余公积，盈余公积不足冲减的，冲减未分配利润。

合并方以发行权益性证券作为合并对价的，应按发行股份的面值总额作为股本，长期股权投资初始投资成本与所发行股份面值总额之间的差额，应当调整资本公积，资本公积不足冲减的，调整盈余公积，盈余公积不足冲减的，冲减未分配利润。

在企业合并中，合并方为进行企业合并发生的各项直接相关费用，包括为进行企业合并而支付的审计、法律服务、评估咨询等中介费用以及其他相关管理费用，应当于发生时计入当期损益（管理费用）。与发行权益性工具作为合并对价直接相关的交易费用，应当冲减资本公积，资本公积不够冲减的，依次冲减盈余公积和未分配利润。

会计业务处理模板：

借：长期股权投资
　　资本公积
　　盈余公积
　　利润分配——未分配利润
　　贷：股本
　　　　银行存款
　　　　资本公积
　　　　库存商品
　　　　原材料
　　　　应交税费——应交增值税——销项税额

案例4：

2020年9月2日，A公司银行存款12 000 000元购买同一集团内B公司的100%股份，合并后B公司仍然独立存在开展生产经营活动，合并日B公司的所有者权益总额10 000 000元。合并日A公司的资本公积为1 200 000元，盈余公积为3 000 000元。

借：长期股权投资	10 000 000	
资本公积	1 200 000	
盈余公积	800 000	
贷：银行存款		12 000 000

（2）非同一控制下企业合并形成的长期股权投资。

购买方应当按照确定的企业合并成本作为长期股权投资的初始投资成本。合并成本包括购买方付出的资产、发生或承担的负债、发行的权益性证券的公允价值。作为合并对价付出的资产、发生或承担的负债在购买日的公允价值与其账面价值的差额，应作为资产处置损益，计入合并当期损益。

在企业合并中，合并方为进行企业合并发生的各项直接相关费用，包括为进行企业合并而支付的审计、法律服务、评估咨询等中介费用以及其他相关管理费用，应当于发生时计入当期损益（管理费用）。与发行权益性工具作为合并对价直接相关的交易费用，应当冲减资本公积，资本公积不够冲减的，依次冲减盈余公积和未分配利润。为企业合并发行债券或承担其他债务支付的手续费、佣金计入负债初始确认金额。

会计业务处理模板：

借：长期股权投资
　　管理费用
　　累计折旧
　　累计摊销
　　营业外支出
　　贷：无形资产
　　　　固定资产
　　　　主营业务收入
　　　　其他业务收入
　　　　应交税费——应交增值税——销项税额
　　　　银行存款
　　　　营业外收入

结转存货的成本：

借：主营业务成本
　　其他业务成本
　　贷：库存商品
　　　　原材料

案例5：

A公司于2020年3月31日取得B公司70%的股权。合并中，A公司拟支付相关资产，在购买日的账面价值与公允价值如表5－1所示。合并当天，B公司净资产的账面价值为3 900万元。合并中，A公司为核实B公司的资产价值，聘请有关机构对该项合并进行咨询，支付咨询费用80万元。本例中假定合并前A公司与B公司不存在关联方关系，属于非同一控制下的企业合并。（货物的增值税税率为13%，转让无形资产的增值税税率为6%，转让土地使用权的增值税税率为9%）合并双方在合并前采用的会计政策相同。至合并时无形资产已经摊销了600万元，库存商品的成本为420万元。

表 5－1 A 公司在购买日的账面价值和公允价值表

单位：元

项目	账面价值	公允价值
土地使用权	10 000 000	16 000 000
专利技术	4 000 000	5 000 000
银行存款	4 000 000	4 000 000
库存商品	4 000 000	5 000 000
合计	22 000 000	30 000 000

初始投资计量：

借：长期股权投资　　32 390 000

　　累计摊销　　6 000 000

　　管理费用　　800 000

　　贷：无形资产　　14 000 000

　　　　银行存款　　4 800 000

　　　　主营业务收入　　5 000 000

　　　　应交税费——应交增值税——销项税额　　2 390 000

　　　　营业外收入　　13 000 000

结转库存商品成本：

借：主营业务成本　　4 200 000

　　贷：库存商品　　4 200 000

案例 6：

2020 年 10 月 20 日，甲公司通过定向发行股票 100 万股给乙公司的原股东，每股面值 1 元，发行价格为每股 6 元，按 1% 向证券公司支付发行手续费用，取得乙公司 54% 的股权。为了核实乙公司的资产价值，通过银行存款支付了资产评估费用 40 万元。合并日乙公司资产负债表中的账面价值与公允价值如表 5－2 所示。

表 5－2 合并日乙公司资产负债表中账面价值与公允价值

单位：万元

项目名称	账面价值	公允价值
货币资金	50	50
应收账款	80	70
存货	60	50
固定资产净值	200	180

（续上表）

项目名称	账面价值	公允价值
无形资产	40	45
应付账款	60	60
股本	200	200
资本公积	20	20
未分配利润	12	12

借：长期股权投资　　5 940 000
　　管理费用　　400 000
　　贷：股本　　1 000 000
　　　　资本公积　　4 940 000
　　　　银行存款　　400 000

案例 7：

甲公司于 2020 年 11 月 20 日以银行存款 600 万元取得了乙公司 52% 的股权，其中包括乙公司已经宣告但未发放的现金股利 26 万元。

借：长期股权投资　　5 740 000
　　应收股利　　260 000
　　贷：银行存款　　6 000 000

特别提示

在会计上，用库存商品对外投资这事项是否作为销售处理需要视具体情况而定。根据新企业会计准则，如果自产、委托加工货物用于投资属于“非同一控制下企业合并”，或者该项投资活动属于“企业合并以外的其他方式”，则会计上将此类投资也视同销售而相应确认销售收入，并结转销售成本，当然也需要按照税法规定计算销项税额。但是，如果相关货物用于投资而形成“同一控制下企业合并”时，会计上则根据实质重于形式要求，采用“权益结合法”进行确认计量，即按照货物的原账面价值转账。这其实意味着会计上并没有将此类事项作为销售，既不确认销售收入，也无所谓结转销售成本。

五、 长期股权投资的核算方法

长期股权投资的核算方法有成本法和权益法两种。不同的核算方法直接影响着长期股权投资的后续计量和各期投资收益的确认。投资企业与被投资企业关系是确定长期股权投资核算方法的重要依据。具体如下：

（1）投资企业能够对被投资单位实施控制的长期股权投资，采用成本法核算。

（2）投资企业对被投资单位具有共同控制或重大影响的长期股权投资，采用权益法核算。

1．长期股权投资的成本法核算

（1）成本法的含义及范围。

成本法是指投资按成本计价的方法。按照长期股权投资准则核算的权益性投资中，应采用成本法核算的是投资企业能够对被投资单位实施控制的长期股权投资，即企业持有的对子公司的投资。

（2）账户设置。

成本法下的长期股权投资的核算通常包括投资取得、持有期内的损益确认、持有期内的期末计价、投资处置等内容。企业应开设“长期股权投资”“应收股利”“长期股权投资减值准备”等科目进行核算，“长期股权投资”和“长期股权投资减值准备”还应按被投资单位具体名称进行明细核算。

（3）具体账务处理。

①取得时的核算。在成本法下，长期股权投资取得时的账务处理如前述的长期股权投资初始计量，除追加投资或收回投资外不得调整长期股权投资的账面价值，追加投资时，按照确认初始投资成本的方法确定追加投资的成本，并相应地调整长期股权投资的账面价值。

②持有期间，投资收益的确认。对于采用成本法核算的长期股权投资，除取得投资时实际支付的价款中包含已宣告但尚未发放的现金股利或利润外，投资企业应当按照享有被投资单位宣告发放的现金股利或利润确认为投资收益。不再划分是否属于投资前和投资后被投资单位实现的净利润。在成本法下，投资企业不确认投资损失。

会计业务处理模板：

A．当被投资企业宣告发放现金股利或利润时。

借：应收股利

　　贷：投资收益

B．实际收到时。

借：银行存款

　　贷：应收股利

被投资单位宣告分派的现金股利或利润中，投资企业按应享有的部分，确认为当期投资收益，若所获得的被投资单位宣告分派的利润或现金股利超过了在接受投资后产生的累积净利润的部分，应冲减长期股权投资的账面价值。

案例8：

甲企业于2019年1月1日以1 600万元购入乙企业70%的股权，并准备长期持有。投资时，乙企业可辨认净资产账面价值2 000万元，公允价值为2 100万元。假如甲、乙公司存在关联关系，属于同一控制下的企业合并。2019 年乙企业实现净利润 180 万元。2020 年 3 月 9 日乙企业宣告分配现金股利 50 万元。2020 年 4 月 10 日甲企业收到现金股利。2020 年乙企业发生亏损 1 000 万元。要求编制甲企业的相关账务处理。

①2019 年 1 月 1 日购入时。

借：长期股权投资　　14 000 000
　　资本公积——资本溢价　　2 000 000
　　贷：银行存款　　16 000 000

②2019 年乙企业实现利润但没有宣告发放股利，甲公司不需做账务处理。

③2020 年 3 月 9 日乙企业宣告分配现金股利，甲企业应享有的份额 =500 000 × 70% =350 000 元。

借：应收股利　　350 000
　　贷：投资收益　　350 000

④2020 年 4 月 10 日甲企业收到现金股利。

借：银行存款　　350 000
　　贷：应收股利　　350 000

⑤2020 年乙企业发生亏损，甲企业不需做账务处理。

特别提示

（1）在成本法下，被投资方发生亏损时，投资方不需要按持有股份确认亏损额。

（2）在成本法下，只有被投资方宣告分派股利，投资方才能按持有股份确认收益，否则不能确认投资收益。

2. 长期股权投资的权益法核算

（1）权益法的含义及范围。

权益法是指投资以初始投资成本计量后，在投资持有期间根据投资企业享有的被投资单位所有者权益份额的变动对投资的账面价值进行调整的方法。投资企业对被投资单位具有共同控制或重大影响的长期股权投资（即对合营企业或联营企业的投资），应当采用权益法核算。

（2）账户设置。

权益法下的长期股权投资的核算通常包括投资取得、持有期内的损益确认、持有期内的其他业务、持有期内的期末计价、投资处置等内容。企业应设置“长期股权投资”“应收股利”“长期股权投资减值准备”等科目进行核算，“长期股权投资”应按被投资单位的具体名称，分别设置“成本”“损益调整”“其他权益变动”明细科目进行明细核算。

（3）具体账务处理。

①取得时的核算。投资企业取得对联营企业或合营企业的投资后，对于投资初始成本与应享有被投资单位可辨认净资产公允价值份额之间的差额，应区别以下两种情况进行处理。

A. 长期股权投资的初始投资成本大于投资时应享有的被投资单位可辨认净资产公允价值份额的，该部分差额是投资企业在购入该项投资过程中通过购买作价体现出的与所取得股权份额相对应的商誉，这种情况下不需对长期股权投资的成本进行调整。

B. 长期股权投资的初始投资成本小于投资时应享有的被投资单位可辨认净资产公允价值份额的，该部分差额可以看作是被投资单位的股东给予投资企业的让步，或是出于其他方面的考虑，被投资单位的原有股东无偿赠予投资企业的价值，因而应确认为当期收益，计入取得投资当期的营业外收入，同时调整增加长期股权投资的账面价值。即按其差额，借记“长期股权投资——成本”科目，贷记“营业外收入”科目。

案例 9：

A 公司于 2020 年 7 月 1 日支付价款 400 万元购入 B 公司 20% 的有表决权股份，并对 B 公司具有重大影响。另支付相关税费 5 万元。同日，B 公司可辨认净资产的公允价值为 2 200 万元。

借：长期股权投资——成本	4 400 000	
贷：银行存款		4 050 000
营业外收入		350 000

案例 10：

A 公司于 2020 年 6 月 2 日取得 B 公司 40% 的股权，支付价款 5 000 万元，投资当日 B 公司的净资产账面价值为 6 000 万元，能够对 B 公司实施重大影响。

借：长期股权投资	50 000 000	
贷：银行存款		50 000 000

②持有期间投资收益的确认。在权益法下，投资企业取得长期股权投资后，应当在投资损益实现的时点，即在被投资单位实现盈利或发生亏损时，投资企业按应享有或应分担的部分确认为投资损益，并相应增加或减少长期股权投资的账面价值。

采用权益法核算长期股权投资，在确认应享有或应分担被投资企业的净利润或净亏损的份额时，应具备以下三个条件：一是投资企业与被投资企业采取相同的会计政策，二是投资企业与被投资企业具有相同的会计期间，三是投资企业应当以取得投资时被投资单位各项可辨认资产的公允价值为基础。

如果上述三个条件均不具备，则应进行如下调整后方可确认投资损益。

A. 对于被投资单位采用的会计政策及会计期间与投资企业不一致的，应当按照投资企业的会计政策及会计期间对被投资单位的财务报表进行调整，并据以确认投资损益。

B. 投资企业的投资收益应当以取得投资时被投资单位各项可辨认资产的公允价值

为基础，对被投资单位净损益进行调整后加以确定。

比如，以取得投资时被投资单位固定资产、无形资产的公允价值为基础计提的折旧或摊销额，相对于被投资单位已计提的折旧额或摊销额之间存在差额的，应按其差额对被投资单位的净损益进行调整，并按调整后的净损益和持股比例计算确认投资收益。在进行有关调整时，应当考虑重要性项目。如果无法可靠确定投资时被投资单位各项可辨认资产等的公允价值，或者投资时被投资单位可辨认资产等的公允价值与其账面价值之间的差额较小，以及其他原因导致无法对被投资单位的净损益进行调整，可以按照被投资单位的账面净损益与持股比例计算确认投资收益，但应在附注中说明这一事实及其原因。

第二节　长期股权投资的后续计量

一、超额亏损的确认

长期股权投资准则规定，投资方确认应分担被投资单位发生的损失，原则上应以长期股权投资及其他实质上构成对被投资单位净投资的长期权益减记至零为限，投资方负有承担额外损失义务的除外。

这里所讲“其他实质上构成对被投资单位净投资的长期权益”通常是指长期应收项目，比如，投资方对被投资单位的长期债权，该债权没有明确的清收计划且在可预见的未来期间不准备收回的，实质上构成对被投资单位的净投资。应予说明的是，该类长期权益不包括投资方与被投资单位之间因销售商品、提供劳务等日常活动所产生的长期债权。

按照长期股权投资准则的规定，投资方在确认应分担被投资单位发生的亏损时，应将长期股权投资及其他实质上构成对被投资单位净投资的长期权益项目的账面价值综合起来考虑，在长期股权投资的账面价值减记至零的情况下，如果仍有未确认的投资损失，应以其他长期权益的账面价值为基础继续确认。另外，投资方在确认应分担被投资单位的净损失时，除应考虑长期股权投资及其他长期权益的账面价值以外，如果在投资合同或协议中约定将履行其他额外的损失补偿义务，还应按《企业会计准则第 13 号——或有事项》的规定确认预计将承担的损失金额。

值得注意的是，在合并财务报表中，子公司发生超额亏损的，子公司少数股东应当按照持股比例分担超额亏损。即在合并财务报表中，子公司少数股东分担的当期亏损超过了少数股东在该子公司期初所有者权益中所享有的份额的，其余额应当冲减少数股东权益。

在确认了有关的投资损失以后，被投资单位以后期间实现盈利的，应按以上相反顺序分别减记已确认的预计负债、恢复其他长期权益和长期股权投资的账面价值，同时确认投资收益。即应当按顺序分别借记“预计负债”“长期应收款”“长期股权投资”等科目，贷记“投资收益”科目。

会计业务处理模板：

A. 当被投资单位实现盈利时，按应享有的部分确认投资收益的金额。

借：长期股权投资——损益调整

　　贷：投资收益

B. 当被投资单位发生亏损时，按应承担的部分确认投资损失的金额。

a. 借：投资收益

　　　贷：长期股权投资——损益调整

b. 当被投资企业的长期权益以及负有承担额外损失义务的情况下，发生超额亏损时。

借：投资收益

　　贷：长期股权投资——成本

　　　　长期股权投资——损益调整

特别提示

未确认投资损失金额 = 应承担亏损额 - 投资账面价值，并在账外备查簿中登记。

C. 投资企业存在其他实质上构成对被投资单位净投资的长期权益以及负有承担额外损失义务的情况下，发生超额亏损时。

借：投资收益

　　贷：长期股权投资——成本

　　　　长期股权投资——损益调整

　　　　长期股权投资——其他权益变动

　　　　长期应收款

　　　　预计负债

案例 11：

2019 年 1 月 5 日，甲公司出资 800 万元购入乙公司 40% 的股份，款项用银行存款支付。甲公司享有乙公司可辨认净资产公允价值数额为 620 万元。甲公司能够对乙公司施加重大影响。乙公司 2019 年盈利 30 万元（未进行利润分配）。2020 年亏损 1 200 万元。为了解决乙公司生产经营资金的不足，甲公司于 2021 年初以长期应收款的方式向乙公司提供资金 76 万元，且该笔应收款无明确的偿还计划。2021 年乙公司亏损 950 万元。

①2019 年 1 月 5 日，甲公司购入乙公司 40% 的股份时。

借：长期股权投资——成本　　8 000 000

　　贷：银行存款　　8 000 000

② 乙公司 2019 年实现盈利时。

甲公司应享有的份额 =300 000 ×40% =120 000（元）

借：长期股权投资——损益调整　　120 000

　　贷：投资收益　　120 000

③乙公司 2020 年发生亏损时。

确认投资损失前，甲企业“长期股权投资”账面价值 =8 000 000 +120 000 =8 120 000（元）

甲公司应分担的损失份额 =12 000 000 ×40% =4 800 000（元）

借：投资收益　　4 800 000

　　贷：长期股权投资——损益调整　　4 800 000

④乙公司 2021 年发生亏损时。

确认投资损失前，甲企业“长期股权投资”账面价值 =8 120 000 −4 800 000 =3 320 000（元）

甲公司应分担的损失份额 =9 500 000 ×40% =3 800 000（元）

因为甲企业应分担的损失份额大于“长期股权投资”账面价值，所以将“长期股权投资”账户冲减至零后，还应冲减“长期应收款”账户。

借：投资收益　　3 800 000

　　长期股权投资——损益调整　　4 680 000

　　贷：长期股权投资——成本　　8 000 000

　　　　长期应收款　　480 000

D. 持有期内，现金股利或利润的取得。

以权益法核算的长期股权投资，在被投资单位宣告分派现金股利或利润时，不确认为投资收益，而应抵减长期股权投资的账面价值。

会计业务处理模板：

借：应收股利

　　贷：长期股权投资——损益调整

案例 12：

承接案例 9，B 公司 2020 年实现净利润 500 万元，宣告发放现金股利 200 万元。

①B 公司 2020 年实现净利润，A 公司应享有的份额 =5 000 000 ×20% =1 000 000（元）

借：长期股权投资——损益调整　　1 000 000

　　贷：投资收益　　1 000 000

②B 公司宣告发放现金股利，A 公司应享有的份额 =2 000 000 ×20% =400 000（元）

借：应收股利　　　　400 000

　　贷：长期股权投资——损益调整　　　　400 000

二、长期股权投资的后续计量

被投资单位利润表中的净利润是以其持有的资产、负债账面价值为基础持续计算的，而投资方在取得投资时，是以被投资单位有关资产、负债的公允价值为基础确定投资成本的，取得投资后应确认的投资收益代表的是被投资单位资产、负债在公允价值计量的情况下在未来期间通过经营产生的损益中归属于投资方的部分。投资方取得投资时，被投资单位有关资产、负债的公允价值与其账面价值不同的，未来期间，在计算归属于投资方应享有的净利润或应承担的净亏损时，应考虑对被投资单位计提的折旧额、摊销额以及资产减值准备金额等进行调整。

案例 13：

2020 年 1 月 10 日甲公司购入乙公司 20% 的股份，购买价款为 1 500 万元，购买日乙公司净资产公允价值为 7 000 万元，款项用银行存款支付，乙公司除下列有关资产外，其账面价值与公允价值一致。

表 5－3　购买日乙公司有关资产账面价值与公允价值表

单位：万元

项目名称	账面价值	已提折旧	公允价值	原预计使用年限	剩余使用年限
无形资产	50	10	60	10	8
固定资产	200	50	160	10	8
存货	60		80		

乙公司 2020 年实现净利润为 120 万元，存货已有 60% 对外销售，甲公司与乙公司的会计政策相同，固定资产、无形资产采用直线法进行摊销，不考虑净残值。

2020 年甲公司应当确认的投资收益 = ［120 －（80 －60）×60% －（60 ÷8 －50 ÷10）－（160 ÷8 －200 ÷10）］×20% =（120 －12 －2.5）×20% =21.1（万元）

①取得投资时。

借：长期股权投资——成本　　　　15 000 000

　　贷：银行存款　　　　15 000 000

②确认投资收益时。

借：长期股权投资——损益调整　　　　211 000

　　贷：投资收益　　　　211 000

对于联营企业或合营企业向投资方出售资产逆流交易，在交易存在未实现内部交易损益的情况下，即有关资产未对第三方出售，投资方在采用权益法计算确认应享有联营企业或合营企业的投资收益时，应抵销未实现内部交易损益的影响。当投资方自联营企业或合营企业购买资产时，在将该资产出售给外部独立的第三方之前，不应确认联营企业或合营企业因该交易产生的损益中本企业应享有的部分。

因逆流交易产生的未实现内部交易损益，对未对外部独立第三方出售之前，体现在投资方持有资产的账面价值当中。

案例 14：

2020 年 1 月 10 日甲公司购入乙公司 20% 的股份，购买价款为 1 500 万元，购买当时乙公司净资产公允价值为 7 000 万元，款项用银行存款支付，其中乙公司有某种存货账面价值为 60 万元，公允价值为 80 万元，该存货由乙公司出售给了甲公司，甲公司购买后作为原材料处理，存货已有 60% 对外销售。乙公司 2020 年实现净利润为 120 万元，甲公司与乙公司的会计政策相同。

2020 年甲公司应当确认的投资收益 = ［120 －（80 － 60）×60%］×20% =（120 － 12）×20% = 21.6（万元）

①取得投资时。

借：长期股权投资——成本　　15 000 000

　　贷：银行存款　　15 000 000

②确认投资收益时。

借：长期股权投资——损益调整　　216 000

　　贷：投资收益　　216 000

对于投资方向联营企业或合营企业出售资产顺流交易，在该交易存在未实现内部交易损益的情况下，即有关资产未向外部独立第三方出售，投资方在采用权益法计算确认应享有联营企业或合营企业的投资收益时，应抵销该未实现内部交易损益的影响，同时调整对联营企业或合营企业长期股权投资的账面价值。当投资方向联营企业或合营企业出售资产，同时有关资产由联营企业或合营企业持有时，投资方因出售资产应确认的损益仅限于与联营企业或合营企业其他投资者交易的部分，即在顺流交易中，投资方出售资产给其联营企业或合营企业产生的损益中，按照持股比例计算确定归属于本企业的部分不予确认。

案例 15：

2020 年 1 月 10 日甲公司购入乙公司 20% 的股份，购买价款为 1 500 万元，购买当时乙公司净资产公允价值为 7 000 万元，款项用银行存款支付，其中甲公司有某种存货账面价值为 60 万元，公允价值为 80 万元，该存货由甲公司出售给了乙公司，乙公司购买后作为固定资产处理。使用年限预计为 10 年，不考虑净残值。乙公司 2020 年实现净利润为 120 万元，甲公司与乙公司的会计政策相同。

2020 年甲公司应当确认的投资收益 = ［120 －（80 － 60）+（80 － 60）÷10÷12×11］×20% =（120 － 20 + 1.83）×20% = 20.37（万元）

①取得投资时。

借：长期股权投资——成本　　15 000 000

　　贷：银行存款　　15 000 000

②确认投资收益时。

借：长期股权投资——损益调整　　203 700

　　贷：投资收益　　203 700

第三节　长期股权投资核算方法的转换

一、长期股权投资的核算

原持有的对被投资单位的股权投资（不具有控制、共同控制或重大影响的），按照金融工具确认和计量准则进行会计处理的，因追加投资等原因导致持股比例上升，能够对被投资单位施加共同控制或重大影响的，在转按权益法核算时，投资方应当按照金融工具确认和计量准则确定的原股权投资的公允价值加上为取得新增投资而应支付对价的公允价值，作为改按权益法核算的初始投资成本。原持有的股权投资分类为以公允价值计量且变动计入当期损益的金融资产的，其公允价值与账面价值之间的差额，计入改按权益法核算的当期损益；原持有的股权投资分类为以公允价值计量且变动计入其他综合收益的金融资产的，其公允价值与账面价值之间的差额，以及原计入其他综合收益的累计公允价值变动应当转入改按权益法核算的留存收益。同时将支付对价的公允价值与其账面价值的差额计入当期损益，并按资产的类别进行相应的会计处理。

然后，比较上述计算所得的初始投资成本，与按照追加投资后全新的持股比例计算确定的应享有被投资单位在追加投资日可辨认净资产公允价值份额之间的差额，前者大于后者的，不调整长期股权投资的账面价值；前者小于后者的，差额应调整长期股权投资的账面价值，并计入当期营业外收入。

案例 16：

2019 年 10 月，甲公司以 700 万元现金自非关联方处取得乙公司 12% 的股权。甲公司根据金融工具确认和计量准则将其作为可供出售金融资产。2020 年 3 月 1 日，甲公司又以 1 400 万元的银行存款从另一非关联方处取得乙公司 13% 的股权。相关手续于当日完成。当日，乙公司可辨认净资产公允价值总额为 8 400 万元，甲公司对乙公司的可供出售金融资产的账面价值 950 万元，计入其他综合收益的累计公允价值变动为 360 万元。取得该部分股权后，按照乙公司章程规定，甲公司能够对乙公司施加重大影响，对该项股权投资转为采用权益法核算。假定按税后利润的 10% 提取盈余公积。不考虑相关税费等其他因素影响。

【分析】2020 年 3 月 2 日，甲公司原持有12%股权的公允价值为950 万元，为取得新增投资而支付对价的公允价值为1 400 万元，因此甲公司对乙公司25%股权的初始投资成本为2 350 万元。

甲公司对乙公司新持股比例为25%，应享有乙公司可辨认净资产公允价值的份额为2 100（8 400×25%）万元。由于初始投资成本（2 350 万元）大于应享有乙公司可辨认净资产公允价值的份额（2 100 万元），因此，甲公司无须调整长期股权投资的成本。

会计处理如下：

借：长期股权投资——成本	23 500 000	
贷：其他权益工具投资		9 500 000
银行存款		14 000 000
借：其他综合收益	3 600 000	
贷：盈余公积		360 000
利润分配——未分配利润		3 240 000

二、 公允价值计量或权益法核算转成本法核算

投资方原持有的对被投资单位不具有控制、共同控制或重大影响的按照金融工具确认和计量准则进行会计处理的权益性投资，或者原持有对联营企业、合营企业的长期股权投资，因追加投资等原因，能够对被投资单位实施控制的，应按有关企业合并形成的长期股权投资的指引进行会计处理。

在个别财务报表中，原持有的股权投资采用权益法核算的，因追加投资导致由权益法转为成本法的，转换日应当以原持有的股权投资的账面价值加上新增投资成本之和，作为按成本法核算的初始投资成本。新增投资成本为支付对价的公允价值，公允价值与账面价值的差额计入新增投资的当期损益。

原持有的股权投资采用《企业会计准则第22 号——金融工具确认和计量》进行会计处理的，应在购买日先确认原股权投资已实现的公允价值变动，原计入其他综合收益的累计公允价值变动应当全部转入改按成本法核算的当期留存收益。

原持有的股权投资采用权益法核算的，已经确认的其他综合收益暂不进行会计处理，待处理该项投资时采用与被投资单位直接处置相关资产或负债相同的会计基础进行会计处理，已经确认的被投资单位除净损益、其他综合收益和利润分配以外的所有者权益其他变动暂不进行会计处理，待处理该项投资时相应转入处置期间的当期损益。

案例 17：

2019 年 2 月 10 日甲公司对乙公司投资 250 万元，持有乙公司 25% 的股份。当时采用权益法进行会计处理，截至 2019 年 12 月 31 日，甲公司对乙公司的长期股权投资账面价值为 380 万元，其中投资成本为 250 万元，其他综合收益为 130 万元。2020 年 1 月 10 日甲公司对乙公司追加投资 500 万元，款项以银行存款支付，持有乙公司的股份达到了 61%，须改为成本法进行核算。投资当日确认了原已实现的公允价值变动，按税后利润的 10% 计提盈余公积。

会计处理如下：

借：长期股权投资——乙公司	8 800 000	
贷：长期股权投资——投资成本		2 500 000
长期股权投资——其他综合收益		1 300 000
银行存款		5 000 000
借：其他综合收益	1 300 000	
贷：盈余公积		130 000
利润分配——未分配利润		1 170 000

三、 权益法核算转为公允价值计量

原持有的对被投资单位具有共同控制或重大影响的长期股权投资，因部分处置等原因导致持股比例下降，不能再对被投资单位实施共同控制或重大影响的，应改按金融工具确认和计量准则对剩余股权投资进行会计处理，其在丧失共同控制或重大影响之日的公允价值与账面价值之间的差额计入当期损益。原采用权益法核算的相关其他综合收益应当在终止采用权益法核算时，采用与被投资单位直接处置相关资产或负债相同的基础进行会计处理，因被投资方除净损益、其他综合收益和利润分配以外的其他所有者权益变动而确认的所有者权益，应当在终止采用权益法核算时全部转入当期损益。

案例 18：

甲公司持有乙公司 40% 的有表决权股份，能够对乙公司施加重大影响，对该股权投资采用权益法核算。2020 年 9 月，甲公司将该项投资中的 60% 出售给非关联方，取得价款 2 000 万元。相关手续于当日完成。

甲公司无法再对乙公司施加重大影响，将剩余股权投资转为可供出售企融资产。出售时，该项长期股权投资的账面价值为 2 500 万元，其中投资成本 2 000 万元，损益调整为 400 万元，其他综合收益为 100 万元（性质为被投资单位的可供出售金融资产的累计公允价值变动），除净损益、其他综合收益和利润分配外的其他所有者权益变动为 80 万元。剩余股权的公允价值为 1 300 万元。不考虑相关税费等其他因素影响。

会计处理如下：

①确认投资收益。

借：银行存款　　20 000 000

　贷：长期股权投资——成本　　12 000 000

　　长期股权投资——损益调整　　2 400 000

　　长期股权投资——其他综合收益　　600 000

　　投资收益　　5 000 000

②将原来确认的其他综合收益全部转入当期损益。

借：其他综合收益　　1 000 000

　贷：投资收益　　1 000 000

③将原计入资本公积变动的其他所有者权益变动金额全部转入当期损益。

借：资本公积——其他资本公积　　800 000

　贷：投资收益　　800 000

④将剩余投资转为以公允价值计量且其变动计入其他综合收益的金融资产。

借：其他权益投资工具　　13 000 000

　贷：长期股权投资——成本　　8 000 000

　　长期股权投资——损益调整　　1 600 000

　　长期股权投资——其他综合收益　　400 000

　　投资收益　　3 000 000

四、 成本法转为权益法核算

因处置投资等原因导致对被投资单位由能够实施控制转为具有重大影响或者与其他投资方一起实施共同控制的，首先应按处置投资的比例结转应终止确认的长期股权投资成本。然后，比较剩余长期股权投资的成本与按照剩余持股比例计算原投资时应享有被投资单位可辨认净资产公允价值的份额，前者大于后者的，属于投资作价中体现的商誉部分，不调整长期股权投资的账面价值；前者小于后者的，在调整长期股权投资成本的同时，调整留存收益。

对于原取得投资至处置投资时（也就是转为权益法核算时）被投资单位实现净损益中投资方应享有的份额，一方面应当调整长期股权投资的账面价值，同时，对于原取得投资时至处置投资当期期初被投资单位实现的净损益（扣除已宣告发放的现金股利和利润）中应享有的份额，调整留存收益；对于处置投资当期期初至处置投资之日被投资单位实现的净损益中享有的份额，调整当期损益。被投资单位其他综合收益变动中应享有的份额，在调整长期股权投资账面价值的同时，应当计入其他综合收益。除净损益、其他综合收益和利润分配外的其他原因导致被投资单位其他所有者权益变动中应享有的份额，在调整长期股权投资账面价值的同时，应当计入资本公积（其他资本公积）。长期股权投资自成本法转为权益法后，未来期间应当按照长期股权投资准则规定计算确认应享有被投资单位实现的净损益、其他综合收益和所有者权益其他变动的份额。

案例 19：

甲公司原持有乙公司 70% 的股权，能够对乙公司实施控制。2020 年 10 月 4 日，甲公司对乙公司的长期股权投资的账面价值为 8 200 万元，未计提减值准备，甲公司将其持有的对乙公司长期股权投资中的 50% 出售给非关联方，取得价款 4 500 万元，当日被投资单位可辨认净资产公允价值总额为 16 000 万元。相关手续于当日完成。甲公司不再对乙公司实施控制，但具有重大影响。甲公司原取得乙公司 70% 股权时，乙公司可辨认净资产公允价值总额为 8 000 万元（假定公允价值与账面价值相同）。自甲公司取得对乙公司长期股权投资后至部分处置投资前，乙公司实现净利润 2 500 万元。其中，自甲公司取得投资日至 2020 年年初实现净利润 2 000 万元。

假定乙公司一直未进行利润分配。除所实现净损益外，乙公司未发生其他计入资本公积的交易或事项。甲公司按净利润的 10% 提取盈余公积。不考虑相关税费等其他因素影响。本例中，在出售 50% 的股权后，甲公司对乙公司的持股比例为 35%，对乙公司施加重大影响。对乙公司长期股权投资应由成本法改为按照权益法核算。

①确认长期股权投资处置损益。

借：银行存款	45 000 000	
贷：长期股权投资——成本		41 000 000
投资收益		4 000 000

②调整长期股权投资的账面价值。

剩余长期股权投资的账面价值为 4 100 万元，与原投资时应享有被投资单位可辨认资产公允价值份额之间的差额 1 700（4 500 − 8 000 × 35%）万元为商誉，该部分商誉的价值不需要对长期股权投资的成本进行调整。

处置投资后按持股比例计算享有被投资单位自购买日至处置投资日期初之间实现的净损益为 700（2 000 × 35%）万元，应调整增加长期股权投资的账面价值，同时调整留存收益。处置期初至处置日之间实现的净损益为 175（500 × 35%）万元，应调整增加长期股权投资的账面价值，同时计入当期投资收益。

其会计处理如下：

借：长期股权投资——损益调整	8 750 000	
贷：盈余公积		700 000
利润分配——未分配利润		6 300 000
投资收益		1 750 000

五、 成本法核算转为公允价值计量

原持有的对被投资单位具有控制的长期股权投资，因部分处置等原因导致持股比例下降，不能再对被投资单位实施控制、共同控制或重大影响的，应改按金融工具确认和计量准则进行会计处理，在丧失控制之日的公允价值与账面价值之间的差额计入当期投资收益。若存在当初因追加投资而使核算方法转换为成本法时形成的未进行会计处理的“其他综合收益”和“所有者权益其他变动”的，应全额结转“其他综合收益”和“所有者权益变动”，并比照“权益法核算转公允价值”中的方法进行会计处理。

案例 20：

甲公司持有乙公司 55% 的有表决权股份，能够对乙公司实施控制，对该股权投资采用成本法核算。

2020 年 10 月 4 日，甲公司将该项投资中的 70% 出售给非关联方，取得价款 4 800 万元。相关手续于当日完成。甲公司无法再对乙公司实施控制，也不能施加共同控制或重大影响，将剩余股权投资转为交易性金融资产。出售时，该项长期股权投资的账面价值为 6 000 万元，剩余股权投资的公允价值为 2 000 万元。不考虑相关税费等其他因素影响。

会计处理如下：

①确认有关股权投资的处置损益。

借：银行存款　　48 000 000

　　贷：长期股权投资　　42 000 000

　　　　投资收益　　6 000 000

②剩余股权投资转为交易性金融资产，当天公允价值为 2 000 万元，账面价值为 1 800 万元，两者差异应计入当期投资收益。

借：交易性金融资产　　20 000 000

　　贷：长期股权投资　　18 000 000

　　　　投资收益　　2 000 000

企业持有长期股权投资的过程中，由于各方面的考虑，决定将所持有的对被投资单位的股权全部或部分对外出售时，应相应结转与所售股权相对应的长期股权投资的账面价值，一般情况下，出售所得价款与处置长期股权投资账面价值之间的差额，应确认为处置损益。

投资方全部处置权益法核算的长期股权投资时，原权益法核算的相关其他综合收益应当在终止采用权益法核算时采用与被投资单位直接处置相关资产或负债相同的基础进行会计处理，因被投资方除净损益、其他综合收益和利润分配以外的其他所有者权益变动而确认的所有者权益，应当在终止采用权益法核算时全部转入当期投资收益。投资方部分处置权益法核算的长期股权投资，剩余股权仍采用权益法核算的，原权益法核算的相关其他综合收益应当采用与被投资单位直接处置相关资产或负债相同的基础处理并按比例结转，因被投资方除净损益、其他综合收益和利润分配以外的其他所有者权益变动而确认的所有者权益，应当按比例结转入当期投资收益。

案例 21：

甲公司持有乙公司 40% 的股权并采用权益法核算。2020 年 7 月 1 日，甲公司将持有的乙公司 100% 的股权出售给第三方丙公司，取得价款 1 250 万元，截至 2020 年 7 月 1 日，长期股权投资账面价值 1 100 万元，其中投资成本为 800 万元，损益调整 250 万元，其他综合收益 20 万元，其他权益变动为 30 万元，没有计提长期投资减值准备。不考虑相关税费等其他因素影响。

会计处理如下：

①确认出售收益。

借：银行存款　　12 500 000
　　贷：长期股权投资——成本　　8 000 000
　　　　长期股权投资——损益调整　　2 500 000
　　　　长期股权投资——其他综合收益　　200 000
　　　　长期股权投资——其他权益变动　　300 000
　　　　投资收益　　1 500 000

②将原计入“其他综合收益”和“资本公积——其他资本公积”科目的金额转入投资收益。

借：其他综合收益　　200 000
　　资本公积——其他资本公积　　300 000
　　贷：投资收益　　500 000

投资企业应当在资产负债表日判断对合营企业或联营企业的长期股权投资是否存在可能发生减值的迹象。如果存在减值迹象的，应当估计其可收回金额。若预计可收回金额低于其账面价值时，应将该长期股权投资的账面价值减记至可收回金额，减值的金额确认为减值损失。长期股权投资减值损失一经确认，在以后期间不得转回。

会计业务处理模板：

借：资产减值损失
　　贷：长期股权投资减值准备

第六章 固定资产岗位核算

本章学习重点

1. 固定资产的定义及分类
2. 固定资产的初始计量及其会计处理
3. 固定资产折旧及具体方法
4. 固定资产后续支出
5. 固定资产的处置
6. 固定资产减值

第一节 固定资产概述

一、认知固定资产

1. 固定资产的定义

固定资产是指同时具有下列特征的有形资产：

（1）为生产商品、提供劳务、出租或经营管理而持有的。

（2）使用寿命超过一个会计年度。使用寿命是指企业使用固定资产的预计期间，或者该固定资产所能生产产品或提供劳务的数量。使用寿命一般可从使用年限和使用期所能生产的产品或提供劳务的数量来表示。

（3）固定资产为有形资产。

（4）单位价值在 2 000 元以上。

2. **固定资产的分类**

企业的固定资产种类繁多、规格不一。因此，为了科学、合理地对固定资产进行管理和会计核算，企业应根据不同的管理需要和核算要求以及不同的分类标准，对固定资产进行不同的分类。主要分类方法有以下几种。

（1）按固定资产的经济用途分类，可以分为生产经营用固定资产和非生产经营用固定资产。

（2）按固定资产的经济用途和使用情况等综合分类，可把企业的固定资产划分为以下六大类。

①生产经营用的固定资产。

②非生产经营用的固定资产。

③租出固定资产（指在经营租赁方式下出租给外单位使用的固定资产）。

④不需用固定资产。

⑤土地。

⑥融资租入的固定资产（指企业以融资租赁方式租入的固定资产，在租赁期内，应视为自有固定资产进行管理）。

特别提示

作为固定资产管理和核算的土地，是指过去已经估价并单独入账的土地。因征地而支付的补偿费，应计入与土地有关的房屋、建筑物的价值内，不单独作为土地价值入账。企业取得的土地使用权，应作为无形资产，不作为固定资产管理。

（3）按固定资产使用情况分类。

①使用中的固定资产，指正在为企业生产经营服务的各类固定资产。对于季节性经营或大修理等原因，暂时停止使用的固定资产仍属于企业使用中的固定资产，企业对外经营性出租的固定资产和内部替换使用的固定资产也属于使用中的固定资产。

②未使用固定资产，指暂时没有使用，而将来需要为企业生产经营服务的固定资产。

③不需用固定资产。由于生产技术的进步，或者损坏等众多原因，导致某项固定资产不能继续为企业服务，需要退出企业的生产经营的情况。

由于企业的经营性质不同，经营规模各异，对固定资产的分类不可能完全一致。但实际工作中，企业大多数采用综合分类的方法作为编制固定资产目录、进行固定资产核算的依据。

二、 固定资产的初始计量

固定资产的初始计量，是指固定资产初始成本的确定。固定资产应当按照成本进行初始计量，具体对成本计量时又要求以不同方式取得固定资产时所发生的实际成本计量。企业固定资产的取得方式主要有外购固定资产、自行建造、投资者投入、融资租入以及其他方式取得固定资产。

（1）外购的固定资产成本，包括实际支付的购买价款、相关税费、使固定资产达到预定可使用状态前所发生的可归属该项资产的运输费、装卸费、安装费和专业人员服务费等。

特别提示

除专门用于非应税项目、免税项目等的机器设备进项税额不得抵扣外，其他机器设备包括混用的机器设备，其进项税额均可抵扣。

企业基于产品价格等因素的考虑，可能以一笔款项购入多项没有单独标价的固定资产。如果这些资产均符合固定资产的定义，并满足固定资产的确认条件，则应将各项资产单独确认为固定资产，并按各项固定资产公允价值的比例对总成本进行分配，分别确定各项固定资产的成本。

（2）自行建造的固定资产成本，由建造该项固定资产达到预定可使用状态前所发生的必要支出构成，包括工程用物资成本、人工成本、交纳的相关税费、应予资本化的借款费用以及应分摊的间接费用。企业自行建造固定资产，可采用两种方式，即自营在建工程和出包在建工程。

（3）投资者投入固定资产的成本，应当按照投资合同或协议约定的价值确定，但投资合同或协议约定的价值不公允的除外。

（4）融资租赁方式租入的固定资产，应在租赁期开始日，将租赁开始日租赁资产公允价值与最低租赁付款额现值两者中较低者，加上初始直接费用，作为租入资产的入账价值。初始直接费用，是指在租赁谈判和签订租赁协议的过程中发生的可直接归属于租赁项目的费用，如印花税、佣金、律师费、差旅费、谈判费等。

第二节　取得固定资产的会计处理

一、 固定资产核算的账户设置

为了核算固定资产，企业一般需要设置“固定资产”“在建工程”“工程物资”等科目。

“固定资产”科目属于资产类科目，核算企业固定资产的原价，期末借方余额，反映企业期末固定资产的账面原价。企业应当设置“固定资产登记簿”和“固定资产卡片”，按固定资产类别、使用部门和每项固定资产进行明细核算。

“在建工程”科目核算企业基建、更新改造等在建工程发生的支出，借方登记企业各项在建工程的实际支出，贷方登记完工工程转出的成本，期末借方余额反映企业尚未达到预定可使用状态的在建工程的成本。

“工程物资”科目核算企业为在建工程而准备的各种物资的实际成本。该科目借方登记企业购入工程物资的成本，贷方登记领用工程物资的成本，期末借方余额反映企业为在建工程准备的各种物资的成本。

二、 外购不需要安装的固定资产核算

会计业务处理模板：

借：固定资产

　　应交税费——应交增值税——进项税额

　　贷：银行存款

　　　　应付账款

　　　　应付票据

案例 1：

甲公司于 2020 年 12 月购入不需要安装的生产设备一台，不含税买价 30 000 元，增值税专用发票注明增值税为 3 900 元，并支付运杂费 500 元，该运杂费没有取得增值税专用发票，全部款项以银行存款支付。

借：固定资产	30 500	
应交税费——应交增值税——进项税额	3 900	
贷：银行存款		34 400

案例 2：

甲公司于 2020 年 12 月购入不需要安装的办公设备一台，不含税买价 10 000 元，增值税为 1 300 元，取得了增值税普通发票一张，全部款项以银行存款支付。

借：固定资产　　11 300

　　贷：银行存款　　11 300

三、 外购需要安装的固定资产核算

会计业务处理模板：

（1） 购入时。

借：在建工程

　　应交税费——应交增值税——进项税额

　　贷：银行存款等

（2） 发生各项安装支出时。

借：在建工程

　　贷：银行存款

　　　　应付账款

　　　　应付票据

（3） 安装完毕达到预计可使用状态。

借：固定资产

　　贷：在建工程

案例 3：

丙公司购入需要安装的生产设备一台，不含税买价 50 000 元，增值税专用发票上注明增值税为 6 500 元，运费价税合计 1 090 元，取得了增值税专用发票，安装费 6 000 元，取得了增值税普通发票，所有款项以银行存款支付。

①购入需安装的设备时。

借：在建工程　　57 000

　　应交税费——应交增值税——进项税额　　6 590

　　贷：银行存款　　63 590

②设备安装完毕交付使用。

借：固定资产　　57 000

　　贷：在建工程　　57 000

四、 自营固定资产的核算

会计业务处理模板：

（1）购入工程物资。

借：工程物资

　　应交税费——应交增值税——进项税额

　　贷：银行存款

　　　　应付账款

　　　　应付票据

（2）领用工程物资时。

借：在建工程

　　贷：工程物资

（3）领用原材料用于增值税应税项目建造（如机器设备、房屋建筑物等）时。

借：在建工程

　　贷：原材料

（4）领用本企业库存商品用于增值税应税项目建造（如机器设备、房屋建筑物等）时。

借：在建工程

　　贷：库存商品

（5）自营工程发生的其他费用（如分配工程人员工资等）时。

借：在建工程

　　贷：应付职工薪酬

　　　　银行存款等

（6）自营工程到达预计可使用状态。

借：固定资产

　　贷：在建工程

案例4：

2020年10月，丁公司准备自行建造一厂房，为此购入工程物资一批，增值税专用发票上注明的价款为200 000元，增值税额为26 000元，款项以银行存款支付，物资全部投入工程建造。工程领用生产用原材料一批，成本为30 000元。领用本企业生产产品一批，实际成本80 000元，增值税税率为13%。另外，在建造过程中，应付工程人员工资50 000元，辅助生产车间为工程提供劳务20 000元；12月末，工程达到预定可使用状态。要求编制相关会计分录。

①购入工程物资。

借：工程物资　　200 000

　　应交税费——应交增值税——进项税额　　26 000

　　贷：银行存款　　226 000

②领用工程物资。

借：在建工程　　200 000

贷：工程物资 200 000

③领用生产用材料。

借：在建工程 30 000

贷：原材料 30 000

④领用本企业生产产品。

借：在建工程 80 000

贷：库存商品 80 000

⑤计提应付工程人员工资。

借：在建工程 50 000

贷：应付职工薪酬——工资 50 000

⑥辅助生产车间为工程提供劳务。

借：在建工程 20 000

贷：生产成本——辅助生产成本 20 000

⑦工程达到预定可使用状态。

借：固定资产 380 000

贷：在建工程 380 000

五、 出包工程的核算

会计业务处理模板：

（1）按合理估计的发包工程进度和合同规定向建造承包商结算的进度款。

借：在建工程

应交税费——应交增值税——进项税额

贷：银行存款

（2）工程完工时，按合同规定补付的工程款。

借：在建工程

应交税费——应交增值税——进项税额

贷：银行存款

（3）工程到达预定可使用状态。

借：固定资产

贷：在建工程

特别提示

如果是预付工程款的，则应采用“预付账款”科目进行核算。

案例 5：

甲公司为建造一栋楼房，出包给某建筑企业，工程不含税总造价 1 600 000 元。按合理估计的发包工程进度和合同规定向该建筑企业支付工程款不含税 960 000 元。工程完工后，收到建筑企业有关结算单据，补付工程款不含税 640 000 元，按工程进度支付工程款时取得了增值税专用发票，工程完工达到预定可使用状态。

①按合理估计的发包工程进度和合同规定向建筑企业结算进度款。

借：在建工程　　960 000

　　应交税费——应交增值税——进项税额　　86 400

　　贷：银行存款　　1 046 400

②工程完工，办理工程价款结算。

借：在建工程　　640 000

　　应交税费——应交增值税——进项税额　　57 600

　　贷：银行存款　　697 600

③工程验收合格交付使用，结转在建工程成本。

借：固定资产　　1 600 000

　　贷：在建工程　　1 600 000

六、 其他方式形成的固定资产

1. 投资者投入的固定资产

会计业务处理模板：

借：固定资产

　　应交税费——应交增值税——进项税额

　　贷：实收资本

　　　　资本公积——资本溢价

2. 融资租赁租入的固定资产

案例 6：

甲公司收到乙公司作为资本投入的不需要安装的机器设备一台，合同约定该机器设备的不含税价值 200 万元，增值税专用发票上注明增值税额为 26 万元。经约定，甲公司接受乙公司的投入资本为 226 万元。合同约定的固定资产价值与公允价值相符。

借：固定资产　　2 000 000

　　应交税费——应交增值税——进项税额　　260 000

　　贷：实收资本　　2 260 000

第三节　固定资产折旧

一、 固定资产折旧定义

固定资产折旧是指在固定资产使用寿命内，按照确定的方法对应计折旧额进行系统分摊。其中，应计折旧额，是指应当计提折旧的固定资产的原价扣除其预计净残值后的金额。对于已计提减值准备的固定资产，还应当扣除已计提的固定资产减值准备累计金额。所以，影响固定资产折旧的因素主要有固定资产原值、预计净残值、固定资产减值准备、固定资产使用寿命等。

预计净残值，是指假定固定资产预计使用寿命已满并处于使用寿命终了时的预期状态，企业目前从该项固定资产处置中获得的扣除预计处置费用后的金额。

企业应当根据固定资产的性质和使用情况，合理确定固定资产的使用寿命和预计净残值。固定资产的使用寿命、预计净残值一经确定，不得随意变更，但符合规定的除外。

企业确定固定资产使用寿命，应当考虑下列因素：

（1）预计生产能力或实物产量。

（2）预计有形损耗和无形损耗。

（3）法律或者类似规定对资产使用的限制。

二、 固定资产折旧范围

根据《企业会计准则第 4 号——固定资产》中的规定，除以下情况外，企业应对固定资产计提折旧：

（1）已提足折旧仍继续使用的固定资产。

（2）按规定单独作价作为固定资产入账的土地。

在确定固定资产折旧范围时，需要注意以下几点：

（1）企业应当按月计提折旧，当月增加的固定资产，当月不计提折旧，从下月起计提折旧；当月减少的固定资产，当月仍计提折旧，从下月起不再计提折旧。

（2）固定资产提足折旧后，不论能否继续使用，均不再计提折旧；提前报废的固定资产，也不再补提折旧。提足折旧是指已经提足该项固定资产的应计折旧额。

（3）已达到预定可使用状态的固定资产但尚未办理竣工结算的，应当按照估计价值确定其成本，并计提折旧；待办理竣工结算后，再按照实际成本调整原来的暂估价值，但不需要调整已计提的折旧额。

（4）处于更新改造过程停止使用的固定资产，应将其账面价值转入在建工程，不再计提折旧。更新改造项目达到预定可使用状态转为固定资产后，再按照重新确定的折旧方法和该项固定资产尚可使用年限计提折旧。

（5）融资租入固定资产，应当采用与自有应计折旧资产相一致的折旧政策。确定融资租赁的折旧期间应根据租赁合同而定。能够合理确定租赁期满时将会取得租赁资产所有权的，应以租赁期开始日租赁资产的使用寿命为折旧期间；无法合理确定租赁期满后承租人是否能够取得租赁资产所有权的，应以租赁期与租赁资产使用寿命两者中较短者作为折旧期间。

三、固定资产折旧方法

企业应当根据与固定资产有关的经济利益的预期实现方式，合理选择固定资产折旧方法。可选用的折旧方法有直线法和加速法两大类。其中，直线法包括年限平均法和工作量法等，加速法包括年数总和法和双倍余额递减法等。固定资产折旧方法一经确定，不得随意变更，但符合规定的除外。

1. 直线法

（1）年限平均法。

年限平均法又称直线法、平均法，是指将固定资产的折旧按照预计使用寿命平均分摊到各期的一种方法。其计算公式如下：

年折旧额 =（固定资产原值 − 预计净残值）÷ 预计使用年限

月折旧额 = 年折旧额 ÷ 12

在实际核算中，通常以折旧率计算固定资产的折旧额，其计算公式如下：

年折旧率 =（1 − 预计净残值率）÷ 预计使用年限 × 100%

月折旧率 = 年折旧率 ÷ 12

月折旧额 = 固定资产原值 × 月折旧率

上述公式中，预计净残值率是预计净残值与资产原值的比率。

案例 7：

甲公司有一幢楼房于 2019 年 12 月投入使用，原值 120 000 元，预计净残值率为 2%，预计使用年限为 4 年。

年折旧额 = 120 000 ×（1 − 2%）÷ 4 = 29 400（元）

月折旧额 = 29 400 ÷ 12 = 2 450（元）

特别提示

年限平均法折旧的特点是计提每月折旧的基数是固定资产原值。

（2）工作量法。

工作量法是指按照固定资产在整个使用期间预计可完成的总工作量计提折旧额的方法。其计算公式如下：

每一工作量折旧额 = 固定资产原值 ×（1 − 预计净残值率）÷ 预计总工作量

月折旧额 = 该固定资产当月工作量 × 每一工作量折旧额

案例 8：

甲公司于 2019 年 12 月购入一辆运输卡车，原值 40 000 元，预计净残值率 5%，预计总工作量 50 万千米，2020 年 1 月完成工作量 4 000 千米。

每一工作量折旧额 = 40 000 ×（1 − 5%）÷ 500 000 = 0.076（元/千米）

本月折旧额 = 4 000 × 0.076 = 304（元）

2. 加速法

（1）年数总和法。

年数总和法是一种加速折旧法，是将固定资产的原值减去预计净残值后的净额乘以一个逐年递减的分数计算每年折旧额，该分数的分子代表固定资产尚可使用的年数，分母代表使用年数的逐年数字总和。其计算公式如下：

重难点知识讲解

年折旧率 = 尚可使用年限 ÷ 预计使用年限的年数总和 × 100%

月折旧率 = 年折旧率 ÷ 12

月折旧额 = 固定资产原值 ×（1 − 预计净残值率）× 月折旧率

案例 9：

以案例 7 的资料，采用年数总和法计算该楼房各年折旧额。

第一年折旧率 = 4 ÷（1 + 2 + 3 + 4）× 100% = 40%

折旧额 = 120 000 ×（1 − 2%）× 40% = 47 040（元）

第二年折旧率 = 3 ÷（1 + 2 + 3 + 4）× 100% = 30%

折旧额 = 120 000 ×（1 − 2%）× 30% = 35 280（元）

第三年折旧率 = 2 ÷（1 + 2 + 3 + 4）× 100% = 20%

折旧额 = 120 000 ×（1 − 2%）× 20% = 23 520（元）

第四年折旧率 = 1 ÷（1 + 2 + 3 + 4）× 100% = 10%

折旧额 = 120 000 ×（1 − 2%）× 10% = 11 760（元）

特别提示

年数总和法折旧的特点是计提折旧的基数是固定资产折旧总额，只是每年的折旧率在发生变化。

（2）双倍余额递减法。

双倍余额递减法是一种加速折旧法，是在不考虑固定资产预计净残值的情况下，根据每期固定资产账面净值和双倍的平均法折旧率计算固定资产折旧的一种方法。其计算公式如下：

年折旧率 =（2 ÷ 预计使用年限）×100%

月折旧率 = 年折旧率 ÷12

月折旧额 =（固定资产原价 − 累计折旧）×月折旧率

重难点知识讲解

双倍余额递减法不考虑固定资产的预计净残值，使用这种方法计算时，注意要使固定资产的账面折余价值等于固定资产的预计净残值，即在固定资产折旧年限到期的前两年内，将固定资产净值扣除预计净残值后的余额平均计算。

最后两年的年折旧额 =（固定资产原价 − 预计净残值 − 累计折旧额）÷2

特别提示

双倍余额递减法的特点是计提折旧的基数是固定资产的净值，并且每期的数据是变化的，折旧率是不发生变化的。最后两年必须改为直线法。

采用加速折旧法，在固定资产使用的早期多提折旧，后期少提折旧。加快折旧速度，目的是使固定资产成本在预计使用年限内加快得到补偿。

案例 10：

以案例 7 的资料，采用双倍余额递减法计算该楼房各年折旧额。

年折旧率 =2 ÷4 ×100% =50%

预计净残值 =120 000 ×2% =2 400（元）

第一年折旧额 =120 000 ×50% =60 000（元）

第二年折旧额 =（120 000 −60 000）×50% =30 000（元）

最后两年采用直线法计算折旧：

第三、四年折旧额 =（120 000 −60 000 −30 000 −2 400）÷2 =13 800（元）

案例 11：

2019 年 6 月甲公司有一幢楼房投入使用，楼房原值 120 000 元，预计净残值率为 2%，预计使用年限为 4 年。要求分别采用双倍余额递减法和年数总和法计提每年的折旧额。

（1）双倍余额递减法的各年折旧额：

①2019 年 7 月到 12 月折旧额 =120 000 ×1 ÷4 ×2 ×6 ÷12 =30 000（元）

②2020 年 1 月到 6 月折旧额 =120 000 ×1 ÷4 ×2 ×6 ÷12 =30 000（元）

③2020 年 7 月到 12 月折旧额 =（120 000 −60 000）×1 ÷4 ×2 ×6 ÷12 =15 000（元）

④2021 年 1 月到 6 月折旧额 =（120 000 −60 000）×1 ÷4 ×2 ×6 ÷12 =15 000（元）

⑤2021 年 7 月至 2023 年 6 月各月折旧额 =（120 000 − 60 000 − 30 000 − 120 000 × 2%）÷24 = 1 150（元）

4 年的折旧总额 = 30 000 + 30 000 + 15 000 + 15 000 + 24 × 1 150 = 117 600（元）

（2）年数总和法的各年折旧额：

2019 年 7 月至 2020 年 6 月年折旧率 = 4 ÷ 10 = 0.4

2020 年 7 月到 2021 年 6 月年折旧率 = 3 ÷ 10 = 0.3

2021 年 7 月到 2022 年 6 月年折旧率 = 2 ÷ 10 = 0.2

2022 年 7 月到 2023 年 6 月年折旧率 = 1 ÷ 10 = 0.1

①2019 年 7 月到 12 月折旧额 =（120 000 − 2 400）×0.4 ÷ 12 × 6 = 23 520（元）

②2020 年 1 月到 6 月折旧额 =（120 000 − 2 400）×0.4 ÷ 12 × 6 = 23 520（元）

2020 年 7 月到 12 月折旧额 =（120 000 − 2 400）×0.3 ÷ 12 × 6 = 17 640（元）

③2021 年 1 月到 6 月折旧额 =（120 000 − 2 400）×0.3 ÷ 12 × 6 = 17 640（元）

2021 年 7 月到 12 月折旧额 =（120 000 − 2 400）×0.2 ÷ 12 × 6 = 11 760（元）

④2022 年 1 月到 6 月折旧额 =（120 000 − 2 400）×0.2 ÷ 12 × 6 = 11 760（元）

2022 年 7 月到 12 月折旧额 =（120 000 − 2 400）×0.1 ÷ 12 × 6 = 5 880（元）

⑤2023 年 1 月到 6 月折旧额 =（120 000 − 2 400）×0.1 ÷ 12 × 6 = 5 880（元）

4 年的折旧总额 = 23 520 × 2 + 17 640 × 2 + 11 760 × 2 + 5 880 × 2 = 117 600（元）

四、 固定资产计提折旧的会计处理

企业按月计提的固定资产折旧，应根据用途计入相关资产的成本或者当期损益。例如，生产车间使用的固定资产，其折旧计入制造费用；管理部门使用的固定资产，其折旧计入管理费用；销售部门使用的固定资产，其折旧计入销售费用；经营租赁方式租出的固定资产，其折旧计入其他业务成本；未使用的固定资产，其折旧计入管理费用。

企业应设置“累计折旧”科目进行核算。该科目属于“固定资产”的备抵科目，核算企业固定资产的累计折旧，贷方登记企业计提的固定资产折旧，借方登记处置固定资产转出的累计折旧，期末余额在贷方，反映企业固定资产的累计折旧额。

会计业务处理模板：

借：制造费用

管理费用

销售费用

其他业务成本

贷：累计折旧

案例 12：

甲公司按规定计提本月固定资产折旧，生产部门固定资产折旧 20 000 元，管理部门固定资产折旧 3 000 元，专设销售部门固定资产折旧 700 元，经营性出租固定资产折旧 5 000 元，未使用房屋建筑物折旧 10 000 元。要求编制计提折旧时的会计分录。

借：制造费用　　20 000
　　管理费用　　13 000
　　销售费用　　700
　　其他业务成本　　5 000
　　贷：累计折旧　　38 700

第四节　固定资产后续支出

固定资产的后续支出是指固定资产在使用过程中发生的更新改造支出、修理费用等。后续支出的处理原则：符合固定资产确认条件的，应当计入固定资产成本，同时将被替换部分的账面价值扣除；不符合固定资产确认条件的，应当计入当期损益。

一、资本化后续支出

企业的固定资产投入使用后，为了适应新技术发展的需要，或者为了提高固定资产使用效能，往往需要对现有固定资产进行改建、扩建或改良。

固定资产发生的可资本化的后续支出时，企业一般应将该固定资产的原价、已计提的累计折旧和减值准备转销，将其账面价值转入在建工程。在固定资产发生的后续支出完工达到预定可使用状态时，再从在建工程转为固定资产，并按重新确定的使用寿命、预计净残值和折旧方法计提折旧。

会计业务处理模板：

（1）停止使用进入改扩建时。

借：在建工程
　　累计折旧
　　固定资产减值准备
　　贷：固定资产

（2）发生各种改扩建费用。

借：在建工程
　　贷：银行存款
　　　　库存现金
　　　　应付账款
　　　　应付票据

（3）改扩建完工达到预定可使用状态。

借：固定资产

　　贷：在建工程

案例 13：

某企业 2020 年 3 月对某生产线进行改造，该生产线原价 1 800 万元，已提折旧 500 万元，2019 年 12 月 31 日已提减值准备 100 万元。在改造过程中，领用工程物资 155 万元，发生人工费用 50 万元，耗用其他费用 60 万元（以银行存款支付，没有取得增值税专用发票）。在试运行中取得净收入 15 万元（暂不考虑税收）。在 2021 年 3 月改造完工投入使用，改造后生产线可使其产品产量实质性提高，该改造支出应予以资本化。

①2020 年 3 月转入改造，将资本化的固定资产后续支出应当终止确认，被替换部分的账面价值，视同处置将账面价值结转。会计分录如下：

借：在建工程　　12 000 000

　　累计折旧　　5 000 000

　　固定资产减值准备　　1 000 000

　　贷：固定资产　　18 000 000

②发生的改造支出，在实际发生时的会计分录如下：

借：在建工程　　2 650 000

　　贷：工程物资　　1 550 000

　　　　应付职工薪酬　　500 000

　　　　银行存款　　600 000

③取得试运行净收入，应冲减工程成本，其会计分录如下：

借：银行存款　　150 000

　　贷：在建工程　　150 000

④完工结转，将更新改造后的固定资产重新入账，其会计分录如下：

借：固定资产　　14 500 000

　　贷：在建工程　　14 500 000

二、 费用化后续支出

企业的固定资产投入使用后，由于各个组成部分耐用程度不同或者使用条件不同，因而往往发生固定资产的局部损坏。为了保持固定资产的正常运转和使用，充分发挥其使用效能，必须对其进行必要的后续支出。

固定资产的日常维护支出通常不满足固定资产的确认条件，应在发生时直接计入当期损益。企业生产车间和行政管理部门等发生的固定资产修理费用等后续支出计入“管理费用”；企业专设销售机构的，其发生的与专设销售机构相关的固定资产修理费用等后续支出计入“销售费用”。固定资产更新改造支出不满足固定资产确认条件的，也应在发生时直接计入当期损益。

会计业务处理模板：

借：管理费用

　　销售费用

　　贷：银行存款

　　　　库存现金

　　　　应付账款

　　　　应付票据

第五节　固定资产的处置

一、固定资产终止确认的条件

固定资产处置的确认和计量实质上是指对固定资产终止的确认和计量。

固定资产满足下列条件之一的，应当予以终止确认：

（1）该固定资产处于处置状态。固定资产处置包括固定资产的出售、转让、报废或毁损、对外投资、非货币性资产交换、债务重组等。处于处置状态的固定资产不再用于生产商品、提供劳务、出租或经营管理，因此不再符合固定资产的定义，应予终止确认。

（2）该固定资产预期通过使用或处置不能产生经济利益。固定资产的确认条件之一是“与该固定资产有关的经济利益很可能流入企业”，如果一项固定资产预期通过使用或处置不能产生经济利益，那么就不再符合固定资产的定义和确认条件，应予终止确认。

二、固定资产处置的核算

1．固定资产处置核算的账户设置

企业出售、转让、报废固定资产和发生固定资产毁损，应当将处置收入扣除账面价值和相关税费后的金额计入当期损益。固定资产账面价值是固定资产成本扣减累计折旧和累计减值准备后的金额。

固定资产的处置一般通过“固定资产清理”账户核算。“固定资产清理”账户借方登记转入处置固定资产账面价值、处置过程中发生的费用；贷方登记收回处置固定

资产的价款和应由保险公司赔偿的损失。本账户期末借方余额反映尚未清理完毕的固定资产清理净损失，贷方余额反映尚未清理完毕的固定资产清理净收益。清理完毕后，该账户无余额。

资产处置损益是损益类科目，用来核算固定资产、无形资产等因出售、转让等原因，产生的处置利得或损失，影响营业利润，资产处置损益直接计入当期损益的利得或损失。

2. 固定资产出售会计核算

会计业务处理模板：

（1）转入清理。

借：固定资产清理

　　累计折旧

　　固定资产减值准备

　　贷：固定资产

（2）发生的清理费用。

借：固定资产清理

　　贷：银行存款

　　　　应交税费——应交增值税——销项税额

　　　　库存现金

　　　　应付账款

　　　　应付票据

（3）出售收入、残料等的处理。

借：银行存款

　　原材料

　　贷：固定资产清理

（4）清理净损益的处理。

①若余额在固定资产清理账户借方。

借：资产处置损益

　　贷：固定资产清理

②若余额在固定资产清理账户贷方。

借：固定资产清理

　　贷：资产处置损益

案例 14：

甲公司 2020 年 1 月 20 日出售了一台生产设备，取得价款 24.86 万元，增值税税率为 13%，已收存银行；该设备原价 100 万元，已提折旧 80 万元；出售中发生相关费用 1 万元，取得增值税普通发票，已用银行存款支付。

①将固定资产转入清理。

借：固定资产清理　　200 000

　　累计折旧　　800 000

　　贷：固定资产　　1 000 000

②清理费用。

借：固定资产清理　　10 000

　　贷：银行存款　　10 000

③清理收入。

借：银行存款　　248 600

　　贷：固定资产清理　　220 000

　　　　应交税费——应交增值税——销项税额　　28 600

④结转清理的净收益。

借：固定资产清理　　10 000

　　贷：资产处置损益　　10 000

案例15：

甲公司于2020年1月出售一栋厂房，原值450 000元，已提折旧180 000元，收到出售含税价款305 200元存入银行，增值税税率为9%。以银行存款支付清理费用10 000元，取得了增值税普通发票，残料列作原材料6 000元。

①固定资产转入清理。

借：固定资产清理　　270 000

　　累计折旧　　180 000

　　贷：固定资产　　450 000

②清理收入。

借：银行存款　　305 200

　　贷：固定资产清理　　280 000

　　　　应交税费——应交增值税——销项税额　　25 200

③支付清理费用。

借：固定资产清理　　10 000

　　贷：银行存款　　10 000

④残料列作原材料入库。

借：原材料　　6 000

　　贷：固定资产清理　　6 000

⑤结转清理净损失。

借：固定资产清理　　6 000

　　贷：资产处置损益　　6 000

案例 16：

甲公司于 2020 年 2 月因自然灾害毁损一设备，原值 400 000 元，已提折旧 380 000 元，经批准报废。在清理过程中，以银行存款支付清理费用 10 000 元，并取得了增值税普通发票，拆除的残料 20 000 元，列作原材料，另一部分变卖不含税收入 2 000 元，款已通过银行收到。

①固定资产转入清理。

借：固定资产清理　　20 000
　　累计折旧　　380 000
　　贷：固定资产　　400 000

②支付清理费用。

借：固定资产清理　　10 000
　　贷：银行存款　　10 000

③出售收入和材料入库。

借：银行存款　　2 260
　　原材料　　20 000
　　贷：固定资产清理　　22 000
　　　　应交税费——应交增值税——销项税额　　260

④结转清理损失。

借：营业外支出　　8 000
　　贷：固定资产清理　　8 000

第六节　固定资产清查

企业应定期或者至少于每年年末对固定资产进行清查盘点，以保证固定资产核算的真实性，充分挖掘企业现有固定资产的潜力。在固定资产清查过程中，如果发现盘盈、盘亏的固定资产，应填制固定资产盘盈盘亏报告表，并及时查明原因，按照规定程序报批处理。

一、固定资产盘亏的会计核算

固定资产的盘亏造成的损失，应当计入当期损益。

会计业务处理模板：

（1）发现盘亏时。

借：待处理财产损溢——待处理固定资产损溢

累计折旧
固定资产减值准备
贷：固定资产
（2）经批准处理。
借：其他应收款
营业外支出——盘亏损失
贷：待处理财产损溢——待处理固定资产损溢

二、 固定资产盘盈的会计核算

固定资产的盘盈，应作为前期差错直接计入“以前年度损益调整”账户。
会计业务处理模板：
（1）发现盘盈时。
借：固定资产
贷：以前年度损益调整
（2）调整应交的企业所得税。
借：以前年度损益调整
贷：应交税费——应交所得税
（3）结转以前年度损益调整账户余额。
借：以前年度损益调整
贷：利润分配——未分配利润
案例 17：
甲公司对固定资产进行清查时发现盘亏设备一台，原值 9 800 元，已提折旧 400 元。经批准，该盘亏设备做营业外支出处理。盘盈电脑一台，重置成本 10 000 元。该企业所得税税率为 25%。
①发现盘亏时。
借：待处理财产损溢——待处理固定资产损溢 9 400
累计折旧 400
贷：固定资产 9 800
②对盘亏的固定资产经批准处理。
借：营业外支出——盘亏损失 9 400
贷：待处理财产损溢——待处理固定资产损溢 9 400
③发现盘盈时。
借：固定资产 10 000
贷：以前年度损益调整 10 000

④调整企业所得税。

借：以前年度损益调整　　2 500

　　贷：应交税费——应交企业所得税　　2 500

⑤结转盘盈损益。

借：以前年度损益调整　　7 500

　　贷：利润分配——未分配利润　　7 500

特别提示

“以前年度损益调整”只能转入“利润分配”账户，而不能转入“本年利润”账户中。

第七节　固定资产减值的会计核算

一、固定资产减值概述

固定资产减值是指固定资产的可收回金额低于其账面价值。

企业在资产负债表日，应当判断固定资产是否存在可能发生减值的迹象。如果固定资产存在减值迹象，应当进行减值测试，估计固定资产的可收回金额。可收回金额低于账面价值的，应当按照可收回金额低于账面价值的金额计提减值准备。

固定资产减值迹象是固定资产是否需要进行减值测试的必要前提。固定资产可能发生减值的迹象主要从外部信息来源和内部信息来源两方面加以判断。

从企业外部信息来源来看，以下情况均属于固定资产可能发生减值的迹象，企业应该据此估计固定资产的可收回金额，决定是否需要确认减值损失。

（1）如果出现了固定资产的市价在当期大幅度下降，其跌价幅度高于因时间的推移或者正常使用而预计的下跌。

（2）如果企业经营所处的经济、技术或者法律等环境以及固定资产所处的市场在当期或者将在近期发生重大变化，从而对企业产生不利影响。

（3）如果市场利率或者其他市场投资报酬率在当期已经提高，从而影响企业计算固定资产预计未来现金流量现值的折现率，导致固定资产可收回金额大幅度降低等。

从企业内部信息来源看，以下情况均属于固定资产可能发生减值的迹象，企业应该据此估计固定资产的可回收金额，决定是否需要确认减值损失。

（1）如果企业有证据表明固定资产已经陈旧过时或者计划实体已经损坏。

（2）如果固定资产已经或者将被闲置、终止使用或者计划提前处置。

（3）如果企业内部报告的证据表明固定资产的经济绩效已经低于或者将低于预期，比如固定资产所创造的净现金流量或者实现的营业利润远远低于原来的预算或者预计金额等。

二、 固定资产减值的账务处理

固定资产可收回金额低于账面价值时，应当将固定资产的账面价值减记至可收回金额，减记的金额确认为固定资产减值损失，计入当期损益，同时计提相应的资产减值准备。因此，固定资产减值损失的确定应当在取得固定资产可收回金额后，根据可收回金额和账面价值相比较后获得。

固定资产减值损失一经确认，在以后期间不得转回。但是，遇到固定资产处置、出售、对外投资等情况，同时符合固定资产终止确认条件的，企业应当将固定资产减值准备予以转销。

会计业务处理模板：

借：资产减值损失

　　贷：固定资产减值准备

特别提示

固定资产计提减值准备后，固定资产账面价值将根据计提的减值准备相应抵减。在未来期间计提折旧时，应当以新的固定资产账面价值为基础计提每期折旧。

案例 18：

2020 年 12 月 31 日，甲公司的机器设备存在可能发生减值的迹象。经计算，该机器设备的可收回金额合计为 2 350 000 元，账面价值 2 500 000 元，以前年度未对该机器设备计提过减值准备。

借：资产减值损失　　150 000

　　贷：固定资产减值准备　　150 000

第七章 无形资产

本章学习重点

1. 无形资产的定义、特征及具体范围
2. 无形资产的初始计量
3. 无形资产的后续计量
4. 无形资产的处置和报废

第一节 无形资产概述

一、无形资产的含义和特征

会计准则规定，无形资产是指企业拥有或控制的没有实物形态的可辨认非货币性资产。正确理解无形资产的概念，对于正确核算无形资产及其信息披露都是非常重要的。相对于其他资产，无形资产具有以下特征。

1. 无形资产必须是由企业拥有或控制的

这里强调了无形资产的实际控制权，包括以下两个方面：一是无形资产的所有权必须是企业所有的，它的取得方式可以是自行开发、外购、投资者投入或者其他交易换入等，比如专利权、著作权、商标权等。二是对于所有权不归企业所有但企业能实际控制的，企业在获得其使用权时可以确认为无形资产，比如土地使用权。

2．无形资产没有实物形态但可辨认

无形资产与其他资产的显著区别就是没有实物形态，它通常表现为某种权利或者某项技术，比如专利权、非专利技术、商标权等。但并非所有没有实物形态的资产都属于无形资产，还必须具有可辨认性。可辨认性是指无形资产可以从企业中分离或者划分出来，可以用于出售、转移或者交换的，比如专利权、著作权；或者是根据合同规定可以授权使用的，比如特许权。在新会计准则里明确规定商誉不属于无形资产，因为它无法与企业分开，不具有可辨认性。

3．无形资产属于非货币性资产

非货币性资产是指企业持有的货币资金和将以固定或可确定的金额收取的资产以外的其他资产。也就是说无形资产由于没有发达的交易市场，一般不容易转化为现金，在持有过程中为企业带来经济利益的情况是不确定的，不属于以固定或可确定的金额收取的资产，属于非货币性资产。

二、无形资产的内容

无形资产通常包括专利权、商标权、土地使用权、著作权、特许权、专有技术等。

1．专利权

专利权是发明创造人或其权利受让人对特定的发明创造在一定期限内依法享有的独占实施权。

2．商标权

商标权是指商标主管机关依法授予商标所有人对其注册商标受国家法律保护的专有权。商标是用以区别商品和服务不同来源的商业性标志，由文字、图形、字母、数字、标志等组成。商标注册人依法拥有商标的排他使用权、收益权、处分权等。

3．土地使用权

土地使用权是指单位或者个人依法或依约定，对国有土地或集体土地所享有的占有、使用、收益和有限处分的权利。按照《土地管理法》的规定，土地实行公有制，凡具备法定条件者，依照法定程序都可以取得土地使用权，成为土地使用权的主体，土地使用权可以出让、转让、买卖、出租、抵押。

4．著作权

著作权又称为版权，是指著作权人对文学、艺术或科学作品依法享有的财产权利和人身权利的总称。其中著作人身权包括公开发表权、姓名表示权等；著作财产权包括重制权、公开播送权、公开传输权、改作权、散布权、出租权等。

5．特许权

特许权是指特许人授予受许人的某种权利。在该权利下，受许人可以在约定的条件下使用特许人的某种工业产权或知识产权，如商标特许经营、产品特许经营、生产特许经营、品牌特许经营、专利及商业秘密特许经营和经营模式特许经营等。

6. **专有技术**

专有技术也称非专利技术。指先进、实用但未申请专利的技术秘密，包括设计图纸、配方、数据公式，以及技术人员的经验和知识等。

三、 无形资产的确认

1. 无形资产的确认条件

根据会计准则规定，除了满足无形资产的定义外，还必须满足以下两个条件才能确认为无形资产：一是与该无形资产有关的经济利益很可能流入企业；二是该无形资产的成本能够可靠地计量。

会计准则规定，企业在判断无形资产产生的经济利益是否很可能流入时，应当对无形资产在预计使用寿命内可能存在的各种经济因素做出合理估计，并且应当有明确证据支持。比如必须考虑是否存在相关的新技术、新产品的冲击，考虑与无形资产相关的技术或赖以生产的产品市场等。总之，在实施判断时，企业的管理部门应对无形资产在预计使用年限内存在的各种因素做出稳健的估计。

成本能够可靠计量是无形资产确认的一项重要条件，无形资产的成本计量方法应根据其取得方式的不同而不同。对于外购的无形资产，根据实际支付的价款作为实际成本。对于企业自创的商誉，由于其产生过程的成本无法可靠地计量，因此不能确认为无形资产。

2. 研究开发项目支出的确认

企业内部研究开发项目的支出，应当区分研究阶段支出与开发阶段支出。

（1）研究阶段支出。

研究阶段是指为获取并理解新的科学或技术知识而进行的独创性的有计划调查。其特点在于研究阶段是探索性的，为进一步的开发活动进行资料及相关方面的准备。从已经进行的研究活动看，将来是否转入开发、开发后是否会形成无形资产等具有较大的不确定性。因此，企业内部研究开发项目研究阶段的有关支出，应当于发生时费用化，计入当期损益，不确认无形资产。

（2）开发阶段支出。

开发阶段是指在进行商业性生产或使用前，将研究成果或其他知识应用于某项计划或设计，以生产出新的或具有实质性改进的材料、装置、产品等。开发阶段相对于研究阶段而言，应当是已完成研究阶段的工作，在很大程度上具备了形成一项新产品或新技术的基本条件。

企业内部研究开发项目开发阶段的支出，同时满足下列条件的，才能确认为无形资产，否则计入当期损益：一是完成该无形资产以使其能够使用或出售且在技术上具有可行性。二是具有完成该无形资产并使用或出售的意图。三是无形资产产生经济利益的方式，包括能够证明运用该无形资产生产的产品存在市场或无形资产自身存在市场，无形资产将在内部使用的，应当证明其有用性。四是有足够的技术、财务资源和其他资源支持，以完成该无形资产的开发，并有能力使用或出售该无形资产。

（3）无法区分研究阶段支出和开发阶段支出。

应当将其所发生的研发支出全部费用化，计入当期损益（管理费用）。

案例 1：

甲公司在成立初期发生以下业务，支付开办费 5 万元，为获得土地使用权支付土地出让金 5 000 万元，支付开发新技术过程中发生的研究开发费 100 万元，请判断该企业应作为无形资产入账的是哪些？

（1）开办费 5 万元应先在长期待摊费用中归集，待企业开始生产经营当月一次计入当月的管理费用。

（2）为获得土地使用权支付的土地出让金 5 000 万元应作为无形资产入账。

（3）企业研究阶段支出的 100 万元应全部费用化，计入当期损益（管理费用）。因为根据有关规定，开发阶段的支出符合资本化条件的，才能确认为无形资产；不符合资本化条件的计入当期损益（管理费用）；无法区分研究阶段支出和开发阶段支出，应当将其所发生的研发支出全部费用化，计入当期损益（管理费用）。本题中的研究开发费 100 万元无法区分研究阶段支出和开发阶段支出，故此应计入当期损益中。

第二节　无形资产的初始计量

一、 无形资产的初始计量方法

无形资产的初始计量是指对取得的无形资产入账价值的计算，通常是按实际成本计量，包括取得无形资产并使之达到预定用途而发生的全部支出。根据取得方式的不同，其计量方法也有所区别。

1. 外购的无形资产成本

外购无形资产的成本包括购买价款、相关税费以及直接归属于使该项资产达到预定用途所发生的其他支出。其中，其他支出指的是使无形资产达到预定用途之前所发生的专业服务费用、测试费等，但不包括为引入新产品进行宣传发生的广告费、管理费用及其他间接费用，也不包括在无形资产已经达到预定用途以后发生的费用。

如购买无形资产的价款超过正常信用条件延期支付，实质上具有融资性质的，无形资产的成本以购买价款的现值为基础确定。实际支付的价款与购买价款的现值之间的差额，除按照《企业会计准则第 17 号——借款费用》应予资本化的以外，应当在信用期间内计入当期损益。

2. **投资者投入的无形资产成本**

对于投资者投入的无形资产的成本，应当按照投资合同或协议约定的价值确定。在投资合同或协议约定价值不公允的情况下，应按无形资产的公允价值入账，所确认的初始成本与实收资本或股本之间的差额调整资本公积。

3. **自行开发的无形资产成本**

会计准则规定，自行开发的无形资产成本包括自满足无形资产的确认条件后至达到预定用途前所发生的支出总额，包括开发过程中发生的材料费用、直接参与开发人员的工资及福利费、开发过程中发生的租金、借款费用、注册费、聘请律师费等。

不符合资本化条件的开发支出计入当期损益（管理费用）；企业研究阶段的支出全部费用化，计入当期损益（管理费用）；无法区分研究阶段支出和开发阶段支出，应当将其所发生的研发支出全部费用化，计入当期损益（管理费用）。

在确认前已经计入各期费用的研究与开发费用，在无形资产研发获得成功并依法申请权利时，不得再将原已计入损益的研究与开发费用资本化转作无形资产。

无形资产在确认后发生的后续支出，如宣传活动支出等，应在发生当期确认为费用。

4. **土地使用权的成本**

企业取得的土地使用权通常应确认为无形资产。土地使用权用于自行开发建造厂房等地上建筑物时，土地使用权的账面价值不与地上建筑物合并计算其成本，而仍作为无形资产进行核算，土地使用权与地上建筑物分别进行摊销和计提折旧。

如果企业外购的土地与建筑物一同支付的，价款应当在地上建筑物与土地使用权之间进行分配，分别确认为固定资产和无形资产。如果地上建筑物与土地使用权之间确实难以合理区分的，其土地使用权价值仍应确认为固定资产原价。如果改变土地使用权用途，用于赚取租金或资本增值的，应当将其转为投资性房地产。

对于房地产开发企业取得土地使用权用于建造对外出售的房屋建筑物，相关的土地使用权账面价值应当计入所建造的房屋建筑物成本。

二、 无形资产初始计量核算的账户设置

根据会计准则，企业应设置“无形资产”科目核算无形资产的增减情况。“无形资产”属于资产类账户，借方登记无形资产的取得成本，贷方登记转让、核销的成本，余额在借方，反映企业期末的无形资产成本。

为了核算企业进行研究与开发无形资产过程中发生的各项支出，企业还应设置

“研发支出”科目，该科目属于成本类科目，借方登记实际发生的研发支出，贷方登记转为无形资产和管理费用的金额，借方余额反映企业正在进行中的研究开发项目中满足资本化条件的支出。该科目可按研究开发项目分别设置“费用化支出”与“资本化支出”明细科目进行明细核算。“资本化支出”核算按照会计准则的规定，发生在开发阶段，且符合无形资产确认条件的支出。“费用化支出”核算开发无形资产过程中发生的不满足资本化条件的支出。

三、 无形资产初始计量的会计处理

1. 外购的无形资产的初始计量

会计业务处理模板：

借：无形资产
　　贷：银行存款
　　　　应付账款
　　　　应付票据

案例 2：

甲公司于 2020 年 10 月 15 日购入一项 200 万元的专利权，另外还支付相关费用 3 万元，款项已通过银行支付。

借：无形资产　　2 030 000
　　贷：银行存款　　2 030 000

案例 3：

甲公司于 2020 年 10 月 20 日申请取得土地使用权一项，以银行存款支付土地出让金 300 万元。

借：无形资产——土地使用权　　3 000 000
　　贷：银行存款　　3 000 000

2. 投资者投入的无形资产的初始计量

会计业务处理模板：

借：无形资产
　　贷：实收资本
　　　　资本公积——资本溢价

案例 4：

丙公司于 2020 年 10 月 21 日接受甲公司所拥有的专利权投资，双方协议价格为 500 万元，市场公允价值为 480 万元。丙公司注册资本为 5 000 万元，甲公司持有丙公司 10% 的股权。

借：无形资产　　5 000 000
　　贷：实收资本　　5 000 000

3. 自行开发的无形资产的初始计量

会计业务处理模板：

（1）自行开发发生的各项支出。

借：研发支出——费用化支出

　　　　　　——资本化支出

　　贷：银行存款

　　　　应付职工薪酬

　　　　应付账款

　　　　应付票据

（2）达到预定用途形成无形资产。

借：无形资产

　　贷：研发支出——资本化支出

（3）期末，企业应将研发支出科目归集的费用化支出金额转入当期管理费用。

借：管理费用

　　贷：研发支出——费用化支出

案例5：

甲公司2020年3月1日开始自行开发成本管理软件，在研究阶段发生费用10万元，开发阶段发生费用100万元，开发阶段的支出满足资本化条件。2020年4月16日，该成本管理软件开发成功，并依法申请了专利，支付注册费1万元、律师费2.5万元，2020年5月20日甲公司为向社会展示其成本管理软件，特举办了大型宣传活动，支付费用15万元。暂不考虑相关税收。请确定无形资产的入账价值并做相关账务处理。

①甲公司研究阶段发生的支出。

借：研发支出——费用化支出　　100 000

　　贷：银行存款　　100 000

②开发阶段发生的支出。

借：研发支出——资本化支出　　1 000 000

　　贷：银行存款　　1 000 000

③依法取得权利时发生的注册费、律师费等费用，作为无形资产的实际成本。

借：无形资产　　35 000

　　贷：银行存款　　35 000

④无形资产获得成功并依法申请取得权利。

借：无形资产　　1 000 000

　　贷：研发支出——资本化支出　　1 000 000

借：管理费用　　100 000

　　贷：研发支出——费用化支出　　100 000

⑤发生的宣传活动费用。

借：管理费用 150 000

贷：银行存款 150 000

案例6：

某企业自行研究开发一项新产品专利技术，在研究开发过程中发生材料费用3 000 000元（增值税税率为13%），购进时取得了增值税专用发票，人工费用2 000 000元以及其他费用1 500 000元（其他费用已通过银行存款支付）。其中，符合资本化条件的支出为5 000 000元。期末，该专利技术已经达到预定用途。

①发生相关费用时。

借：研发支出 6 500 000

贷：原材料 3 000 000

应付职工薪酬 2 000 000

银行存款 1 500 000

②专利技术已经达到预定用途时。

借：管理费用 1 500 000

无形资产 5 000 000

贷：研发支出 6 500 000

第三节 无形资产的后续计量

无形资产的后续计量主要包括无形资产的摊销以及无形资产的减值计量。

一、无形资产的摊销

无形资产的摊销是指根据无形资产的有效受益年限等，按照无形资产的成本扣除残值或已计提的无形资产减值准备累计金额后，计算出每个会计期间应分摊的数额。

1. 无形资产摊销年限的确定

企业持有的无形资产，通常来源于合同性权利或其他法定权利，且合同规定或法律规定有明确的使用年限。

来源于合同性权利或其他法定权利的无形资产，其使用寿命不应超过合同性权利或其他法定权利的期限。例如，企业以支付土地出让金方式取得一块50年的土地使用权，如果企业准备持续持有，在50年期间内没有计划出售，该项土地使用权预期为企业带来未来经济利益的期间为50年。

如果合同性权利或其他法定权利能够在到期时因续约等延续，且有证据表明企业续约不需要付出大额成本，续约期应当计入使用寿命。

合同或法律没有规定使用寿命的，企业应当综合各方面情况判断，以确定无形资产能为企业带来未来经济利益的期限。比如，与同行业的情况进行比较、参考历史经验或聘请相关专家进行论证等。

企业确定无形资产的使用寿命，应当考虑以下因素。

（1）该资产通常的产品寿命周期、可获得的类似资产使用寿命信息。

（2）技术、工艺等方面的现实情况及对未来发展的估计。

（3）以该资产生产的产品或服务的市场需求情况。

（4）现在或潜在的竞争者预期采取的行动。

（5）为维持该资产产生未来经济利益的能力预期的维护支出，以及企业预计支付有关支出的能力。

（6）对该资产的控制期限，使用的法律或类似限制，如特许使用期间、租赁期间等。

（7）与企业持有的其他资产使用寿命的关联性等。

按照上述方法仍无法合理确定无形资产为企业带来经济利益期限的，该项无形资产应作为使用寿命不确定的无形资产。

使用寿命有限的无形资产，其应摊销的金额应当在使用寿命内系统合理摊销。

2．无形资产残值的确定

无形资产的残值一般为零，下列两种情况除外。

（1）有第三方承诺在无形资产使用寿命结束时愿意以一定的价格购买该项无形资产。

（2）存在活跃市场，通过市场可以得到无形资产使用寿命结束时的残值信息，并且从目前情况看，在无形资产使用寿命结束时，该市场还可能存在的情况下，无形资产可以存在残值。

残值确定以后，在持有无形资产的期间，至少应于每年年末进行复核，预计其残值与原估计金额不同的，应按照会计估计变更进行处理。

3．无形资产的摊销方法

根据会计准则规定，无形资产的摊销期自其可供使用时（即其达到能够按管理层预定的方式运作所必需的状态）开始至不再作为无形资产确认时为止。无形资产摊销方法，应该反映与该项无形资产有关的经济利益的预期实现方式，具体方法有工作量法、直线法等。无法可靠确定预期实现方式的，应当采用直线法摊销，即从取得无形资产的当月起，将无形资产的成本扣除残值或已计提的无形资产减值准备累计金额后，按确定的摊销期限平均摊入各期费用中。使用寿命不确定的无形资产不应摊销。

企业至少应当于每年年度终了，对使用寿命有限的无形资产的使用寿命及摊销方法进行复核。如果有证据表明无形资产的使用寿命及摊销方法与以前估计不同的，应当改变摊销期限和摊销方法。

企业应当在每个会计期间对使用寿命不确定的无形资产进行复核，如果有证据表明其寿命是有限的，则应估计其使用寿命并按照估计使用寿命进行摊销。

特别提示

无形资产从入账开始使用当期开始摊销，退出使用当期停止摊销。

二、 无形资产摊销的会计核算

1. 账户设置

企业应按期（月）计提无形资产的摊销。为核算企业对使用寿命有限的无形资产计提的累计摊销，企业应设置“累计摊销”科目。该科目是“无形资产”的备抵科目，贷方登记企业计提的无形资产摊销，借方登记处置无形资产转出的累计摊销，期末为贷方余额，反映企业无形资产的累计摊销额。

2. 使用寿命有限的无形资产摊销的会计处理

会计准则规定，无形资产的摊销金额一般应当计入当期损益，如果某项无形资产包含的经济利益通过所生产的产品或其他资产实现的，其摊销金额应当计入相关资产的成本。

会计业务处理模板：

借：管理费用

　　其他业务成本等科目

　　贷：累计摊销

案例7：

甲公司2020年1月1日以银行存款600万元购入一项专利权。该项无形资产的预计使用年限为10年，该企业按直线法摊销无形资产，计算2020年的摊销金额，并编制会计分录。

每年摊销金额：600 ÷ 10 = 60（万元）

借：管理费用——无形资产摊销　　600 000

　　贷：累计摊销　　600 000

三、 无形资产的处置和报废

无形资产的处置是指无形资产对外出租、出售、对外捐赠，或者是无法为企业带来经济利益时，应予转销并终止确认。

1. 转让无形资产所有权（即无形资产的出售）

企业出售无形资产，表明企业放弃该无形资产的所有权，应当将取得的价款与该无形资产账面价值的差额作为资产处置的利得或损失，计入当期损益。

会计业务处理模板：

借：银行存款

累计摊销

无形资产减值准备

贷：无形资产

银行存款

应交税费——应交增值税——销项税额

资产处置损益

案例 8：

甲公司将其所拥有的一项专利权的所有权出售，取得不含税收入 100 万元，增值税税率为 6%，该专利权的账面余额为 60 万元，已经计提的减值准备为 5 万元，累计摊销额为 10 万元。

借：银行存款	1 060 000	
累计摊销	100 000	
无形资产减值准备	50 000	
贷：无形资产		600 000
应交税费——应交增值税——销项税额		60 000
资产处置损益		550 000

2. 转让无形资产使用权（即无形资产的出租）

无形资产出租是指企业将所拥有的无形资产的使用权让渡给他人，并收取租金。租金收入应按合同或协议规定计算确定。同时应确认无形资产出租的相关费用，以符合收入与费用相配比原则。

会计业务处理模板：

（1）出租无形资产时，取得的租金收入。

借：银行存款等科目

贷：其他业务收入

应交税费——应交增值税——销项税额

（2）摊销出租无形资产的成本，发生与转让有关的各种费用支出。

借：其他业务成本

贷：累计摊销

银行存款等科目

案例 9：

2020 年 1 月 1 日，乙公司将一项专利技术出租给 A 企业使用，该专利技术账面余额为 800 万元，摊销期限为 10 年，出租合同规定，每年年初收取租金 100 万元。请编制相关的会计分录。

①取得租金时。

借：银行存款　　　　　　　　　　　　　　　　1 060 000

　　贷：其他业务收入　　　　　　　　　　　　　　1 000 000

　　　　应交税费——应交增值税——销项税额　　　　60 000

②按年对该项专利技术进行摊销。

借：其他业务成本　　　　　　　　　　　　　　800 000

　　贷：累计摊销　　　　　　　　　　　　　　　　800 000

3. **无形资产的报废**

如果无形资产预期未来不能为企业带来经济利益，应将其报废并予以转销，其账面价值转作当期损益。企业在判断无形资产未来能否为企业带来经济利益时，应根据以下迹象加以判断：①该无形资产是否已被其他新技术等所替代，且已不能为企业带来经济利益；②该无形资产是否不再受法律的保护，且不能给企业带来经济利益。

会计业务处理模板：

借：累计摊销

　　无形资产减值准备

　　营业外支出——处置非流动资产损失

　　贷：无形资产

案例10：

丁公司拥有一项专利技术，根据市场调查，由于用其生产的产品已没有市场，决定应予转销。转销时，该项专利技术的账面余额为1 000万元，摊销期限为10年，已累计摊销700万元，已计提的减值准备为200万元，该项专利权的残值为零，采用直线法进行摊销，假定不考虑其他相关因素。

借：累计摊销　　　　　　　　　　　　　　　7 000 000

　　无形资产减值准备　　　　　　　　　　　2 000 000

　　营业外支出——处置非流动资产损失　　　1 000 000

　　贷：无形资产——专利权　　　　　　　　　　10 000 000

第八章 投资性房地产

第一节 投资性房地产概述

一、投资性房地产的概念和范围划分

投资性房地产是指为赚取租金或资本增值，或者两者兼有而持有的房地产。

投资性房地产的范围划分主要有以下几类。

（1）已经用经营方式出租的拥有产权的建筑物和已经出租的通过出让或转让方式取得的土地使用权。

通常情况下，对企业持有的以备经营出租的空建筑物或在建建筑物，若董事会类似机构做出书面决议，明确表示将其用于经营出租且短期内不再发生变化的，即使尚未签订租赁协议，也应当视为投资性房地产。

（2）能够单独计量和出售的部分房产。

一项房地产，部分用于生产商品、提供劳务或经营管理，部分用于赚取租金或资本增值的，用于赚取租金或资本增值的部分能够单独计量和出售的，可以将此部分确认为投资性房地产。

（3）持有并准备增值后转让的土地使用权。

企业通过出让或转让方式取得并准备增值后转让的土地使用权，属于投资性房地产。但国家有关规定认定的闲置土地，不属于持有并准备增值后转让的土地使用权。

对于自用房地产，即为生产商品、提供劳务或经营管理而持有的房地产，不属于投资性房地产。同样地，作为存货的房地产，也不属于投资性房地产。

二、 投资性房地产成本的初始计量

投资性房地产应当按照成本进行初始计量。

（1）对外投资性房地产的成本，主要包括购买价款、相关税费和可直接归属于该资产的其他支出。注意购进时取得了增值税专用发票并且可以进行抵扣的增值税税额不应当包括在相关的税费金额内。

（2）自行建造的投资性房地产的成本，主要由建造该项资产达到预定可使用状态前所发生的必要支出构成。

（3）以其他方式取得的投资性房地产的成本，按照相关会计准则的规定确定。

三、 投资性房地产后续计量

投资性房地产在资产负债表日可以采用成本模式或公允价值模式进行后续计量。但要满足下列条件。

（1）投资性房地产所在地有活跃的房地产交易市场。

（2）企业能够从房地产交易市场上取得同类或类似房地产的市场价格及其他相关信息，能够对投资性房地产的公允价值做出合理的估计。

采用公允价值模式计量的，不对投资性房地产计提折旧或进行摊销，应当以资产负债表日投资性房地产的公允价值为基础调整其账面价值，公允价值与原账面价值之间的差额计入当期损益中（公允价值变动损益）。

企业对投资性房地产计量模式一经确定，不得随意变更。若成本模式转变为公允价值模式的，应当作为会计政策变更。

已经采用公允价值模式计量的投资性房地产，不得从公允价值模式转为成本模式。

四、 投资性房地产的公允价值与其他资产的相互转换

企业有确凿的证据表明房地产用途发生改变，如投资性房地产开始自用，应当将投资性房地产转为其他资产；若存在下列情况，则将其他资产转为投资性房地产。

（1）作为存货的房地产，改为出租。

（2）自用土地使用权停止自用，用于赚取租金或资本增值。

（3）自用建筑物停止自用，改为出租。

在成本模式下，应当将房地产转换前的账面价值作为转换后的入账价值。

采用公允价值模式计量的投资性房地产转为自用房地产时，应当以其转换当日的

公允价值作为自用房地产的账面价值。公允价值与原账面价值之间的差额计入当期损益中（公允价值变动损益）。

自用房地产或存货转换为采用公允价值计量的投资性房地产时，投资性房地产的价值按转换当日的公允价值计量，转换当日的公允价值小于原账面价值的，其差额计入当期损益中（公允价值变动损益）。转换当日的公允价值大于原账面价值的，其差额计入所有者权益中（其他综合收益）。

第二节　投资性房地产业务会计核算

一、 投资性房地产业务所涉及的主要会计科目

（1）投资性房地产。核算投资性房地产价值，主要包括采用公允价值模式计量的投资性房地产和采用成本模式计量的投资性房地产。

（2）其他业务收入。主要用于出售原材料及固定资产出租、无形资产出租、投资性房地产出租等产生的收入。

（3）公允价值变动损益。主要用于核算以交易为目的的债券投资、股票投资、基金投资等投资在持有期间的价值变动，将变动价值计入当期损益。

（4）其他业务成本。主要用于核算对外销售原材料的成本、固定资产和无形资产对外出租所应承担的成本以及投资性房地产的折旧或摊销。

（5）其他综合收益。主要用于核算企业以公允价值计量且变动计入其他综合收益的金融资产公允价值变动而形成的利得或损失。

二、 投资性房地产业务会计核算

1. 投资性房地产的初始业务会计核算

（1）外购。

借：投资性房地产——成本

　　应交税费——应交增值税——进项税额

　贷：银行存款

（2）自建。

①建造过程中的支出。

借：在建工程

　　应交税费——应交增值税——进项税额

贷：银行存款

应付账款

应付票据

②建造完工后。

借：投资性房地产——成本

贷：在建工程

案例 1：

2020 年 10 月 8 日广州某公司从某房地产开发公司取得了 10 套房子，该公司购进后准备用于出租获得租金收入，不含税的价款为 52 000 000 元，取得了增值税专用发票，增值税税率为 9%，契税税率为 3%，其他税费不用考虑。以上款项已经通过银行转账方式支付。请编制相关的会计分录。

借：投资性房地产——成本 53 560 000

应交税费——应交增值税——进项税额 4 680 000

贷：银行存款 58 240 000

案例 2：

2020 年 10 月 12 日广州某公司采用出包方式建造一幢房子，经过三年的施工，竣工验收通过后准备用于对外出租。在整个建造过程中，分两次支付工程款，第一次支付工程款价税合计 218 000 000 元，第二次支付工程款价税合计 272 500 000 元，取得了增值税专用发票，以上款项已经通过银行转账方式支付。请编制相关的会计分录。

第一次付款时：

借：在建工程 200 000 000

应交税费——应交增值税——进项税额 18 000 000

贷：银行存款 218 000 000

第二次付款时：

借：在建工程 250 000 000

应交税费——应交增值税——进项税额 22 500 000

贷：银行存款 272 500 000

完工转入投资性房地产：

借：投资性房地产——成本 450 000 000

贷：在建工程 450 000 000

2. 投资性房地产后续计量的会计核算

（1）采用成本模式进行后续计量的会计核算。

①计提每个月折旧。

借：其他业务成本

贷：投资性房地产累计折旧

②每个月收到租金。

借：银行存款

　贷：其他业务收入

　　应交税费——应交增值税——销项税额

案例 3：

2020 年 10 月 12 日广州某公司采用出包方式建造一幢房子，经过三年的施工，竣工验收通过后准备用于对外出租。在整个建造过程中，分两次支付工程款，第一次支付工程款价税合计 218 000 000 元，第二次支付工程款价税合计 272 500 000 元，取得了增值税专用发票，以上款项已经通过银行转账方式支付。假设该房屋预计可以使用 50 年，预计残值净收入 300 000 元，采用直线法计提折旧。每一个月租金收入价税合计 850 200 元，通过银行入账。请采用成本模式进行后续计量。

①计提每个月折旧。

借：其他业务成本　　749 500

　贷：投资性房地产累计折旧　　749 500

②每个月收到租金。

借：银行存款　　850 200

　贷：其他业务收入　　780 000

　　应交税费——应交增值税——销项税额　　70 200

（2）采用公允价值模式后续计量的会计核算。

①年末对于公允价值变动的会计处理。

借：投资性房地产——公允价值变动

　贷：公允价值变动损益

若年末公允价值小于原来的账面价值，则做此分录的相反分录。

②每个月收到租金。

借：银行存款

　贷：其他业务收入

　　应交税费——应交增值税——销项税额

案例 4：

2020 年 10 月 12 日广州某公司采用出包方式建造一幢房子，经过三年的施工，竣工验收通过后准备用于对外出租。在整个建造过程中，分两次支付工程款，第一次支付工程款价税合计 218 000 000 元，第二次支付工程款价税合计 272 500 000 元，取得了增值税专用发票，以上款项已经通过银行转账方式支付。每一个月租金收入价税合计 850 200 元，通过银行入账。请采用公允价值模式进行后续计量。2020 年年末该项投资性房地产公允价值为 460 000 000 元。请编制相关的会计分录。

①年末对于公允价值变动的会计处理。

借：投资性房地产——公允价值变动　　10 000 000

贷：公允价值变动损益　　10 000 000

若年末公允价值小于原来的账面价值，则做此分录的相反分录。

②每个月收到租金。

借：银行存款　　850 200

贷：其他业务收入　　780 000

应交税费——应交增值税——销项税额　　70 200

3. 投资性房地产计量模式的变更

（1）将采用成本模式计量的投资性房地产转为自用固定资产的会计核算。

借：固定资产

投资性房地产累计折旧

贷：投资性房地产——成本

案例5：

2020年10月12日广州某公司采用出包方式建造一幢房子，经过三年的施工，竣工验收通过后准备用于对外出租。在整个建造过程中，分两次支付工程款，第一次支付工程款价税合计218 000 000元，第二次支付工程款价税合计272 500 000元，取得了增值税专用发票，以上款项已经通过银行转账方式支付。假设该房屋预计可以使用50年，预计残值净收入300 000元，采用直线法计提折旧。每一个月租金收入价税合计850 200元，通过银行入账。采用成本模式进行后续计量。公司经过开会讨论，定于2022年11月1日收回自用。请编制相关的会计分录。

借：固定资产　　432 012 000

投资性房地产累计折旧　　17 988 000

贷：投资性房地产——成本　　450 000 000

（2）将采用公允价值模式计量的投资性房地产转为自用固定资产的会计核算。

借：固定资产

贷：公允价值变动损益（或借方）

投资性房地产——成本

投资性房地产——公允价值变动（或借方）

案例6：

2020年10月12日广州某公司采用出包方式建造一幢房子，经过三年的施工，竣工验收通过后准备用于对外出租。在整个建造过程中，分两次支付工程款，第一次支付工程款价税合计218 000 000元，第二次支付工程款价税合计272 500 000元，取得了增值税专用发票，以上款项已经通过银行转账方式支付。每一个月租金收入价税合计850 200元，通过银行入账。采用公允价值模式进行后续计量。2020年年末该项投资性房地产公允价值为460 000 000元。公司经过开会讨论，定于2022年11月1日收回自用，当日该项资产的公允价值为455 000 000元。请编制相关的会计分录。

借：固定资产　　455 000 000

公允价值变动损益 5 000 000

贷：投资性房地产——成本 450 000 000

投资性房地产——公允价值变动 10 000 000

（3）自用房地产或存货转为采用公允价值计量的投资性房地产的会计核算。

①转换当日的公允价值小于原账面价值时。

借：投资性房地产——成本

累计折旧

公允价值变动损益

贷：固定资产

案例 7：

广州某公司 2020 年 10 月 15 日将一幢自用的房屋对外出租，出租当日该房屋的账面原价为 125 000 000 元，已经计提折旧 7 860 000 元，公允价值为 113 000 000 元。采用公允价值模式进行后续计量。请编制相关会计分录。

借：投资性房地产——成本 113 000 000

累计折旧 7 860 000

公允价值变动损益 4 140 000

贷：固定资产 125 000 000

②转换当日的公允价值大于原账面价值时。

借：投资性房地产——成本

累计折旧

贷：固定资产

其他综合收益

案例 8：

广州某公司 2020 年 10 月 15 日决定将一幢自用的房屋对外出租，出租当日该房屋的账面原价为 125 000 000 元，已经计提折旧 7 860 000 元，公允价值为 118 000 000 元。采用公允价值模式进行后续计量。请编制相关会计分录。

借：投资性房地产——成本 118 000 000

累计折旧 7 860 000

贷：固定资产 125 000 000

其他综合收益 860 000

4．投资性房地产的处置会计核算

（1）采用成本模式计量的投资性房地产的会计核算。

①出售取得的收入。

借：银行存款

贷：其他业务收入

应交税费——应交增值税——销项税额

②结转投资性房地产账面原价和累计折旧。

借：其他业务成本

　　投资性房地产累计折旧

　贷：投资性房地产——成本

案例 9：

广州某公司于 2020 年 11 月 20 日决定将一幢对外出租的房屋对外出售，出售含税总价款为 218 000 000 元，款项已经通过银行入账。该项房屋出售时账面原价为 96 500 000 元，已经计提折旧 12 650 000 元。采用成本模式进行后续计量。请编制相关会计分录。

①出售取得的收入。

借：银行存款	218 000 000	
贷：其他业务收入		200 000 000
应交税费——应交增值税——销项税额		18 000 000

②结转投资性房地产账面原价和累计折旧。

借：其他业务成本	83 850 000	
投资性房地产累计折旧	12 650 000	
贷：投资性房地产——成本		96 500 000

（2）采用公允价值模式计量的投资性房地产的会计核算。

①出售取得的收入。

借：银行存款

　贷：其他业务收入

　　应交税费——应交增值税——销项税额

②将投资性房地产——成本和投资性房地产——公允价值变动科目余额进行结转。

借：其他业务成本

　贷：投资性房地产——成本

　　投资性房地产——公允价值变动（或借方）

③用公允价值变动损益和其他综合收益冲减其他业务成本。

借：公允价值变动损益

　贷：其他业务成本

若处置时公允价值变动损益科目余额在借方，则要做此分录的相反会计分录或红字分录。

借：其他综合收益

　贷：其他业务成本

案例 10：

广州某公司于 2020 年 11 月 20 日决定将一幢对外出租的房屋对外出售，出售含税总价款为 218 000 000 元，款项已经通过银行入账。采用公允价值模式进行后续计量。

出售当日投资性房地产——成本科目借方余额为 90 000 000 元，投资性房地产——公允价值变动科目借方余额 1 200 000 元。原来自用转为出租时产生的其他综合收益科目贷方余额为 850 000 元。请编制相关会计分录。

①出售取得的收入。

借：银行存款　　218 000 000

　贷：其他业务收入　　200 000 000

　　应交税费——应交增值税——销项税额　　18 000 000

②将投资性房地产——成本和投资性房地产——公允价值变动科目余额进行结转。

借：其他业务成本　　91 200 000

　贷：投资性房地产——成本　　90 000 000

　　投资性房地产——公允价值变动（或借方）　　1 200 000

③用公允价值变动损益和其他综合收益冲减其他业务成本。

借：公允价值变动损益　　1 200 000

　贷：其他业务成本　　1 200 000

借：其他综合收益　　850 000

　贷：其他业务成本　　850 000

第九章　借款费用

本章学习重点

1. 借款费用定义及范围
2. 借款费用开始资本化的时点
3. 借款费用暂停资本化时间
4. 借款费用资本化金额的确定
5. 借款费用资本化的会计核算

第一节　借款费用定义及范围

一、认知借款费用

借款费用是指因借入资金所付出的代价，包括借款利息、折价或溢价摊销、辅助费用及因外币借款而发生的汇兑差额等，借款辅助费用包括手续费、佣金、印刷费等。

借款费用资本化原则是企业发生的借款费用，可直接归属于资本化条件的资产的购建或者生产的，应计入相关资产成本，给予资本化。其他借款费用，应当在发生时根据发生额确认为费用，计入当期损益。

企业借款包括专门借款和一般借款两类，专门借款是为购建或生产符合资本化条件的资产而专门借入的款项。如某公司为了建造一幢厂房从中国工商银行借款 5 000 万元。这类借款就是属于专门借款，具有明确用途。

一般性借款是相对于专门借款而言的，在借入时通常没有特指用于符合资本化条件的资产的购建或生产。

符合资本化资产条件的资产是指经过相当长时间的购建或生产活动才能达到预定可使用或可销售状态的固定资产、投资性房地产和存货等的资产。

符合资本化的存货主要是房地产企业开发的用于对外出售的房地产开发产品、企业制造的用于对外出售的大型机械设备等。

在会计实务中，如果人为或故意等非正常因素导致资产的购建或生产时间相当长的，该资产不属于资本化条件的资产；购入时即可使用的资产，或者购入后需要安装但安装所需时间较短的资产，或者需要建造或生产但所耗用时间较短的资产，均不属于符合资本化条件的资产。

二、 借款费用开始资本化的时点

1. 资产支出已经发生

发生了支付现金、转移非现金资产或承担带息债务形式所发生的支出。

案例 1：

广州某公司于 2020 年 6 月计划建造一台生产设备，计划建造周期为 3 年，于 2020 年 6 月 15 日支付 2 000 000 元用于购建该生产设备的某种材料的采购。

案例 2：

广州某公司于 2020 年 6 月计划建造一台生产设备，计划建造周期为 3 年，于 2020 年 6 月 15 日将本公司生产的某种产品 500 000 元出库用于该生产设备的建造。已经办妥了出库手续。

2. 借款费用已经发生

发生了因购建或者生产符合资本化条件的资产而专门借入款项的借款费用或者所占的一般借款的借款费用。

案例 3：

广州某公司于 2020 年 6 月计划建造一台生产设备，计划建造周期为 3 年，于 2020 年 6 月 15 日向中国建设银行广州分行借款 5 000 000 元，借款已经到账。该公司从 6 月 15 日开始，就要开始承担银行借款利息。

3. 购建成生产活动已经发生

为使资产达到预定可使用或可销售状态所必要的购建或生产活动已经开始，它不包括仅仅持有资产但没有发生为改变资产形态而进行实质上的建造或生产活动。

案例 4：

广州某公司于 2020 年 6 月计划建造一台生产设备，计划建造周期为 3 年，于 2020

年6月15日向中国建设银行广州分行借款5 000 000元，借款已经到账，同时组织有关工程技术人员开始了建造生产设备的具体工作。若该公司取得了银行借款，而没有进行具体的建造活动，该项资产的购建活动并没有开始。

特别提示

借款费用开始资本化的三个条件应当同时具备，不能说具备了其中的一项或两项条件，就开始进行借款费用资本化操作，这是不正确的。

三、借款费用暂停资本化时间

在购建或生产过程中发生非正常中断且中断时间连续超过3个月的，应当暂停借款费用的资本化。非正常中断是企业管理决策或其他不可预见的原因等所导致的中断。如企业因与施工方发生了质量纠纷；工程、生产用料没有及时供应；资金周转发生了困难；施工、生产发生了安全事故；发生与资产购建、生产有关的劳动纠纷等。

正常中断是指因购建或生产符合资本化条件的资产达到预定可使用或可销售状态所必须进行的程序或事先可预见的不可抗力因素导致的中断。

案例5：

广州某公司建造一台生产设备，建造到了一定阶段后，该工程必须暂停并由当地质量技术监督部门进行质量或安全检查，由于不可预见的不可抗力因素（因雨水或冰雪等）导致施工出现停顿，也属于正常中断。

四、借款费用停止资本化的时点

（1）符合资本化条件的资产实体建造或生产工作已经全部完工或实质上已经完工。

（2）所购建或生产符合条件的资产与设计要求、合同规定、生产要求等相符或者基本相符，即使个别与设计、合同、生产要求不相符，也不影响其正常使用。

（3）继续发生在所购建或生产的符合资本化条件的资产上的支出金额很少或者几乎不再发生。

五、借款费用资本化金额的确定

（1）为购建或生产符合资本化条件的资产而借入专门借款的，应当以专门借款当期实际发生的利息费用，减去尚未动用借款资金存入银行取得的利息收入或进行暂时投资取得的投资收益后的金额确定。

（2）为购建或生产符合资本化条件的资产而占用了一般性借款的，企业应当根据累计资产支出超出专门借款部分的资产支出加权平均数乘以所占用的一般借款的资本化率，计算确定一般借款应予资本化的利息金额。资本化利率应当根据一般借款加权平均利率计算确定。

（3）每一会计期间的利息资本化金额，不应当超过当期相关借款实际发生的利息金额。

第二节　专门借款的会计核算

一、专门借款的会计核算

当年利息总额 = 专门借款本金 × 专门借款年利率 × 当年贷款实际时间/12

当年利息收入或投资收益额 = 短期投资金额（专门借款账户存款金额）× 年投资收益率（或存款利率）

资本化金额 = 当年利息总额 − 当年利息收入或投资收益额

案例 6：

广州某公司于 2020 年 1 月 1 日正式动工兴建一幢办公楼，工期预计为 2 年，工程采用出包方式，分别于 2020 年 1 月 1 日、2020 年 7 月 1 日、2021 年 1 月 1 日和 2021 年 7 月 1 日支付工程款。公司为此于 2020 年 1 月 1 日专门借款 2 500 万元，借款期限为 3 年，年利率为 6%，另外于 2020 年 7 月 1 日又专门借款 5 000 万元，借款期限为 5 年，年利率为 7%，借款利息按年支付。闲置的借款资金均用于固定收益债券短期投资，该短期投资月收益为 0.4%。公司为建造该办公大楼发生的支出如表 9 − 1 所示。

表 9 − 1

单位：万元

日期	每期支出金额	累计支出金额	短期投资金额
2020 年 1 月 1 日	2 000	2 000	500
2020 年 7 月 1 日	2 500	4 500	3 000
2021 年 1 月 1 日	1 500	6 000	1 500
2021 年 7 月 1 日	1 500	7 500	0
总计	7 500		5 000

2020 年专门借款利息金额 = 2 500 × 6% + 5 000 × 7% × 6/12 = 325（万元）

2021 年专门借款发生的利息金额 = 2 500 × 6% + 5 000 × 7% = 500（万元）

2020 年短期投资收益 = 500 × 0.4% × 6 + 3 000 × 0.4% × 6 = 84（万元）

2021 年短期投资收益 = 1 500 × 0.4% × 6 = 36（万元）

2020 年资本化金额 325 − 84 = 241（万元）

2021 年资本化金额 500 − 36 = 464（万元）

2020 年 12 月 31 日账务处理：

借：在建工程　　　　2 410 000

　　应收利息或银行存款　　　　840 000

　贷：应付利息　　　　3 250 000

2021 年 12 月 31 日账务处理：

借：在建工程　　　　4 640 000

　　应收利息或银行存款　　　　360 000

　贷：应付利息　　　　5 000 000

案例 7：

广州某公司于 2020 年 1 月 1 日正式动工兴建一幢办公楼，工期预计为 2 年，工程采用出包方式，分别于 2020 年 1 月 1 日、2020 年 7 月 1 日、2021 年 1 月 1 日和 2021 年 7 月 1 日支付工程款。假定建造办公楼没有专门借款，占用的都是一般性借款。

（1）向银行贷款 3 000 万元，期限为 2020 年 1 月 1 日至 2023 年 12 月 31 日，年利率为 6%，按年付利息。

（2）发行公司债券 4 500 万元，2020 年 1 月 1 日发行，期限为 4 年，年利率为 8%，按年付息。

公司为建造该办公大楼发生的支出如表 9−2 所示。

表 9−2

单位：万元

日期	每期支出金额	累计支出金额
2020 年 1 月 1 日	2 000	2 000
2020 年 7 月 1 日	2 500	4 500
2021 年 1 月 1 日	1 500	6 000
2021 年 7 月 1 日	1 500	7 500
总计	7 500	

资产年支出加权平均数 = 每期支出金额 × 当年使用月份/12

一般性借款利率 =（3 000 × 6% + 4 500 × 8%）/（3 000 + 4 500）= 7.2%

计算累计资产支出加权平均数：

2020 年累计资产支出加权平均数 = 2 000 × 12/12 + 2 500 × 6/12 = 3 250（万元）

2021 年累计资产支出加权平均数 = 6 000 × 12/12 + 1 500 × 6/12 = 6 750（万元）

2020 年利息资本化金额 = 3 250 × 7.2% = 234（万元）

2020 年实际发生一般借款利息金额 =3 000 ×6% +4 500 ×8% =540（万元）

2021 年利息资本化金额 =6 750 ×7.2% =486（万元）

2021 年实际发生一般借款利息金额 =3 000 ×6% +4 500 ×8% =540（万元）

2020 年 12 月 31 日会计处理：

借：在建工程　　2 340 000

　　财务费用　　3 060 000

　贷：应付利息　　5 400 000

2021 年 12 月 31 日会计处理：

借：在建工程　　4 860 000

　　财务费用　　540 000

　贷：应付利息　　5 400 000

二、借款辅助费用资本化金额的确定

辅助费用是企业为了借款而发生的必要费用，包括借款手续费、佣金等，对于企业来讲，若不发生这些费用，可能无法取得借款，因此，借款辅助费用是企业发生借款时不可或缺的费用，是借款费用的有机组成部分。

对于企业发生的专门借款辅助费用，在所购建或者生产的符合资本化条件的资产达到预定可使用状态或者可销售状态之前发生的，应当在发生时根据其发生金额予以资本化；在所购建或者生产的符合资本化条件的资产达到预定可使用或者可销售状态之后发生的，应当在发生时根据其发生金额确认为当期费用，计入当期损益。

第十章　负债

本章学习重点

1. 短期借款的会计核算
2. 应交税费的会计核算
3. 应付职工薪酬的会计核算
4. 应付及预收款项的会计核算
5. 长期借款的会计核算
6. 应付债券的会计核算
7. 长期应付款的会计核算

第一节　流动负债的核算

一、 负债的分类

负债分为流动负债和非流动负债两类，流动负债主要包括短期借款、应交税费、应付职工薪酬、应付账款、应付票据、预收账款等。非流动负债主要包括长期借款、应付债券、长期应付款等。

二、 流动负债

1. 短期借款的会计核算

借款按照借款期限的长短分为短期借款和长期借款两类。

短期借款是企业向银行等金融机构或非金融机构借款的时间在一年（包含一年）以内的借款。

长期借款是企业向银行等金融机构或非金融机构借款的时间在一年以上的借款。

（1）会计账户的设置。

短期借款：该账户属于负债类账户，借入款项的本金放在本账户的贷方进行核算，偿还借入款项的本金放在本账户的借方进行核算。

应付利息：该账户属于负债类账户，根据借款本金及利率计算出的应于将来支付的利息计入本账户的贷方，将来支付后计入本账户的借方。

财务费用：该账户属于损益类账户，该账户的借方反映应计入的借款的利息及银行手续费的增加额，贷方反映应计入的借款的利息及银行手续费的减少额。

（2）会计业务处理模板：

①借款发生时：

借：银行存款

　贷：短期借款

②计提利息时：

借：财务费用

　贷：应付利息

③偿还借款本金及利息时：

借：短期借款

　　应付利息

　贷：银行存款

案例1：

某公司因生产经营需要，于2020年3月5日从中国工商银行广州分行借款500 000元，年利率为6%，借款期限为3个月，3个月后按期偿还借款本金及利息。

（1）借款发生时：

借：银行存款　　500 000

　贷：短期借款　　500 000

（2）计提利息时：

①3月份计提利息时：

借：财务费用　　2 166.67

　贷：应付利息　　2 166.67

②4 月份计提利息时：

借：财务费用　　2 500

　贷：应付利息　　2 500

③5 月份计提利息时：

借：财务费用　　2 500

　贷：应付利息　　2 500

④6 月份计提利息时：

借：财务费用　　333.33

　贷：应付利息　　333.33

（3）偿还借款本金及利息时：

借：短期借款　　500 000

　　应付利息　　7 500

　贷：银行存款　　507 500

2. 应付及预收款项的会计核算

应付及预收款项主要包括应付账款、应付票据及预收账款三个方面内容。

（1）应付账款的会计核算。

应付账款属于负债类账户，主要用于核算企业购买原材料、库存商品、周转材料及接受劳务时既没有通过银行付款，又没有支付库存现金，也没有开出商业票据而形成的债务。

①若采用实际成本核算时，其具体账务处理是：

借：原材料

　　库存商品

　　周转材料

　　应交税费——应交增值税——进项税额

　贷：应付账款

案例 2：

某公司于 2020 年 5 月 3 日购进生产用材料一批，数量为 2 500 个，不含税的单价为 10 元，取得了增值税专用发票，增值税税率为 13%，材料已经入库，发票账单已到，但款项没有支付。

借：原材料　　25 000

　　应交税费——应交增值税——进项税额　　3 250

　贷：应付账款　　28 250

②若采用计划成本核算时，其具体账务处理是：

借：材料采购

　　应交税费——应交增值税——进项税额

　贷：应付账款

案例 3：

某公司于 2020 年 5 月 3 日购进生产用材料一批，数量为 2 500 个，不含税的单价为 10 元，取得了增值税专用发票，增值税税率为 13%，计划成本为 26 000 元，材料已经入库，发票账单已到，但款项没有支付。

借：材料采购　　25 000

　　应交税费——应交增值税——进项税额　　3 250

　贷：应付账款　　28 250

（2）应付票据的会计核算。

商业票据按承兑人不同可以分为商业承兑汇票和银行承兑汇票；按票据是否带息，分为带息商业票据和无息商业票据。商业票据的最长有效期是 6 个月。

①到期日的计算。

商业票据有定日付款和定期付款两种类型，不同类型到期日的计算方法不同。

定期付款的商业票据，从签发日起开始计算，到下一个月的对应日就为一个月，依此类推，比较容易确定到期日。

案例 4：

某公司因采购一批商品，于 2020 年 5 月 6 日签发了一张为期三个月的商业承兑汇票，6 月 6 日为一个月，7 月 6 日为两个月，8 月 6 日为三个月。

定日付款的商业票据，可以采用算头不算尾或算尾不算头的方式，按实际经历的天数进行计算，在到期日的最后一天是法定节假日的，要依法进行顺延，若将票据开出给异地的债权人，到期日要另外加 3 天，若将票据开给本地的债权人，到期日不需要另外加 3 天。

案例 5：

某公司（位于广州）因采购一批商品，于 2020 年 5 月 6 日签发了一张为期 95 天的商业承兑汇票给位于上海的供应商。

若采用算头不算尾的方法：到期日为 2020 年 8 月 9 日，26 + 30 + 31 + 8 = 95（天），其中“26”为 5 月 6—31 日，“8”为 8 月 1—8 日。由于该供应商位于上海，所以到期日就要另外加上 3 天，也就是到期日是 8 月 12 日。

②会计账户的设置。

应付票据属于负债类账户，该账户的贷方反映因采购原材料、库存商品、周转材料及接受劳务形成债务而开出的商业票据，该账户的借方反映偿还因采购原材料、库存商品、周转材料及接受劳务形成债务而开出的商业票据。

③应付票据的账务处理。

借：原材料

　　库存商品

　　周转材料

　　应交税费——应交增值税——进项税额

　贷：应付票据

案例 6：

某公司于 2020 年 5 月 3 日购进生产用材料一批，数量为 2 500 个，不含税的单价为 10 元，取得了增值税专用发票，增值税税率为 13%，材料已经入库，发票账单已到，开出为期三个月的无息商业承兑票据一张。

借：原材料 25 000

应交税费——应交增值税——进项税额 3 250

贷：应付票据 28 250

案例 7：

某公司于 2020 年 5 月 1 日购进生产用材料一批，数量为 2 500 个，不含税的单价为 10 元，取得了增值税专用发票，增值税税率为 13%，材料已经入库，发票账单已到，开出为期两个月的带息商业承兑票据一张，年利率为 6%。两个月后以银行存款支付。

借：原材料 25 000

应交税费——应交增值税——进项税额 3 250

贷：应付票据 28 250

计提 5 月份利息时：

借：财务费用 141.25

贷：应付票据 141.25

计提 6 月份利息时：

借：财务费用 141.25

贷：应付票据 141.25

偿还到期的商业票据时：

借：应付票据 28 532.5

贷：银行存款 28 532.5

（3）预收账款的会计核算。

预收账款属于负债类账户，该账户的贷方反映因销售等行为预收客户的金额，借方反映因提供商品或劳务而减少的债务金额。

①预收款项时。

借：银行存款

库存现金

贷：预收账款

②提供商品或劳务时。

借：预收账款

贷：主营业务收入

其他业务收入

应交税费——应交增值税——销项税额

特别提示

若提供商品或劳务金额超过已经预收的金额时，差额的部分金额仍然通过“预收账款”账户进行会计处理。

借：银行存款

　　库存现金

　贷：预收账款

案例 8：

某公司于 2020 年 5 月 16 日同甲公司签订了一份销售合同，销售 A 产品给甲公司，不含税单价为 50 元，销售数量为 200 个，增值税税率为 13%，当日以现金方式预收款项 5 000 元，5 月 20 日按合同规定向甲公司销售了全部产品，剩余款项通过银行全部收到。

①预收款项时。

借：库存现金	5 000	
贷：预收账款		5 000

②提供商品或劳务时。

借：预收账款	11 300	
贷：主营业务收入		10 000
应交税费——应交增值税——销项税额		1 300

③收到差额款项时。

借：银行存款	6 300	
贷：预收账款		6 300

3. 应交税费的会计核算

应交税费的核算内容主要包括增值税、消费税、资源税、房产税、城市维护建设税、土地使用税、车船使用税、企业所得税、个人所得税等。

（1）应交增值税的会计核算。

①增值税的征税范围。

在我国境内销售货物和提供加工、修理修配劳务以及进口货物的单位和个人。增值税是一种价外税。

②增值税的税率。

A. 13%　增值税一般纳税人的基本税率为 13%，主要是用于销售或者进口货物、提供加工、修理修配劳务（另有列举的货物除外）。

有形动产租赁服务。

B. 9%　销售或者进口粮食等农产品、食用植物油、食用盐、自来水、暖气、冷气、热水、煤气、石油液化气、天然气、二甲醚、沼气、居民用煤炭制品、图书、报纸、杂志、音像制品、电子出版物、饲料、化肥、农药、农机、农膜以及国务院规定的其他货物。

交通运输服务（陆路运输服务、水路运输服务、航空运输服务、管道服务）。

邮政服务（邮政普遍服务、邮政特殊服务、其他邮政服务）。

电信服务（基础电信服务）。

建筑服务（工程服务、安装服务、修缮服务、装饰服务、其他建筑服务）。

销售不动产（转让建筑物、构筑物等不动产产权）。

不动产租赁服务。

转让土地使用权。

C. 6% 电信服务（增值电信服务）。

金融服务（贷款服务、直接收费金融服务、保险服务、金融商品转让）。

现代服务（研发和技术服务、信息技术服务、文化创意服务、物流辅助服务、鉴证咨询服务、广播电视服务、商务辅助服务、其他现代服务）。

生活服务（文化体育服务、教育医疗服务、旅游娱乐服务、餐饮住宿服务、居民日常服务、其他生活服务）。

销售无形资产（转让技术、商标、著作权、商誉、自然资源和其他权益性无形资产使用权或所有权）。

购进农产品进项税额扣除率，对增值税一般纳税人购进农产品，原适用10%扣除率的，扣除率调整为9%。对增值税一般纳税人购进用生产或者委托加工13%税率货物的农产品，按照10%扣除率计算进项税额。

D. 3% 小规模纳税人适用的税率一般为3%。需要说明的是，一般纳税人发生按规定适用或者可以选择适用简易计税方法计税特定应税行为的，也可适应3%的税率，但适用5%税率除外。

小规模纳税人销售不动产、符合条件经营租赁不动产（土地使用权）、转让营改增前取得土地使用权、房地产开发企业销售、出租自行开发的房地产老项目、符合条件不动产融资租赁、选择性差额纳税劳务派遣、安全保护服务。

小规模纳税人销售旧货（不含个人）以及符合规定情形的一般纳税人销售自己使用过的固定资产，可依3%征收税率减按2%征收增值税。

一般纳税人和小规模纳税人的划分标准为：小规模纳税人和一般纳税人的区别在于，小规模纳税人应征增值税销售额在500万及以下且会计核算制度不健全；而一般纳税人年应征增值税销售额须在500万元以上且会计制度健全、有固定生产经营场所等。

③增值税发票。

增值税发票可以分为增值税专用发票和普通发票。

A. 增值税专用发票的使用。

一般情况下，一个一般纳税人向另一个一般纳税人销售货物或提供劳务时可以开具增值税专用发票。

B. 增值税普通发票的使用。

若一个一般纳税人向一个小规模纳税人销售货物或提供劳务时只能开具增值税普通发票。若一个一般纳税人向另一个一般纳税人销售货物或提供劳务，另一个一般纳税人可以接受增值税普通发票时，也可以开具增值税普通发票。

小规模纳税人一般情况下无论是向小规模纳税人还是向一般纳税人对外销售货物或提供劳务时，只能开具增值税普通发票。需要特别说明的是，小规模纳税人也可以向当地税务机关提出申请，安装税控机，开具增值税专用发票。

特别提示

（1）小规模纳税人向一般纳税人销售货物或提供劳务时，若一般纳税人只能接受增值税专用发票而不能接受增值税普通发票的情况下，小规模纳税人只能委托当地国家税务机关代开增值税专用发票。

（2）当小规模纳税人对外销售货物或提供劳务时，无论是委托国家税务机关代开的增值税专用发票还是自己开具的增值税普通发票，都必须按照国家税务机关有关的税率计算当期应负担的增值税。

（3）当一般纳税人对外销售货物或提供劳务时，无论开具的是增值税专用发票还是普通发票，都必须按照国家税务机关有关的税率计算当期应负担的增值税销项税额。

（4）增值税一般纳税人对外购买货物或劳务，取得了增值税专用发票时，就可以计算增值税的进项税额；增值税一般纳税人对外购买货物或劳务，取得的增值税普通发票是不能够计算增值税的进项税额的，购进货物或劳务时所支付的进项税额只能计入有关购进货物或劳务的成本。

（2）一般纳税人增值税税额的计算。

增值税是一种价外税，当期应缴纳的增值税需要经过多个步骤计算后才能确定，本期应缴纳的增值税等于本期销项税额合计数减去进项税额合计数。

①一般购进或销售行为的税额的计算。

A. 不含税的金额＝含税的金额÷（1＋增值税税率）

B. 增值税销项（进项）税额＝不含税的金额×增值税税率

案例9：

某公司（一般纳税人）于2020年5月20日销售F材料一批给上海甲公司，数量为5 000个，含税销售单价为2.26元，取得了增值税专用发票，增值税税率为13%，款项还没有收到。

A. 不含税的销售额＝11 300÷（1＋13%）＝10 000（元）

B. 增值税销项税额 =10 000×13% =1 300（元）

案例 10：

某公司（一般纳税人）于 2020 年 6 月 1 日从北京乙公司购进商品一批，购进商品数量为 1 000 个，含税的购买单价为 5.65 元，款项通过银行已经支付，货物已经验收入库。取得了增值税专用发票，增值税税率为 13%。

A. 不含税的购买金额 =5 650÷（1+13%）=5 000（元）

B. 增值税进项税额 =5 000×13% =650（元）

②购进免税农副产品税额的计算。

A. 购进货物进项税额 = 购进货物总金额 ×9%（或 10%）

B. 购进货物的成本 = 购进货物总金额 − 购进货物进项税额

案例 11：

某超市（一般纳税人）从农民手中收购水果一批，为购进该批水果共向农民支付现金 62 万元，根据税法相关规定，已经开具农产品收购业务专用发票，货物已经验收入库。

A. 购进货物进项税额 =620 000×9% =55 800（元）

B. 购进货物的成本 =620 000 −55 800 =564 200（元）

③购进货物取得增值税普通发票的税额计算。

案例 12：

某公司（一般纳税人）于 2020 年 6 月 1 日从北京乙公司购进商品一批，购进商品数量为 1 000 个，含税的购买单价为 5.65 元，款项已通过银行支付，货物已经验收入库。取得了增值税普通发票，增值税税率为 13%。

此时由于没有取得增值税专用发票，是不能计算增值税的进项税额的，所支付的增值税税额全部计入所购买的货物成本中，即货物的购买成本为 5 650 元。

（3）增值税会计科目的设置。

增值税一般纳税人应当在“应交税费”科目下设置“应交增值税”“未交增值税”“预缴增值税”“待抵扣进项税额”“待认证进项税额”“待转销项税额”等明细科目。

为了正确核算企业的增值税税额，应当设置“应交税费——应交增值税——进项税额”“应交税费——应交增值税——销项税额”“应交税费——应交增值税——进项税额转出”“应交税费——应交增值税——出口退税”“应交税费——应交增值税——已交税金”“应交税费——应交增值税——转出未交增值税”“应交税费——应交增值税——转出多交增值税”“应交税费——应交增值税——出口抵减内销产品应纳税额”等多个三级会计明细科目。

特别提示

若没有进行会计明细科目的三级设置，最终是无法准确核算增值税税额的。

①应交税费——应交增值税——进项税额：用于核算购进货物或接受劳务时取得增值税专用发票计算的可以抵扣的税额。

②应交税费——应交增值税——销项税额：用于核算销售货物或提供劳务的金额计算的税额。

③应交税费——应交增值税——进项税额转出：用于核算由于改变了货物用途不能从销项税额中抵扣的进项税额。

④应交税费——应交增值税——出口退税：用于核算由于出口货物实行免抵退后计算而应当退回企业的税额。

⑤应交税费——应交增值税——已交税金：用于核算由于当期销售行为或提供劳务行为而已经缴纳的税额。

⑥应交税费——应交增值税——出口抵减内销产品应纳税额：用于核算由于出口货物应当退还的增值税进项税额同国内销售行为而应缴纳的增值税税额相抵减的税额。

⑦应交税费——应交增值税——转出未交增值税：用于核算应交增值税明细账的贷方大于借方的差额。

⑧应交税费——应交增值税——转出多交增值税：用于核算应交增值税明细账的贷方小于借方的差额。

⑨“待抵扣进项税额”明细科目，核算一般纳税人已取得增值税扣税凭证并经税务机关认证，按照现行增值税制度规定准予以后期间从销项税额中抵扣的进项税额。包括：一般纳税人自 2016 年 5 月 1 日后取得并按固定资产核算的不动产或者 2016 年 5 月 1 日后取得的不动产在建工程，按现行增值税制度规定准予以后期间从销项税额中抵扣的进项税额；实行纳税辅导期管理的一般纳税人取得的尚未交叉稽核比对的增值税扣税凭证上注明或计算的进项税额。

⑩“待认证进项税额”明细科目，核算一般纳税人由于未取得增值税扣税凭证或未经税务机关认证而不得从当期销项税额中抵扣的进项税额。包括：一般纳税人已取得增值税扣税凭证、按照现行增值税制度规定准予从销项税额中抵扣，但尚未经税务机关认证的进项税额；一般纳税人取得货物等已入账，但由于尚未收到相关增值税扣税凭证而不得从当期销项税额中抵扣的进项税额。

⑪“待转销项税额”明细科目，核算一般纳税人销售货物、加工修理修配劳务、服务、无形资产或不动产等情形，已确认相关收入（或利得）但尚未发生增值税纳税义务而须于以后期间确认为销项税额的增值税额。

⑫“增值税留抵税额”明细科目，核算兼有销售服务、无形资产或者不动产的原增值税一般纳税人，截至纳入营改增试点之日前的增值税期末留抵税额按照现行增值税制度规定不得从销售服务、无形资产或不动产的销项税额中抵扣的增值税留抵税额。

⑬“简易计税”明细科目，核算一般纳税人采用简易计税方法发生的增值税计提、扣减、预缴、缴纳等业务。

⑭“转让金融商品应交增值税”明细科目，核算增值税纳税人转让金融商品发生的增值税额。

⑮“代扣代交增值税”明细科目，核算纳税人购进在境内未设经营机构的境外单位或个人在境内的应税行为代扣代缴的增值税。

（4）增值税的会计核算。

①一般纳税人购进业务的会计核算。

A. 若企业对存货采用实际成本核算。

借：原材料

　　库存商品

　　周转材料

　　应交税费——应交增值税——进项税额

　贷：应付账款（既没有开出商业票据，也没有通过银行付款）

　　　应付票据（开出商业票据）

　　　银行存款（通过银行付款）

案例 13：

广州某公司于 2020 年 6 月 10 日购进某种成品 500 个，每个不含税单价 80 元，取得了增值税专用发票，增值税税率为 13%，价款通过银行转账支付，货物已经入库。

借：库存商品	40 000	
应交税费——应交增值税——进项税额	5 200	
贷：银行存款		45 200

B. 若企业对存货采用计划成本核算。

借：材料采购

　　应交税费——应交增值税——进项税额

　贷：应付账款（既没有开出商业票据，也没有通过银行付款）

　　　应付票据（开出商业票据）

　　　银行存款（通过银行付款）

案例 14：

广州某公司于 2020 年 6 月 10 日购进某种成品 500 个，每个不含税单价 80 元，取得了增值税专用发票，增值税税率为 13%，价款通过银行转账支付，货物已经入库。计划单位成本为 90 元。

借：材料采购	40 000	
应交税费——应交增值税——进项税额	5 200	
贷：银行存款		45 200
借：库存商品	45 000	
贷：材料采购		40 000
材料成本差异		5 000

C. 若购进时，没有取得增值税专用发票，所支付的增值税计入货物的成本中。

案例 15：

广州某公司于 2020 年 6 月 10 日购进某种成品 500 个，每个含税单价 80 元，没有取得增值税专用发票，增值税税率为 13%，价款通过银行转账支付，货物已经入库。计划单位成本为 90 元。

借：材料采购	40 000	

贷：银行存款　　40 000

借：库存商品　　45 000

贷：材料采购　　40 000

材料成本差异　　5 000

②一般纳税人购进免税农产品的会计核算。

增值税一般纳税人向农业生产单位或个人收购其自产的免税农产品，可以开具农产品收购业务专用发票，并按规定计算进项税进行抵扣。一般纳税人向农业生产单位收购免税农产品，要根据农业生产单位开具的普通发票填开农产品收购业务专用发票，并把农业生产单位开具的普通发票（发票联）作为农产品收购业务专用发票的附件。

A. 购进货物进项税额 = 购进货物总金额 × 10%（或 9%）

B. 购进货物的成本 = 购进货物总金额 − 购进货物进项税额

案例 16：

某超市（一般纳税人）从农民手中收购水果一批，为购进该批水果共向农民支付现金 50 万元，根据税法相关规定，已经开具农产品收购业务专用发票，货物已经验收入库。

A. 购进货物进项税额 = 500 000 × 9% = 45 000（元）

B. 购进货物的成本 = 500 000 − 45 000 = 455 000（元）

借：库存商品　　455 000

应交税费——应交增值税——进项税额　　45 000

贷：库存现金　　500 000

③进项税额转出的会计核算。

当纳税人购进的货物或接受的应税劳务不是用于增值税应税项目，而是用于非应税项目、免税项目或用于集体福利、个人消费等情况时，其支付的进项税额就不能从销项税额中抵扣。主要情形有：

A. 用于非应税项目的购进货物或者应税劳务。

案例 17：

2020 年 5 月 8 日广州某公司将原用于生产产品的库存钢材建造一台设备出口，该设备出口时不需要缴纳增值税。不含税的总金额为 1 000 000 元。而当时购进钢材时取得了增值税专用发票，增值税税率为 13%。

借：在建工程　　1 130 000

贷：原材料　　1 000 000

应交税费——应交增值税——进项税额转出　　130 000

B. 用于免税项目的购进货物或者应税劳务。

案例 18：

2020 年 5 月 8 日广州某公司将原用于生产产品的某种库存原材料生产某种免税产品，不含税的总金额为 100 000 元。当时该原材料购进时取得了增值税专用发票，增值税税率为 13%。

借：生产成本　　113 000

　贷：原材料　　100 000

　　　应交税费——应交增值税——进项税额转出　　13 000

C. 用于集体福利或个人消费的购进货物或者应税劳务。

案例 19：

2020 年 5 月 8 日广州某公司将用于销售的某种库存产品作为福利分发给公司管理部门的员工，不含税的总金额为 100 000 元。当时该产品购进时取得了增值税专用发票，增值税税率为 13%。

借：管理费用　　113 000

　贷：库存商品　　100 000

　　　应交税费——应交增值税——进项税额转出　　13 000

D. 非正常损失的购进货物。

案例 20：

2020 年 5 月 8 日广州某公司将因管理不善霉变的原材料列作公司的管理费用，不含税的原材料总金额为 100 000 元。当时该原材料购进时取得了增值税专用发票，增值税税率为 13%。

借：管理费用　　113 000

　贷：原材料　　100 000

　　　应交税费——应交增值税——进项税额转出　　13 000

E. 非正常损失的在产品、产成品所耗用的购进货物或者应税劳务。

案例 21：

2020 年 5 月 10 日广州某公司用购进的某种材料来修理 4 月份因发生水灾而损坏的产成品甲，该批材料购进时不含税的成本为 50 000 元，取得了增值税专用发票，增值税税率为 13%。

借：营业外支出　　56 500

　贷：原材料　　50 000

　　　应交税费——应交增值税——进项税额转出　　6 500

④视同销售行为的会计核算。

视同销售行为，全称“视同销售货物行为”，意为其不同于一般销售，是一种特殊的销售行为，只是在税收的角度为了计税的需要将其“视同销售”。

目前，税法中将以下八种行为归入视同销售行为。

A. 将货物交付他人代销。

案例 22：

A 公司与乙公司签订了一份委托代销商品协议，乙公司为 A 公司代销某种商品 500 个，不含税代销价为 100 元，其成本为 90 元。一个月后 A 公司收到乙公司寄来的代销清单，将此批产品全部销售出去。但乙公司最终的不含税实际销售单价为 120 元。(视同买断行为)

在商品发出时，A 公司的账务处理：

借：应收账款 56 500
　贷：主营业务收入 50 000
　　应交税费——应交增值税——销项税额 6 500

B. 销售代销货物。

对于受托方来讲，无论是采购视同买断方式还是采用收取手续费方式进行委托销售，都必须缴纳增值税，只是缴纳增值税的金额存在差异。

案例23：

A公司与乙公司签订了一份委托代销商品协议，乙公司为A公司代销某种商品500个，不含税代销价为100元，其成本为90元。一个月后A公司收到乙公司寄来的代销清单，将此批产品全部销售出去。按销售收入的1%计算代销手续费。款项已通过银行支付。

实际销售商品时：

借：银行存款 56 500
　贷：应付账款 50 000
　　应交税费——应交增值税——销项税额 6 500

C. 非同一县（市）将货物从一个机构移送其他机构用于销售。

D. 将自产或委托加工的货物用于非应税项目。

案例24：

2020年6月12日广州某公司将自产的钢材用于建造一台生产设备出口，不含税的总金额是500 000元，增值税税率为13%。市场上同类货物计价为600 000元。

借：在建工程 578 000
　贷：库存商品 500 000
　　应交税费——应交增值税——销项税额 78 000

E. 将自产、委托加工或购买货物作为投资，提供给其他单位或个体经营者。

案例25：

2020年6月12日广州某公司将自产的甲产品投入B公司，占B公司注册资本的60%，不含税的总金额是500 000元，增值税税率为13%。市场上同类货物计价为600 000元。在此之前，两个公司之间不存在任何关系。

借：长期股权投资 678 000
　贷：主营业务收入 600 000
　　应交税费——应交增值税——销项税额 78 000

根据《中华人民共和国增值税暂行条例》规定，这类投资被视同销售，因此需要计算销项税额。《中华人民共和国企业所得税法》也将其视同销售而要求并入企业应纳税所得额。在会计上此类事项是否作为销售处理需要视具体情况而定。根据新企业会计准则，如果自产、委托加工货物用于投资属于“非同一控制下企业合并”，或者该项投资活动属于“企业合并以外的其他方式”，则会计上将此类投资也视同销售而相应确认销售收入，并结转销售成本，当然也需要按照税法规定计算销项税额。但是，如果相关货物用于投资而形成“同一控制下企业合并”时，会计上则根据实质重于形式要求，采用“权益结合法”进行确认计量，即按照货物的原账面价值转账。这其实意味着会计上并没有将此类事项作为销售，既不确认销售收入，也无所谓结转销售成本。

F. 将自产、委托加工或购买的货物分配给股东或投资者。

案例 26：

2020 年 12 月 12 日广州某公司将自产的甲产品作为股利分给股东，不含税的总金额是 500 000 元，增值税税率为 13%。市场上同类货物计价为 600 000 元。

借：利润分配　　678 000

　贷：主营业务收入　　600 000

　　　应交税费——应交增值税——销项税额　　78 000

G. 将自产或委托加工的货物用于集体福利或个人消费。

案例 27：

2020 年 6 月 20 日广州某公司将自产的粽子作为福利分给管理部门员工，不含税的总金额是 50 000 元，增值税税率为 13%。市场上同类货物计价为 60 000 元。

借：管理费用　　67 800

　贷：主营业务收入　　60 000

　　　应交税费——应交增值税——销项税额　　7 800

H. 将自产、委托加工或购买的货物无偿赠送他人。

案例 28：

2020 年 2 月 12 日广州某公司将自产的甲产品捐赠给 A 公司，不含税的总金额是 500 000 元，增值税税率为 13%。市场上同类货物计价为 600 000 元。

借：营业外支出　　578 000

　贷：库存商品　　500 000

　　　应交税费——应交增值税——销项税额　　78 000

⑤转出未交税金及未交税金的会计处理。

月份终了，根据应交增值税明细账计算出当期应交未交的增值税，若应交增值税明细账的余额在贷方，其会计处理如下：

借：应交税费——应交增值税（转出未交增值税）

　贷：应交税费——未交增值税

月份终了，根据应交增值税明细账计算出当期应交的增值税，若应交增值税明细账的余额在借方，其会计处理如下：

借：应交税费——未交增值税

　贷：应交税费——应交增值税（转出多交增值税）

特别提示

下月缴纳税款，其中有部分款项是用于缴纳本期税款时，仍通过“应交税费——应交增值税（已交税金）”核算，其中有部分款项是用于上期税款时，通过“应交税费——未交增值税”科目。

4. **小规模纳税人的会计核算**

对于小规模纳税人来讲，在一般情况下，购进货物时只能取得增值税普通发票，所支付的增值税全部计入采购货物的成本。

案例 29：

某公司为小规模纳税人，于 2020 年 6 月购进原材料一批，不含增值税单价为 15 元，增值税税率为 13%，取得了增值税普通发票，购买的数量为 80 个，款项通过银行支付，原材料已经入库。

借：原材料　　　　　　　　　　　　　　　　　　1 356

　贷：银行存款　　　　　　　　　　　　　　　　　　1 356

5. **消费税的会计核算**

（1）消费税主要是以生产或销售卷烟、酒及酒精、化妆品、鞭炮及焰火、成品油、汽车轮胎、摩托车、小汽车等行为产生的流转额为课税对象的一种税种。

（2）消费税的税率。

不同的征税对象有着不同的税率。

（3）消费税的计算方法。

①从量征税法。

根据销售数量征税。主要有汽油、柴油、黄酒及啤酒，前两者以升为单位征税，后两者以吨为单位征税。

②从价征税法。

根据销售的金额征税。

某期应缴纳的消费税 = 应纳消费税金额 × 税率

③从量与从价复合征税法。

这类主要有卷烟、薯类白酒、粮食白酒，对于这类货物实行双重征税方法，既要按销售数量征税，又要按销售金额征税。

（4）消费税的会计处理模板。

借：税金及附加

　贷：应交税费——应交消费税

案例 30：

A 公司于 2020 年 7 月 16 日销售某种卷烟一批，共有 200 标准箱，每条售价 120 元（不含增值税），每标准箱的定额税为 150 元，税率为 45%。每标准箱有 250 条香烟。

借：税金及附加　　　　　　　　　　　　　　　　2 730 000

　贷：应交税费——应交消费税　　　　　　　　　　　2 730 000

（5）委托加工消费品的会计处理。

按现行税法有关规定，委托加工的消费品收回后直接对外销售的，其已经缴纳的消费税直接计入委托加工消费品的成本，不再征收消费税。

委托加工的消费品收回后继续加工的，其已缴纳的消费税允许从企业应缴纳的消费税额中抵扣。

委托加工后直接出售的：

①发生的加工费、委托加工的材料成本及发生的消费税。

借：委托加工物资

　　应交税费——应交增值税——进项税额

　贷：原材料

　　　应付账款

　　　银行存款

　　　应付票据

②委托加工完成收回。

借：库存商品

　　原材料

　贷：委托加工物资

案例 31：

A 公司将一批应缴纳消费税的货物外发给 M 公司加工，该批原材料的成本为 10 万元，应支付加工费 2 万元（不含增值税），取得增值税专用发票。所有款项均没有支付，受托加工企业的增值税税率为 13%，消费税税率为 10%，该批产品收回后直接出售。

①发生的加工费、委托加工的材料成本及发生的消费税。

借：委托加工物资	133 333.33	
应交税费——应交增值税——进项税额	2 600	
贷：原材料		100 000
应付账款		35 933.33

②委托加工完成收回。

借：库存商品	133 333.33	
贷：委托加工物资		133 333.33

特别提示

此处要特别注意应交消费税税额的计算，具体计算过程如下：

应纳的消费税 =（委托加工的材料成本 + 加工费）÷（1 - 消费税税率）× 消费税税率

委托加工的消费品收回后继续加工的：

①发生的加工费、委托加工的材料成本及发生的消费税。

借：委托加工物资

　　应交税费——应交增值税——进项税额

　　应交税费——应交消费税

　贷：原材料

　　　应付账款

银行存款

应付票据

②加工完成收回的。

借：原材料

库存商品

贷：委托加工物资

案例 32：

A 公司将一批应缴纳消费税的货物外发给 M 公司加工，该批原材料的成本为 10 万元，应支付加工费 2 万元（不含增值税），所有款项均没有支付。受托加工企业的增值税税率为 13%，消费税税率为 10%，该批产品收回后还要继续加工才能出售。

①发生的加工费、委托加工的材料成本及发生的消费税。

借：委托加工物资	120 000	
应交税费——应交增值税——进项税额	2 600	
应交税费——应交消费税	13 333. 33	
贷：原材料		100 000
应付账款		35 933. 33

②加工完成收回。

借：原材料	120 000	
贷：委托加工物资		120 000

6. **资源税的会计核算**

（1）资源税是对在我国境内开采矿产品和盐的单位和个人所征收的一种税。

（2）资源税的计算。

应纳税额 = 课税数量 × 单位税额

开采或者生产应税产品销售的，以销售数量为课税数量；开采或者生产应税产品自用的，以自用数量为课税数量。

收购未税矿产品代扣代缴的资源税作为收购矿产品的成本。

外购液体盐加工成为固体盐的，所购入液体盐交纳的资源税可以抵扣本期应缴纳的税额。

（3）资源税的会计处理模板。

借：税金及附加（对外销售）

制造费用（车间一般耗用）

生产成本（生产领用）

贷：应交税费——应交资源税

案例 33：

A 公司本期对外销售某种矿产品 2 000 吨，每吨资源税为 100 元，为生产某种产品本月领用了 500 吨。

借：税金及附加　　　　200 000

生产成本　　50 000
　贷：应交税费——应交资源税　　250 000

7. **房产税、车船使用税、土地使用税的会计核算**

（1）房产税是根据房产的原值减去一定数额后所征收的税种。税率有 1.2%（房产价值）、12%（租金收入）、4%（个人）。

土地使用税是根据所占用土地面积征收的税额，不同的地区税率是不同的。

（2）房产税、车船使用税、土地使用税的会计处理模板。

借：税金及附加
　贷：应交税费——应交房产税
　　应交税费——应交车船使用税
　　应交税费——应交土地使用税

案例 34：

A 公司有一幢经营用房屋，其原值为 2 000 万元，按当地税法规定允许扣减 30% 后的余值计税，适用税率为 1.2%。

借：税金及附加　　168 000
　贷：应交税费——应交房产税　　168 000

8. **印花税的会计核算**

印花税是对书立、领受、使用等行为征收税款的一种税。印花税税款不能通过“应交税费”科目进行核算，只能通过“银行存款”或“库存现金”等会计科目去做账务处理。

借：税金及附加
　贷：银行存款
　　库存现金

9. **城市维护建设税、教育费附加的会计核算**

城市维护建设税、教育费附加是根据当期应缴纳的增值税、消费税两者之和，按一定比例计提的税额。城市维护建设税实行差别比例税率，按照纳税人所在地的不同，税率分为三个档次，如表 10－1 所示。

表 10－1

适用范围	税率/%	计税依据
市区	7	实际缴纳的增值税、消费税税额
县城或镇	5	实际缴纳的增值税、消费税税额
不在市区、县城或镇	1	实际缴纳的增值税、消费税税额

①纳税人所在地在市区的，税率为 7%。这里称的“市”是指国务院批准市建制的城市，“市区”是指省人民政府批准的市辖区（含市郊）的区域范围。

②纳税人所在地在县城、镇的，税率为 5%。这里所称的“县城、镇”是指省人

民政府批准的县城、县属镇（区级镇），县城、县属镇的范围按县人民政府批准的城镇区域范围。

③纳税人所在地不在市区、县城、县属镇的，税率为1%。

城市维护建设税的征免规定：

①对出口产品退还增值税、消费税的，不退还已缴纳的城市维护建设税。

②海关对进口产品代征的增值税、消费税，不征收城市维护建设税。

计算公式：

应交城市维护建设税 =（实交增值税 + 实交消费税）×适用税率

教育费附加的税率是固定的，全国统一为3%。

计算公式：

应交教育费附加 =（实交增值税 + 实交消费税）×适用税率

借：税金及附加

　贷：应交税费——应交城市维护建设税

　　　应交税费——应交教育费附加

案例35：

广州某公司2020年6月应缴纳增值税300 000元，消费税50 000元，计算当期应缴的城市维护建设税及教育费附加，并做出适当的账务处理。

借：税金及附加	35 000	
贷：应交税费——应交城市维护建设税		24 500
应交税费——应交教育费附加		10 500

特别提示

并不是所有税收的贷方金额都是通过“应交税费”会计账户进行会计核算的，像缴纳印花税、耕地占用税则是直接通过银行存款或库存现金进行会计处理。

10. 应付职工薪酬的会计核算

职工薪酬是企业为获得职工提供的服务而给予或付出的各种形式的报酬以及其他相关支出。

企业的职工主要由三类人员组成：一是与企业订立劳动合同的所有人员；二是与企业订立劳动合同，但由企业正式任命的人员，如董事会成员、监事会成员等；三是在企业的计划和控制下，虽未与企业签订劳动合同或未由企业正式任命，但为其提供与职工类似服务的人员，如通过中介机构签订用工合同，为企业提供与本企业职工类似服务的人员。

（1）职工薪酬的范围。

职工薪酬是企业因职工提供服务而支付的所有对价，主要由以下几个部分组成。

①职工工资、奖金、津贴和补贴。津贴主要是指为了补偿职工特殊或额外的劳动

消耗或其他特殊原因支付给职工的津贴。补贴主要是保证职工工资水平不受物价影响支付给职工的物价补贴等。

②职工福利费。主要是指企业内设医务室、职工浴室、理发室、托儿所等集体福利机构人员的工资、医务经费、职工因公负伤赴外地就医路费、职工生活困难补助、未实行医疗统筹企业职工医疗费用以及按规定发生的其他职工福利支出。

③医疗保险费、养老保险费、失业保险费和工伤保险费等社会保险费。

④住房公积金。

⑤工会经费和职工教育经费。工会经费可以按职工工资总额的2%计提，职工教育经费可以按职工工资总额的2.5%计提。

⑥非货币性福利。指企业以自己的产品或外购商品发放给职工作为福利，或将自己拥有的资产或租赁资产提供给职工无偿使用等。

⑦因解除劳动合同关系而给予的补偿。企业在劳动合同未到期之前解除与职工的劳动关系，或者为鼓励职工自愿接受裁减而提出补偿建议的计划中给予职工的经济补偿。

⑧其他获得职工提供的服务相关的支出。企业提供给职工以权益形式结算的认股权以及以现金形式结算但以权益工具公允价值为基础的现金、股票增值权等。

（2）货币性职工薪酬的会计核算。

生产一线人员工资计入“生产成本”账户中，车间管理人员工资计入“制造费用”账户中，管理部门人员工资计入“管理费用”账户中，销售部门人员工资计入“销售费用”中，在建工程人员工资计入“在建工程”账户中，开发无形资产发生的人员工资计入“研发支出”账户中。

①计提当月工资时。

借：生产成本
　　制造费用
　　管理费用
　　销售费用
　　在建工程
　　研发支出——资本化支出
　贷：应付职工薪酬

②代扣代缴个人所得税时。

借：应付职工薪酬
　贷：应交税费——应交个人所得税
借：应交税费——应交个人所得税
　贷：银行存款

③代扣代缴“四险一金”时。

借：应付职工薪酬
　贷：银行存款

案例 36：

表 10－2　广州市某公司 2020 年 10 月份工资表

单位：元

部门	姓名	基本工资	职务工资	岗位工资	奖金	交通补贴	误餐补贴	应发合计	事假扣款	病假扣款	迟到扣款	旷工扣款	代扣水电	代扣四险	代扣个税	扣款合计	实发合计
财务部	李一	7 000	1 000	500	600	400	200	9 700	150					860	159	1 169	8 531
	李二	1 800	800	300	200	400	200	3 700		300				420		720	2 980
小计								13 400	150	300				1 280	159	1 889	11 511
采购部	张一	2 500	600	200	300	400	200	4 200			200			460		660	3 540
	张二	5 000	500	150	200	400	200	6 450	200					540	21. 3	761. 3	5 688. 7
小计								10 650	200		200			1 000	21. 3	1421. 3	9 228. 7
人事部	王一	6 000	700	300	500	400	200	8 100						560	76. 2	636. 2	7 463. 8
	王二	2 600	500	120	240	400	200	4 060		600				340		940	3 120
	王三	2 800	400	100	100	400	200	4 000						300		300	3 700
小计								16 160		600				1 200	76. 2	1 876. 2	14 283. 8
工程开发部	万一	6 200	500	400	300	400	200	8 000						520	74. 4	594. 4	7 405. 6
	万二	3 500	500	350	400	400	200	5 350						360		360	4 990
小计								13 350						880	74. 4	954. 4	12 395. 6

（续上表）

部门	姓名	基本工资	职务工资	岗位工资	奖金	交通补贴	误餐补贴	应发合计	事假扣款	病假扣款	迟到扣款	旷工扣款	代扣水电	代扣四险	代扣个税	扣款合计	实发合计
车间办公室	陈一	5 800	600	300	400	400	200	7 700		250				450	60	760	6 940
	陈二	3 500	550	250	60	400	200	4 960	320					350		670	4 290
小计								12 660	320	250				800	60	1 430	11 230
车间生产线	董一	2 500	200	150	100	400	200	3 550			200			400		600	2 950
	董二	2 500	200	150	100	400	200	3 550						400		400	3 150
小计								7100			200			800		1 000	6 100
销售部	汤一	4 000	200	300	0	400	200	5 100		700				350		1 050	4 050
	汤二	2 000	200	300	0	400	200	3 100						350		350	2 750
小计								8 200		700				700		1 400	6 800
总计								81 520	670	1 850	400			6 660	390.9	9 970.9	71 549.1

制表：　　　　审核：　　　　总经理：

①计提当月工资时。

借：生产成本　　6 900

　　制造费用　　12 090

　　管理费用　　52 110

　　销售费用　　7 500

　贷：应付职工薪酬——工资　　78 600

②代扣代缴个人所得税时。

借：应付职工薪酬——工资　　390.9

　贷：应交税费——应交个人所得税　　390.9

借：应交税费——应交个人所得税　　390.9

　贷：银行存款　　390.9

③代扣“四险一金”时。

借：应付职工薪酬——工资　　6 660

　贷：应付职工薪酬——应交四险一金　　6 660

借：应付职工薪酬——应交四险一金　　6 660

　贷：银行存款　　6 660

特别提示

为了正确地计提工资，务必认真审阅工资表各栏之间的数据关系。

（3）非货币性职工薪酬的会计核算。

①企业因解除与职工的劳动合同关系而给予职工一次性补偿时。

A. 根据补偿额计提时。

借：管理费用

　贷：应付职工薪酬

B. 支付时。

借：应付职工薪酬

　贷：银行存款

案例37：

广州某公司因对公司生产经营政策进行调整，决定裁减一部分员工，根据国家劳动法相关规定，对这一部分被裁员工进行一次性补偿，补偿金额为258 000元，并以银行存款支付。

①根据补偿额计提时。

借：管理费用　　258 000

　贷：应付职工薪酬　　258 000

②支付时。

借：应付职工薪酬　　　　258 000

　贷：银行存款　　　　258 000

②以自产产品或外购商品作为福利发放给公司员工。

企业以自产的产品作为非货币性福利发放给职工的，应当按照该产品的公允价值确认为主营业务收入，依据该产品的公允价值计算应缴纳的税费，并将主营业务收入和相关税费的金额计入应付职工薪酬总额中，其销售成本的结转和相关税费的处理，与正常商品销售相同。

以外购商品作为非货币性福利提供给职工的，应当按照该产品的公允价值确认为主营业务收入，依据该产品的公允价值计算应缴纳的税费，并将主营业务收入和相关税费的金额计入应付职工薪酬总额中。

A. 归集福利费用时。

借：生产成本

　　制造费用

　　管理费用

　　销售费用

　　在建工程

　贷：应付职工薪酬

B. 发放相关福利物品时。

借：应付职工薪酬

　贷：主营业务收入

　　应交税费——应交增值税——销项税额

案例 38：

广州市某食品公司于 2020 年 9 月 6 日将自产的月饼作为中秋节福利发放给本公司员工（见表 10－3），每盒月饼不含税的销售单价为 80 元，增值税税率为 13%，每盒月饼的生产成本为 50 元。

表 10－3　中秋节月饼发放汇总表

部门	数量/盒	单价/元	总额/元	含税总额/元	签字
财务部	5	80	400	452	
人力资源部	2	80	160	180. 8	
车间办公室	6	80	480	542. 4	
车间生产线	40	80	3 200	3 616	
销售部	10	80	800	904	
合计	63		5 040	5 695. 2	

制表：　　　　　　审核：

A. 归集福利费用时。

借：生产成本　　　　3 616

　　制造费用　　　　542.4

　　管理费用　　　　632.8

　　销售费用　　　　904

　贷：应付职工薪酬——职工福利费　　　　5 695.2

B. 发放相关福利物品时。

借：应付职工薪酬——职工福利费　　　　5 695.2

　贷：主营业务收入　　　　5 040

　　　应交税费——应交增值税——销项税额　　　　655.2

③将公司拥有的房产或租赁的房产无偿提供给员工使用。

将公司拥有的房产或租赁的房产无偿提供给员工使用时，应当根据受益对象计入相关资产成本或当期损益中，管理部门人员使用时计入“管理费用”账户，车间一线工人使用时计入“生产成本”账户，车间管理人员使用时计入“制造费用”账户，销售部门人员使用时计入“销售费用”账户，在建工程部门人员使用时计入“在建工程”账户。

A. 归集福利费用时。

借：生产成本

　　制造费用

　　管理费用

　　销售费用

　　在建工程

　贷：应付职工薪酬

B. 计提折旧或支付房租时。

借：应付职工薪酬

　贷：累计折旧

　　　其他应付款

　　　银行存款

案例 39：

广州某公司将工厂一幢房子提供给员工无偿使用，该幢房屋每月应当计提折旧额为 40 000 元。

表 10－4　房屋折旧明细分配表

单位：元

使用部门	分配折旧金额	签字
财务部	1 000	

（续上表）

使用部门	分配折旧金额	签字
销售部	4 000	
车间办公室	5 000	
车间生产线	30 000	
合计	40 000	

制表：　　　　　　　　审核：

A. 归集福利费用时。

借：生产成本　　30 000

　　制造费用　　5 000

　　管理费用　　1 000

　　销售费用　　4 000

　贷：应付职工薪酬　　40 000

B. 计提折旧或支付房租时。

借：应付职工薪酬　　40 000

　贷：累计折旧　　40 000

第二节　非流动负债的核算

一、长期借款的会计核算

长期借款是指企业从银行借入期限在一年（不含一年）以上的款项。根据借款费用资本化原则，借款所产生的借款利息费用有些是需要计入在建工程成本中的，有些是需要计入财务费用中的。

（1）从银行获得借款时。

借：银行存款

　贷：长期借款

（2）计提利息时。

借：财务费用

　　在建工程

　贷：应付利息

（3）偿还本息时。

借：应付利息

　　长期借款

　贷：银行存款

案例40：

广州某公司于2020年6月1日向中国工商银行广州分行借入款项100万元，借款期限为2年，利率为8%，该项借入资金主要用于流动资金周转。利息到期一次性支付。

①从银行获得借款时。

借：银行存款　　1 000 000

　贷：长期借款　　1 000 000

②每月计提利息时。

借：财务费用　　6 667

　贷：应付利息　　6 667

③偿还本息时。

借：应付利息　　160 000

　　长期借款　　1 000 000

　贷：银行存款　　1 160 000

二、 长期应付款的会计核算

长期应付款是指除长期借款和应付债券以外的各种长期负债，主要包括应付融资租赁固定资产的租赁费、以补偿贸易方式引进生产设备发生的应付款项等。

（1）引进设备产生长期应付款时。

借：固定资产

　　应交税费——应交增值税——进项税额

　贷：长期应付款

（2）用该项生产设备所生产的产品偿还引入设备款时。

借：长期应付款

　贷：主营业务收入

案例41：

广州市某公司于2020年3月10日和加拿大某公司签订引进甲生产设备的协议，由于公司资金紧张，经与加拿大公司协商，用该生产设备生产的A产品偿还引进该生产设备款，该生产设备引进后可以立即投入生产，当年共向加拿大公司出口货物650万元。该项生产设备不含增值税的价格为1 000万元，海关代征增值税税率为13%，预计可使用10年。

①引进设备产生长期应付款时。

借：固定资产　　10 000 000

　　应交税费——应交增值税——进项税额　　1 300 000

　贷：长期应付款　　11 300 000

②用该项生产设备所生产的产品偿还引入设备款时。

借：长期应付款　　6 500 000

　贷：主营业务收入　　6 500 000

三、 应付债券的会计核算

根据《证券法》《公司法》和《公司债券发行试点办法》的有关规定，发行公司债券，应当符合下列条件：

①股份有限公司的净资产不低于人民币 3 000 万元，有限责任公司的净资产不低于人民币 6 000 万元；本次发行后累计公司债券余额不超过最近一期期末净资产额的 40%；金融类公司的累计公司债券余额按金融企业的有关规定计算。

②公司的生产经营符合法律、行政法规和公司章程的规定，募集的资金投向符合国家产业政策。

③最近三个会计年度实现的年均可分配利润不少于公司债券一年的利息。

④债券的利率不超过国务院规定的利率水平。

⑤公司内部控制制度健全，内部控制制度的完整性、合理性、有效性不存在重大缺陷。

公司发行债券时，当市场利率高于票面利率时，会导致债券折价发行；当市场利率等于票面利率时，会导致债券平价发行；当市场利率低于票面利率时，会导致债券溢价发行。

（1）应付债券的会计科目设置。

为了正确地核算发行债券成本、折价、溢价和利息费用，因此应付债券的会计科目设置为“应付债券——面值”“应付债券——折价”“应付债券——溢价”“应付债券——利息调整”。

①平价发行债券的会计核算。

A. 发行债券收到款项时。

借：银行存款

　贷：应付债券——债券面值

B. 计提利息费用。

借：在建工程

　　财务费用

　贷：应付利息

C. 偿还本金和利息时。

借：应付债券——债券面值

　　应付利息

　贷：银行存款

案例 42：

广州某公司于 2020 年 1 月 1 日发行 2 000 万元企业债券，发行期限为 2 年，主要用于生产经营所需要的流动资金周转，发行当日银行同档利率为 8%，发行债券的票面利率为 8%，暂不考虑发行手续费等因素，款项已经全部收到并存入公司账户中。按季计提利息，利息到期一次性支付。

①发行债券收到款项时。

借：银行存款　　20 000 000

　贷：应付债券——债券面值　　20 000 000

②2020 年第一季度末计提利息费用。

借：财务费用　　400 000

　贷：应付利息　　400 000

这样的分录在两年内要做八笔。

③偿还本金和利息时

借：应付债券——债券面值　　20 000 000

　　应付利息　　3 200 000

　贷：银行存款　　23 200 000

②折价发行的会计处理。

当票面利率高于同期市场利率时，就会发生债券溢价发行的情形。债券的面值与实际发生价格之间的差额要采用实际利率法在债券的存续期间内进行摊销。

实际利率法是指按应付债券的实际利率计算其摊余成本及各期利息费用的方法。

重难点知识讲解

实际利率是将应付债券在债券的存续期间内的未来现金流量，折算为该债券当前账面价值所采用的利率。

债券的发行价格 = 债券的面值 × 复利现值系数 + 每年应付利息 × 普通年金现值系数

通过此公式，利用管理会计的相关知识可以计算出实际利率。

A. 发行债券收到款项时。

借：银行存款

　　应付债券——债券折价

　贷：应付债券——债券面值

B. 计提利息时。

借：财务费用

在建工程

贷：应付利息

应付债券——债券折价

C. 支付利息时。

借：应付利息

贷：银行存款

D. 偿还本金时。

借：应付债券——债券面值

贷：银行存款

案例 43：

广州 A 股份有限公司于 2020 年 1 月 1 日发行一批债券，面值为 100 万元，票面利率为 8%，期限为 3 年，实际利率为 10%，发行价格为 95.025 2 万元。款项已存入银行。该笔款项用于流动资金运转。每年年末支付利息一次。

表 10－5 利息分摊一览表

单位：万元

付息日期	支付利息 （1）＝面值×8%	利息费用(2) ＝ 上期（4）×10%	摊销的利息调整 （3）＝（2）－（1）	应付债券摊余成本 （4）＝上期（4）＋（3）
2020 年 12 月 31 日	8	9.502 52	1.502 52	96.527 72
2021 年 12 月 31 日	8	9.652 772	1.652 772	98.180 492
2022 年 12 月 31 日	8	9.818 049 2	1.819 508	100
合计	24		4.974 8	

说明：第三年利息费用栏的金额为 9.818 049 2 万元，第（2）与第（1）的差额为 1.818 049 2 万元，而第三年摊销的利息调整栏的金额为 1.819 508 万元，两者之间有 0.001 458 8 万元的差额，是受总的摊销额为 4.974 8 万元的影响造成的，也就是说第三年摊销的利息调整金额 1.819 508＝4.974 8－1.502 52－1.652 772。

①发行债券收到款项时。

借：银行存款 950 252

应付债券——债券折价 49 748

贷：应付债券——债券面值 1 000 000

②第一年计提利息时。

借：财务费用 95 025.2

贷：应付利息 80 000

应付债券——债券折价 15 025.2

支付第一年利息时。

借：应付利息　　80 000

　贷：银行存款　　80 000

第二年计提利息时。

借：财务费用　　96 527.72

　贷：应付利息　　80 000

　　　应付债券——债券折价　　16 527.72

支付第二年利息时。

借：应付利息　　80 000

　贷：银行存款　　80 000

第三年计提利息时。

借：财务费用　　98 195.08

　贷：应付利息　　80 000

　　　应付债券——债券折价　　18 195.08

支付第三年利息时。

借：应付利息　　80 000

　贷：银行存款　　80 000

③偿还本金时。

借：应付债券——债券面值　　1 000 000

　贷：银行存款　　1 000 000

③债券溢价的会计核算。

A. 发行债券收到款项时。

借：银行存款

　贷：应付债券——债券面值

　　　应付债券——债券溢价

B. 计提利息时。

借：在建工程

　　财务费用

　　应付债券——债券溢价

　贷：应付利息

C. 偿还本金时。

借：应付债券——债券面值

　贷：银行存款

案例 44：

广州 A 股份有限公司于 2020 年 1 月 1 日发行一批债券，面值为 100 万元，票面利率为 10%，期限为 3 年，实际利率为 8%，发行价格为 105.151 万元。款项已存入银行。该笔款项用于流动资金运转。每年年末支付利息一次。

表 10－6　利息分摊一览表

单位：万元

付息日期	支付利息 (1)＝面值×10%	利息费用(2)＝ 上期（4）×8%	摊销的利息调整 （3）＝（1）－（2）	应付债券摊余成本 (4)＝上期（4）－(3)
2020 年 12 月 31 日	10	8. 412 08	1. 587 92	103. 563 08
2021 年 12 月 31 日	10	8. 285 046	1. 714 954	101. 848 126
2022 年 12 月 31 日	10	8. 147 850	1. 848 126	100
合计	30		5. 151	

说明：第三年利息费用栏的金额为 8. 147 850 万元，第（2）与（1）的差额为 1. 852 150 万元，而第三年摊销的利息调整栏的金额为 1. 848 126 万元，两者之间有 0. 004 024 万元的差额，是由于总的摊销额为 5. 151 万元影响造成的，也就是说第三年摊销的利息调整金额 1. 848 126＝5. 151－1. 587 92－1. 714 954。

①发行债券收到款项时。

借：银行存款　　1 051 510

　贷：应付债券——债券面值　　1 000 000

　　　应付债券——债券溢价　　51 510

②第一年计提利息时。

借：财务费用　　84 120. 80

　　应付债券——债券溢价　　15 879. 20

　贷：应付利息——应计利息　　100 000

支付第一年利息时。

借：应付利息——应计利息　　100 000

　贷：银行存款　　100 000

第二年计提利息时。

借：财务费用　　82 850. 46

　　应付债券——债券溢价　　17 149. 54

　贷：应付利息——应计利息　　100 000

支付第二年利息时。

借：应付利息——应计利息　　100 000

　贷：银行存款　　100 000

第三年计提利息时。

借：财务费用　　81 518. 74

　　应付债券——债券溢价　　18 481. 26

　贷：应付利息——应计利息　　100 000

支付第三年利息时。

借：应付利息——应计利息　　100 000

　贷：银行存款　　100 000

③第三年到期偿还本金时。

借：应付债券——债券面值　　1 000 000

　贷：银行存款　　1 000 000

第十一章　销售及应收款项岗位核算

本章学习重点

1. 收入确认的条件
2. 收入的会计核算
3. 费用的会计核算
4. 利润的会计核算

第一节　销售及应收款项岗位会计核算

一、收入的定义

收入，是指企业在日常活动中形成的、会导致所有者权益增加的、与所有者投入资本无关的经济利益的总流入。

收入适用于所有与客户之间的合同，但下列各项除外：

由《企业会计准则第 2 号——长期股权投资》《企业会计准则第 22 号——金融工具确认和计量》《企业会计准则第 23 号——金融资产转移》《企业会计准则第 24 号——套期会计》《企业会计准则第 33 号——合并财务报表》以及《企业会计准则第 40 号——合营安排》规范的金融工具及其他合同权利和义务，分别适用《企业会计准则第2号——长期股权投资》《企业会计准则第22号——金融工具确认和计量》《企业会计准则第23号——金融资产转移》《企业会计准则第24号——套期会计》《企业会计准则第33号——合并财务报表》以及《企业会计准则第40号——合营安排》。

由《企业会计准则第21号——租赁》规范的租赁合同，适用《企业会计准则第21号——租赁》。

由保险合同相关会计准则规范的保险合同，适用保险合同相关会计准则。

客户，是指与企业订立合同以向该企业购买其日常活动产出的商品或服务（以下简称“商品”）并支付对价的一方。

合同，是指双方或多方之间订立有法律约束力的权利和义务的协议。合同有书面形式、口头形式以及其他形式。

二、 收入的确认与计量

1. 收入确认的条件

企业应当在履行了合同中的履约义务，即在客户取得相关商品控制权时确认收入。

取得相关商品控制权，是指能够主导该商品的使用并从中获得几乎全部的经济利益。

当企业与客户之间的合同同时满足下列条件时，企业应当在客户取得相关商品控制权时确认收入。

（1）合同各方已批准该合同并承诺将履行各自义务。

（2）该合同明确了合同各方与所转让商品或提供劳务（以下简称“转让商品”）相关的权利和义务。

（3）该合同有明确的与所转让商品相关的支付条款。

（4）该合同具有商业实质，即履行该合同将改变企业未来现金流量的风险、时间分布或金额。

（5）企业因向客户转让商品而有权取得的对价很可能收回。

在合同开始日即满足前款条件的合同，企业在后续期间无须对其进行重新评估，除非有迹象表明相关事实和情况发生重大变化。合同开始日通常是指合同生效日。

在合同开始日不符合上述五个条件的合同，企业应当对其进行持续评估，并在其满足上述五个条件时按照该规定进行会计处理。

对于不符合上述五个条件的合同，企业只有在不再负有向客户转让商品的剩余义务，且已向客户收取的对价无须退回时，才能将已收取的对价确认为收入；否则，应当将已收取的对价作为负债进行会计处理。没有商业实质的非货币性资产交换，不确认收入。

案例1：

A公司是一家房地产开发公司，B公司是一家生产电梯的公司，双方经过协商，于2020年10月16日签订了一份合同，合同的主要内容是A公司根据B公司的生产办公要求，为B公司建造两栋建筑物，一栋用于生产，一栋用于公司办公，合同总额2 500万元，合同总成本2 200万元，建设周期为2年，在合同签订日B公司向A公司交付了250万元的订金，余下的90%款项通过签订一份不附加追索权的长期融资协议方式由B公司向A公司支付。若B公司违约，不能按时支付融资款项，A公司可收回该建筑物，若收回该建筑物后还是不能涵盖所欠款的总额，A公司也不能向B公司索赔。B公司生产的电梯不是一个知名品牌，市场占有率较低，用户较少。

分析：B公司偿还欠款的主要资金来源是其生产的电梯所产生的收入，但其产品市场占有率较低，这份合同中没有任何担保条款，若B公司经营状况不佳，违约的风险较高，A公司虽然可以收回该建筑物，但收回该建筑物后还是不能涵盖所欠款的总额，A公司也不能向B公司索赔，因此有较大概率判断B公司还款能力比较弱，该合同不满足合同价款很可能收回的条件。

收入的确认和计量主要从以下五个方面考虑。

（1）识别与客户签订的合同。

（2）识别合同中的单项履约义务。

（3）确定交易价格。

（4）将交易价格分摊至各单项履约义务。

（5）履行各单项履约义务时确认收入。

对于合同各方均有权单方面终止完全未执行的合同，且无须对合同其他方做出补偿的，企业应当视为合同不存在。完全未执行的合同，是指企业尚未向客户转让任何合同中承诺的商品，也尚未收取已承诺商品的任何对价的合同。

合同具有商业实质，履行该合同将改变企业未来现金量的风险、时间分布或金额。

企业在评估其因向客户转让商品而有权取得的对价是否很可能收回时，仅应考虑客户到期支付对价的能力和客户的信用风险。在判断时，应当考虑是否存在价格折让。无论是客户的信用风险还是价格折让，都会对收回全部合同对价产生一定的影响。

案例2：

A公司于2020年10月2日将某项专利使用权授权给B公司使用，双方在合同中约定，该合同有效期为5年，合同中有关条款按年收取特许权使用费。在合同期的第一期、第二期内，B公司按合同中有关条款向A公司支付了特许权使用费，从第三年开始，由于B公司经营方面存在问题，就没有再按合同中有关条款向A公司报告该项专利权的使用情况，也没有向A公司支付相关特许权使用费。

分析：在合同签订时及合同期前两年内满足收入实现条件，A公司应当确认为收入，但从第三年开始，由于B公司违反了合同中有关条款，导致A公司因转让商品而有权取得的对价很可能无法收回。因此A公司从第三年开始就不应当再继续确认为收入。

2. 识别与客户订立的合同

（1）合同的合并。

企业与同一客户（或该客户的关联方）同时订立或在相近时间内先后订立的两份

或多份合同，在满足下列条件之一时，应当合并为一份合同进行会计处理。

①该两份或多份合同基于同一商业目的而订立并构成一揽子交易。

②该两份或多份合同中的一份合同的对价金额取决于其他合同的定价或履行情况。

③该两份或多份合同中所承诺的商品（或每份合同中所承诺的部分商品）构成《企业会计准则第14号——收入》第九条规定的单项履约义务。

案例3：

A公司准备于2020年10月举行一场全国经销商订货会，于10月10日同当地一家酒店订立了一份协议，该协议的主要内容是该酒店须提供客房标准间200间，提供250人的餐饮服务。12日经过协商双方又补签了一份合同，又增加了提供300平方米的会议室1间、50平方米的会议室4间。

分析：从形式上来看，虽然签订了两份合同，但从合同内容上来看，目的都是为了成功举办全国经销商订货会，需要酒店提供吃、住、商务等服务，因此可以将两份合同合并为一份合同。

（2）合同的变更。

企业应当区分下列三种情形对合同变更分别进行会计处理。

①合同变更增加了可明确区分的商品及合同价款，且新增合同价款反映了新增商品单独售价的，应当将该合同变更部分作为一份单独的合同进行会计处理。

②合同变更不属于前述规定的情形，且在合同变更日已转让的商品或已提供的服务（以下简称“已转让的商品”）与未转让的商品或未提供的服务（以下简称“未转让的商品”）之间可明确区分的，应当视为原合同终止，同时，将原合同未履约部分与合同变更部分合并为新合同进行会计处理。

③合同变更不属于前述规定的情形，且在合同变更日已转让的商品与未转让的商品之间不可明确区分的，应当将该合同变更部分作为原合同的组成部分进行会计处理，由此产生的对已确认收入的影响，应当在合同变更日调整当期收入。

所称合同变更，是指经合同各方批准对原合同范围或价格做出的变更。

案例4：

A公司是一家建筑安装公司，B公司是一家生产性企业，经过协商，双方于2020年1月2日签订了一份合同，合同主要内容要求A公司在3年之内为B公司完成面积为1万平方米的厂房建设，B公司按照工程进度支付工程款。合同总价款8 000万元，合同的总成本为7 000万元，到了2020年年底，A公司累计已发生成本为1 560万元，履约进度为22.28%。因此A公司于2020年确认了收入1 728.4万元。

2021年年初时，由于B公司对厂房设计提出了新的要求，导致建设成本要增加1 000万元，经过协商合同价格增加1 150万元。

分析：由于新变更的合同内容与原来合同内容不可明确划分，因此将新增加的合同内容作为原合同组成部分来处理。合同变更后的合同总价9 150（8 000 +1 150）万元，合同变更后的合同总成本8 000（7 000 +1 000）万元。A公司在变更合同后确认工程履约进度为 19.5%，应当新增确认收入 55.85（9 150 × 19.5% − 1 728.4）万元。

3. 识别合同中的单项履约义务

合同开始日，企业应当对合同进行评估，识别该合同所包含的各单项履约义务，并确定各单项履约义务是在某一时段内履行，还是在某一时点履行，然后，在履行了各单项履约义务时分别确认收入。

履约义务，是指合同中企业向客户转让可明确区分商品的承诺。履约义务既包括合同中明确的承诺，也包括由于企业已公开宣布的政策、特定声明或以往的习惯做法等导致合同订立时客户合理预期企业将履行的承诺。企业为履行合同而应开展的初始活动，通常不构成履约义务，除非该活动向客户转让了承诺的商品。

企业向客户转让一系列实质相同且转让模式相同的、可明确区分商品的承诺，也应当作为单项履约义务。

转让模式相同，是指每一项可明确区分商品均满足在某一时段内履行履约义务的条件，且采用相同方法确定其履约进度。

满足下列条件之一的，属于在某一时段内履行履约义务；否则，属于在某一时点履行履约义务。

（1）客户在企业履约的同时即取得并消耗企业履约所带来的经济利益。

（2）客户能够控制企业履约过程中在建的商品。

（3）企业履约过程中所产出的商品具有不可替代用途，且该企业在整个合同期间内有权就累计至今已完成的履约部分收取款项。

具有不可替代用途，是指因合同限制或实际可行性限制，企业不能轻易地将商品用于其他用途。

有权就累计至今已完成的履约部分收取款项，是指在客户或其他方原因终止合同的情况下，企业有权就累计至今已完成的履约部分收取能够补偿其已发生成本和合理利润的款项，并且该权利具有法律约束力。

案例 5：

某物业公司与业主签订了一份服务合同，合同期 3 年。合同的主要内容是物业公司为业主提供小区安全、公共区域保洁、公用设备维修服务。按照业主房产证面积收费，2.6 元/平方米。另外也提供代收快递服务，视收取快递的重量、体积、发送目的等因素收费。

分析：物业公司为业主提供小区安全、公共区域保洁、公用设备维修服务应当是一类本质相同的服务，每一项服务均满足在某一时段内履行履约义务的条件，可以确认为一个单项履约义务。而提供代收快递服务与为业主提供小区安全、公共区域保洁、公用设备维修服务的本质是不同的，可以确认为另一个单项履约义务。

案例 6：

甲公司为一家建筑公司，同乙公司签订了一份厂房建设合同，合同总价款（含税）9 000 万元，预计合同总成本为 7 000 万元，建设周期为 2.5 年，每个季度末按工程完工进度支付工程款，如果乙公司终止合同，所建设的厂房归甲公司所有。

分析：由于厂房建设是一项持续、长期的服务，甲公司与乙公司签订的合同是一项单独履约义务，而且甲公司在整个合同期间内有权就累计至今已完成的履约部分收取款项，因此甲公司是在某一时间段内履行履约义务的。

案例 7：

甲公司为一家建筑公司，同乙公司签订了一份厂房建设合同，合同总价款（含税）9 000 万元，预计合同总成本为 7 000 万元，建设周期为 2.5 年，该厂房是根据乙公司的要求建设的，如果乙公司违约，所建设的厂房归甲公司所有，乙公司只需向甲公司支付 25% 违约金即可，甲公司不得就此违约向乙公司寻求其他法律诉讼。

分析：由于厂房建设是一项持续、长期的服务，甲公司与乙公司签订的合同是一项单独履约义务，若合同中约定，乙公司违约，所建设的厂房归甲公司所有，乙公司只需向甲公司支付 25% 违约金即可，甲公司不得就此违约向乙公司寻求其他法律诉讼，表明甲公司无法在整个合同期间内有权就累计至今已完成的履约部分收取款项，因此甲公司不是在某一时间段内履行履约义务的，只是在某一时点履行履约义务。

4. **确定交易价格**

企业应当按照分摊至各单项履约义务的交易价格计量收入。交易价格，是指企业因向客户转让商品而预期有权收取的对价金额。企业代第三方收取的款项以及企业预期将退还给客户的款项，应当作为负债进行会计处理，不计入交易价格。

企业应当根据合同条款，并结合其以往的习惯做法确定交易价格。在确定交易价格时，企业应当考虑可变对价、合同中存在的重大融资成分、非现金对价、应付客户对价等因素的影响。

合同中存在可变对价的，企业应当按照期望值或最可能发生金额确定可变对价的最佳估计数，但包含可变对价的交易价格，应当不超过在相关不确定性消除时累计已确认收入极可能不会发生重大转回的金额。企业在评估累计已确认收入是否极可能不会发生重大转回时，应当同时考虑收入转回的可能性及其比重。

合同中存在重大融资成分的，企业应当按照假定客户在取得商品控制权时即以现金支付的应付金额确定交易价格。该交易价格与合同对价之间的差额，应当在合同期间内采用实际利率法摊销。

合同开始日，企业预计客户取得商品控制权与客户支付价款间隔不超过一年的，可以不考虑合同中存在的重大融资成分。

客户支付非现金对价的，企业应当按照非现金对价的公允价值确定交易价格。非现金对价的公允价值不能合理估计的，企业应当参照其承诺向客户转让商品的单独售价间接确定交易价格。单独售价，是指企业向客户单独销售商品的价格。

案例 8：

某证券公司于 2020 年 1 月与甲公司签订了一份理财合同，合同期为 3 年，合同的主要条款：一是按理财资产的年末余额的 0.05% 收取理财管理费；二是若甲公司的代为理财资产的收益率3年内达到10%以上，则按收益的20%收取理财管理费用，否则不能收取此项理财管理费用。截至2020年12月31日，代为理财的资产总额为2亿元。

分析：一是至2020年12月31日，代为理财的资产总额为2亿元，按合同中约定，按0.05%收取理财管理费，应收取的理财管理费用为10万元，这项交易的交易价格是可以确定的，影响交易价格的不确定性因素已经排除了。二是至2020年12月31日，代为理财收益可能超过10%，也有可能没有超过10%，即使当年收益率超过了10%，但也不能保证未来3年内代为理财收益率也超过了10%，因此，将有关可变对价计入交易价格的限制性条件仍然没有得到满足，因此在2020年12月31日不能确认此项收入，只有到了3年后，根据实际收益率来确定是否要确认此项收入。

5. 将交易价格分摊至各单项履约义务

合同中包含两项或多项履约义务的，企业应当在合同开始日，按照各单项履约义务所承诺商品的单独售价的相对比例，将交易价格分摊至各单项履约义务。企业不得因合同开始日之后单独售价的变动而重新分摊交易价格。

企业在类似环境下向类似客户单独销售商品的价格，应作为确定该商品单独售价的最佳证据。单独售价无法直接观察的，企业应当综合考虑其能够合理取得的全部相关信息，采用市场调整法、成本加成法、余值法等方法合理估计单独售价。在估计单独售价时，企业应当最大限度地采用可观察的输入值，并对类似的情况采用一致的估计方法。

市场调整法，是指企业根据某商品或类似商品的市场售价考虑本企业的成本和毛利等进行适当调整后，确定其单独售价的方法。

成本加成法，是指企业根据某商品的预计成本加上其合理毛利后的价格，确定其单独售价的方法。

余值法，是指企业根据合同交易价格减去合同中其他商品可观察的单独售价后的余值，确定某商品单独售价的方法。

企业在商品近期售价波动幅度巨大，或者因未定价且未曾单独销售而使售价无法可靠确定时，可采用余值法估计其单独售价。

案例9：

甲公司向乙公司同时销售A、B两种产品，A产品的单独售价为2 000元，B产品的单独售价为8 000元，合同总价款为8 000元。合同中规定在B产品交付2个月之内交付A产品，只有两项产品全部交付之后，乙公司才会支付8 000元的货款。假定上述产品价格均不含增值税。

分析：分摊到A产品的合同价款为1 600［2 000÷（2 000+8 000）×8 000］元，分摊到B产品的合同价款为6 400［8 000÷（2 000+8 000）×8 000］元。

6. **分摊合同折价**

合同折扣，是指合同中各单项履约义务所承诺商品的单独售价之和高于合同交易价格的金额。

对于合同折扣，企业应当在各单项履约义务之间按比例分摊。

有确凿证据表明合同折扣仅与合同中一项或多项（而非全部）履约义务相关的，企业应当将该合同折扣分摊至相关一项或多项履约义务。

合同折扣仅与合同中一项或多项（而非全部）履约义务相关，且企业采用余值法估计单独售价的，应当首先按照前款规定在该一项或多项（而非全部）履约义务之间分摊合同折扣，然后采用余值法估计单独售价。

案例10：

A公司主要有甲、乙、丙三种产品向B公司销售，合同总价款为200万元。这三个产品构成了三个单项履约义务。丙产品的单独售价为80万元，甲、乙两种产品单独售价不可直接取得，对于甲产品，采用成本加成的方法估计其单独售价为80万元，对于乙产品，采用市场调整法估计其单独售价为70万元。甲公司经常单独出售丙产品，其市场售价为80万元。甲、乙两种产品共同出售，其市场售价为120万元。假定上述售价暂不考虑增值税。

分析：这三种产品的单独售价总额为230万元，而合同价款总额为200万元，合同折扣价为30万元。由于丙产品单独出售，其市场售价为80万元，但甲、乙两种产品常常以组合方式出售，其出售价款总为120万元，与单独售价差额为30万元，因此这两种产品要分摊这30万元的合同折让。甲产品分摊的交易价格为64［120÷（70+80）×80］万元，乙产品分摊的交易价格为56［120÷（70+80）×70］万元。

7. **履约义务的收入确认方法**

（1）产出法。根据已转移给客户的商品对于客户的价值确定履约进度。主要包括按照实际测量的完工进度、评估已实现的结果、已达到的里程碑、时间进度、已完工或交付的产品等确定履约进度的方法。

案例11：

甲公司与乙公司签订了一份合同，甲向乙提供60台某种设备，该设备单独售价为10万元（不含增值税），截至2020年年底已生产出该设备48台，另外12台预计在2021年1月完成生产。

分析：截至2020年年底，甲公司已经完成了生产任务的80%，因此应确认收入480万元。

（2）投入法。主要是根据企业履行履约义务的投入确定履约进度。主要包括投入的材料数量、花费的人工工时或机器工时、发生的成本和时间进度等投入指标确定履约进度。

案例12：

甲公司于2020年11月同乙公司签订一份合同，合同不含税总价款为120万元，合同总成本为100万元，合同主要内容是甲公司需要购买一部指定品牌运货直梯，该直梯成本为70万元，不含税售价为80万元，截至2020年12月31日共发生各项支出90万元。直梯已经购回并运送至乙公司所在地。

分析：购买直梯并运送到乙公司，乙公司已经取得了直梯的控制权，可以把直梯交付行为作为一项单独履约义务，随后才有安装服务。因此2020年12月履约进度为66.67%［（90－70）÷（100－70）×100%］，应确认收入为106.67［（120－80）×66.67%＋80］万元，应确认成本为90［（100－70）×66.67%＋70］万元。

8．**合同成本**

合同成本可以分为合同履约成本和合同取得成本。

（1）企业为履行合同发生的成本，不属于其他企业会计准则规范范围且同时满足下列条件的，应当作为合同履约成本确认为一项资产。

①该成本与一份当前或预期取得的合同直接相关，包括直接人工、直接材料、制造费用（或类似费用）、明确由客户承担的成本以及仅因该合同而发生的其他成本。

②该成本增加了企业未来用于履行履约义务的资源。

③该成本预期能够收回。

（2）企业应当在下列支出发生时，将其计入当期损益。

①管理费用。

②非正常消耗的直接材料、直接人工和制造费用（或类似费用），这些支出为履行合同发生，但未反映在合同价格中。

③与履约义务中已履行部分相关的支出。

④无法在尚未履行的与已履行的履约义务之间区分的相关支出。

企业为取得合同发生的增量成本预期能够收回的，应当作为合同取得成本确认为一项资产；但是，该资产摊销期限不超过一年的，可以在发生时计入当期损益。

增量成本，是指企业不取得合同就不会发生的成本（如销售佣金等）。

企业为取得合同发生的、除预期能够收回的增量成本之外的其他支出（如无论是否取得合同均会发生的差旅费等），应当在发生时计入当期损益，但是，明确由客户承担的除外。

案例13：

某计算机公司于2020年10月同某高校签订了一份合同，合同主要内容是为该高校建立一个实验平台，为学生的实训提供技术支持。该计算机公司为履行该合同，购买了10万元的计算机设备，为开发此实验平台，投入计算机程序人员5人，共发生人工费用18.6万元，为平台设计和测试发生了费用15万元。

分析：购买的计算机设备可以作为固定资产处理，支付程序人员工资费用可以作为当期损益处理。但为平台设计和测试发生了费用15万元是与履行该合同直接相关，不属于其他企业会计准则规范范围，增加了公司未来用于履行履约义务的资源，可以通过未来提供服务收取的对价收回，应当将此项成本确认为一项资产。

案例 14：

甲公司为了销售 A 产品给乙公司，最终通过乙公司公开招标程序获得了一份价值 500 万元的销售合同，为获得此合同，甲公司发生了以下费用：①前期调查费用、差旅费等共计 4.6 万元；②向有关销售人员支付佣金 8 万元。

分析：向有关销售人员支付佣金 8 万元是属于为取得合同发生的增量成本，应当作为合同取得成本确认为一项资产。发生前期调查费用、差旅费等共计 4.6 万元，无论是否能获得合同都会发生的，不属于增量成本，应当发生时计入当期损益。

三、 收入会计业务涉及的主要会计科目

（1）主营业务收入。该会计科目主要反映销售商品、提供劳务服务等主营业务的收入，是损益类科目。

（2）主营业务成本。该会计科目主要反映销售商品、提供劳务服务等主营业务的收入时应结转的成本，是损益类科目。

（3）其他业务收入。该会计科目主要反映除主营业务收入以外的其他经营活动所产生的收入，是损益类科目。主要包括固定资产出租、无形资产出租、包装物出租、销售原材料、用材料进行非货币交换或债务重组等实现的收入。

（4）其他业务成本。该会计科目主要反映除主营业务收入以外的其他经营活动所产生的收入时应结转的成本，是损益类科目。主要包括固定资产出租折旧额、无形资产出租摊销额、包装物出租成本或摊销额、销售原材料成本。采用成本模式计量的投资性房地产的，其投资性房地产计提的折旧额或摊销额，也计入本科目。

（5）合同资产。该会计科目主要反映已向客户转让商品而有权收取对价的权利，仅取决于时间流逝因素的权利不在本科目核算，是资产类科目。企业取得无条件付款时，借记“应收账款”，贷记“合同资产”。

（6）合同负债。该会计科目主要反映已收或应收客户对价而应向客户转让商品的义务，是负债类科目。

案例 15：

甲公司向乙公司同时销售 A、B 两种产品，A 产品的单独售价为 2 000 元，B 产品的单独售价为 8 000 元，合同总价款为 8 000 元。合同中规定在 B 产品交付 2 个月之内交付 A 产品，只有两项产品全部交付之后，乙公司才会支付 8 000 元的货款。假定上述产品价格均不含增值税。

分析：分摊到 A 产品的合同价款为 1 600［2 000 ÷（2 000 + 8 000）×8 000］元，分摊到 B 产品的合同价款为 6 400［8 000 ÷（2 000 + 8 000）×8 000］元。

①交付 B 产品时。

借：合同资产　　6 400

　贷：主营业务收入　　6 400

②交付 A 产品时。

借：应收账款　　8 000

　贷：合同资产　　6 400

　　　主营业务收入　　1 600

（7）应收退货成本。该会计科目主要反映预期将退回的商品账面价值，扣除收回该商品时预计发生的成本（包括退回商品的价值减损）后的余额，是资产类会计科目。在资产负债表中按其流动性计入“其他流动资产”或“其他非流动资产”项目。

（8）合同履约成本。该会计科目反映为履行当期或预期取得的合同所发生的，不属于其他会计准则规范范围且应当确认为一项资产的成本，是资产类会计科目。发生履约成本时，借记“合同履约成本”，贷记“银行存款”“应付职工薪酬”“原材料”等科目，对合同履约成本进行摊销时，借记“主营业务成本”“其他业务成本”，贷记“合同履约成本”。

（9）合同取得成本。该会计科目反映取得合同发生的，预计能够收回的增量成本。取得成本时，借记“合同资产”，贷记“银行存款”“其他应付款”等科目，对合同资产进行摊销时，借记“销售费用”等科目，贷记“合同资产”。

四、 商品销售收入的账务处理

1. 一般情况下商品销售收入的账务处理

（1）销售商品取得收入时。

借：应收账款

　　应收票据

　　银行存款

　　库存现金

　贷：主营业务收入

　　　应交税费——应交增值税——销项税额

（2）结转商品的销售成本。

借：主营业务成本

　贷：库存商品

案例 16：

某公司于 2020 年 12 月 15 日销售甲产品一批，数量为 200 个，不含税销售单价为 60 元，增值税税率为 13%，该批产品的销售单位成本为 40 元。款项已经通过银行入账。

①销售商品取得收入时。

借：银行存款　　13 560

　贷：主营业务收入　　12 000

　　　应交税费——应交增值税——销项税额　　1 560

②结转商品的销售成本。

借：主营业务成本　　8 000

　贷：库存商品　　8 000

2. **出售原材料的会计处理**

（1）出售原材料取得收入时。

借：应收账款

　　应收票据

　　银行存款

　　库存现金

　贷：其他业务收入

　　　应交税费——应交增值税——销项税额

（2）结转销售原材料的成本。

借：其他业务成本

　贷：原材料

案例 17：

某公司于 2020 年 12 月 15 日销售甲材料一批给北京宏展公司，数量为 2 000 个，不含税销售单价为 50 元，增值税税率为 13%，该批材料的销售单位成本为 40 元。款项尚未收到。

①出售原材料取得收入时。

借：应收账款　　113 000

　贷：其他业务收入　　100 000

　　　应交税费——应交增值税——销项税额　　13 000

②结转销售原材料的成本。

借：其他业务成本　　80 000

　贷：原材料　　80 000

特别提示

在实际工作中，销售产品及原材料的成本并不是每取得一笔收入就马上结转销售商品及原材料的成本，而是要利用存货的成本结转方法在月末结转销售商品及原材料的成本。采用实际成本法进行核算时，可以采用先进先出法、一次加权平均法、移动加权平均法、后进先出法、个别计价法等方法进行结转成本。若采用计划成本法进行核算，可以采用计划成本差异率进行结转成本。

3. **销售产品时涉及商业折扣、现金折扣、销售折让的会计处理**

商业折扣是企业为了提高商品的销售数量而给予客户价格优惠。当商业折扣行为发生时，应当按照扣除商业折扣后价格确定商品销售收入金额。也就是说发生商业折扣行为，对企业销售收入的确认账务处理不会产生任何影响。

现金折扣是企业为了尽早收回货款而给予债务人的债务金额一定比例优惠。企业应当按照发生现金折扣前的金额确认销售收入，当实际发生现金折扣时，将发生的现金折扣金额计入当期的财务费用中。

销售折让是企业在销售产品时因产品的质量、规格、型号等原因不符合合同的要求给予购买方的价格上的扣除。对于销售折让，应分两种情况进行处理。对于本年度的销售收入发生的销售折让，冲减本年度的销售收入。对于上一年的销售收入发生的销售折让，通过“以前年度损益调整”会计科目进行调整。

案例 18：

广州某公司于 2020 年 12 月销售甲产品一批，不含税销售单价 200 元，增值税税率为 13%。为了增加产品的销售数量，实行九折优惠销售，当月销售了 300 件，款项存入银行。销售单位成本为 150 元。

①销售商品取得收入时。

借：银行存款	61 020	
贷：主营业务收入		54 000
应交税费——应交增值税——销项税额		7 020

②结转商品的销售成本。

借：主营业务成本	45 000	
贷：库存商品		45 000

案例 19：

广州某公司于 2020 年 10 月销售甲产品一批给上海乙公司，不含税销售单价 200 元，增值税税率为 13%，销售数量 100 件，销售单位成本为 150 元。由于产品存在一些质量问题，11 月份经双方销售部门协商，给予一定价格折让，上海乙公司不再退货，每件商品的折让率为 10%。款项尚未收到。

①销售商品取得收入时。

借：应收账款	22 600	
贷：主营业务收入		20 000
应交税费——应交增值税——销项税额		2 600

②结转商品的销售成本。

借：主营业务成本	15 000	
贷：库存商品		15 000

③发生销售折让时。

借：主营业务收入	2 000	
应交税费——应交增值税——销项税额	260	
贷：应收账款		2 260

特别提示

对于上一年的销售收入发生的销售折让，凡是会计科目涉及损益的必须通过“以前年度损益调整”会计科目进行调整。

（1）调减上一年度的销售收入。

借：以前年度损益调整

　　应交税费——应交增值税——销项税额

　贷：应收账款

　　　应收票据

　　　银行存款

　　　库存现金

（2）调整上一年度所得税费用。

借：应交税费——应交所得税

　贷：以前年度损益调整

（3）将“以前年度损益调整”账户的余额进行结转。

借：利润分配

　贷：以前年度损益调整

案例 20：

广州某公司于 2020 年 11 月销售甲产品一批给上海乙公司，不含税销售单价 200 元，增值税税率为 13%，销售数量 100 件，款项存入银行。销售单位成本为 150 元。由于产品存在一些质量问题，2021 年 2 月份经双方销售部门协商，给予一定价格折让，上海乙公司不再退货，每件商品的折让率为 10%。上一年的所得税税率为 25%。

①调减上一年度的销售收入。

借：以前年度损益调整	2 000	
应交税费——应交增值税——销项税额	260	
贷：银行存款		2 260

②调整上一年度所得税费用。

借：应交税费——应交所得税	500	
贷：以前年度损益调整		500

③将“以前年度损益调整”账户的余额进行结转。

借：利润分配	1 500	
贷：以前年度损益调整		1 500

4. **销售退回的会计处理**

销售退回是企业在销售产品时因产品的质量、规格、型号等不符合合同要求被购买方退回的商品。

（1）对于商品已经发出，但没有确认为商品收入的，其会计处理为：

借：发出商品

　贷：库存商品

（2）对于当年销售的商品发生的销售退回，冲减当年的销售收入和销售成本即可。

①冲减当年销售收入时。

借：主营业务收入

　　应交税费——应交增值税——销项税额

　贷：应收账款

　　　应收票据

　　　银行存款

　　　库存现金

②冲减当年商品的销售成本。

借：库存商品

　贷：主营业务成本

案例 21：

广州某公司于 2020 年 10 月销售甲产品一批给上海乙公司，不含税销售单价 200 元，增值税税率为 13%，销售数量 100 件，销售单位成本为 150 元。由于产品存在一些质量问题，11 月份购买方将此批产品退回，已完成退货入库手续。款项尚未收到。

A. 冲减当年销售收入时。

借：主营业务收入	20 000	
应交税费——应交增值税——销项税额	2 600	
贷：应收账款		22 600

B. 冲减当年商品的销售成本。

借：库存商品	15 000	
贷：主营业务成本		15 000

（3）对于上年销售的商品发生的销售退回，凡会计科目涉及损益的，只能通过“以前年度损益调整”会计科目进行调整。

重难点知识讲解

①调减上一年度的销售收入。

借：以前年度损益调整

　　应交税费——应交增值税——销项税额

　贷：应收账款

　　　应收票据

　　　银行存款

　　　库存现金

②冲减上一年度的销售成本。

借：库存商品

　贷：以前年度损益调整

③调整上一年度所得税费用。

借：应交税费——应交所得税

　贷：以前年度损益调整

④将“以前年度损益调整”账户的余额进行结转。

借：利润分配

　贷：以前年度损益调整

案例 22：

广州某公司于 2020 年 11 月销售甲产品一批给上海乙公司，不含税销售单价 200 元，增值税税率为 13%，销售数量 100 件，款项存入银行。销售单位成本为 150 元。由于产品存在一些质量问题，2021 年 2 月购买方将该批商品退回，已办妥了退货入库手续。上一年的所得税税率为 25%。

①调减上一年度的销售收入。

借：以前年度损益调整	20 000	
应交税费——应交增值税——销项税额	2 600	
贷：银行存款		22 600

②冲减上一年度的销售成本。

借：库存商品	15 000	
贷：以前年度损益调整		15 000

③调整上一年度所得税费用。

借：应交税费——应交所得税	1 250	
贷：以前年度损益调整		1 250

④将“以前年度损益调整”账户的余额进行结转。

借：利润分配	3 750	
贷：以前年度损益调整		3 750

5. 商品发出时不能满足销售收入确认条件时

（1）商品发出时。

借：发出商品

　贷：库存商品

（2）当满足销售收入确认条件时确认销售收入。

借：应收账款

　　应收票据

　　银行存款

　　库存现金

贷：主营业务收入

应交税费——应交增值税——销项税额

（3）当满足销售收入确认条件时结转商品的销售成本。

借：主营业务成本

贷：发出商品

案例 23：

广州某公司于 2020 年 8 月销售甲产品一批给上海乙公司，不含税销售单价 100 元，增值税税率为 13%，销售数量 300 件，发货后得知由于上海乙公司经营困难，有可能收不回此笔货款。销售单位成本为 60 元。到了 12 月份，上海乙公司的财务状况有所好转，符合销售收入的确认条件。

①商品发出时。

借：发出商品　　18 000

贷：库存商品　　18 000

②当满足销售收入确认条件时确认销售收入。

借：应收账款　　33 900

贷：主营业务收入　　30 000

应交税费——应交增值税——销项税额　　3 900

③当满足销售收入确认条件时结转商品的销售成本。

借：主营业务成本　　18 000

贷：发出商品　　18 000

五、 委托代销商品的会计处理

委托代销商品可以分为视同买断方式销售和收取手续费用方式销售两种形式，这两种形式会计处理有所不同。

重难点知识讲解

1. 视同买断方式销售下的委托代销商品

委托方的会计处理：

（1）在商品发出后，收到商品代销清单时。

借：应收账款

贷：主营业务收入

应交税费——应交增值税——销项税额

（2）结转销售成本。

借：主营业务成本

贷：库存商品

（3）收到货款时。

借：银行存款

贷：应收账款

案例24：

广州甲公司与广州乙公司于2020年8月10日签订了一份委托代销商品协议，广州乙公司为甲公司代销某种商品500个，不含税代销单价为100元，其单位销售成本为90元。9月20日广州甲公司收到乙公司寄来的代销清单，将此批产品全部销售出去，款项已经通过银行收妥。但广州乙公司最终的不含税实际销售单价为120元。增值税税率为13%。

委托方的会计处理：

①在商品发出后，收到商品代销清单时。

借：应收账款	56 500	
贷：主营业务收入		50 000
应交税费——应交增值税——销项税额		6 500

②结转销售成本。

借：主营业务成本	45 000	
贷：库存商品		45 000

③收到货款时。

借：银行存款	56 500	
贷：应收账款		56 500

2. 收取手续方式销售下的委托代销商品

（1）委托方的账务处理。

①发出商品时。

借：发出商品

贷：库存商品

②收到代销清单时。

借：应收账款

贷：主营业务收入

应交税费——应交增值税——销项税额

③结转销售成本。

借：主营业务成本

贷：发出商品

④计算应付的代销手续费用时。

借：销售费用

应交税费——应交增值税——进项税额

贷：应收账款

⑤收到货款时。

借：银行存款

贷：应收账款

（2）受托方的账务处理。

①收到委托代销商品时。

借：受托代销商品

  贷：受托代销商品款

②实际销售商品时。

借：银行存款

  贷：应付账款

    应交税费——应交增值税——销项税额

③结转销售成本。

借：受托代销商品款

  贷：受托代销商品

④收到委托方开具的增值税专用发票时。

借：应交税费——应交增值税——进项税额

  贷：应付账款

⑤支付应付账款并计算代销收入时。

借：应付账款

  贷：银行存款

    主营业务收入

    应交税费——应交增值税——销项税额

案例 25：

广州甲公司与广州乙公司于 2020 年 8 月 10 签订了一份委托代销商品协议，广州乙公司为甲公司代销某种商品 500 个，不含税代销价为 100 元，其成本为 90 元。9 月 12 日广州甲公司收到乙公司寄来的代销清单，将此批产品全部销售出去。按销售收入的 1% 计算代销手续费。款项已经通过银行支付。增值税税率为 13%，代销手续费增值税税率为 6%。

（1）委托方的账务处理。

①发出商品时。

借：发出商品	45 000	
贷：库存商品		45 000

②收到代销清单时。

借：应收账款	56 500	
贷：主营业务收入		50 000
应交税费——应交增值税——销项税额		6 500

③结转销售成本。

借：主营业务成本	45 000	
贷：发出商品		45 000

④计算应付的代销手续费用时。

借：销售费用　500

　　应交税费——应交增值税——进项税额　30

　贷：应收账款　530

⑤收到货款时。

借：银行存款　55 970

　贷：应收账款　55 970

（2）受托方的账务处理。

①收到委托代销商品时。

借：受托代销商品　50 000

　贷：受托代销商品款　50 000

②实际销售商品时。

借：银行存款　56 500

　贷：应付账款　50 000

　　　应交税费——应交增值税——销项税额　6 500

③结转销售成本。

借：受托代销商品款　50 000

　贷：受托代销商品　50 000

④收到委托方开具的增值税专用发票时。

借：应交税费——应交增值税——进项税额　6 500

　贷：应付账款　6 500

⑤支付应付账款并计算代销收入时。

借：应付账款　56 500

　贷：银行存款　55 970

　　　主营业务收入　500

　　　应交税费——应交增值税——销项税额　30

六、 分期收款销售

1. 分期收款销售账务处理

应收的合同或者协议价款的公允价值，通常应当按照其未来现金流量现值或商品现销价格计算确定。

应收的合同或者协议价款与其公允价值的差额，应当在合同或协议期间内，按照应收款项的摊余成本和实际利率计算确定的金额进行摊销，冲减财务费用。

（1）销售时。

借：长期应收款

贷：主营业务收入

其他业务收入

应交税费——应交增值税——销项税额

未实现融资收益

（2）结转销售成本。

借：主营业务成本

贷：库存商品

（3）收到货款时。

借：银行存款

贷：长期应收款

（4）摊销未实现融资收益时。

借：未实现融资收益

贷：财务费用

案例26：

2020年1月1日，广州A股份有限公司采用分期收款销售的方式向广州乙股份有限公司销售某项产品，合同约定销售价格为1 600万元，分4次于每年的12月31日等额收取。该产品成本为1 000万元，在现销的方式下，该产品的销售价格为1 400万元，假定广州A股份有限公司发出商品时开出增值税发票，注明的增值税额为208万元，并于当天收到增值税额208万元。

未来4年收款的现值＝现销方式下应收款项金额

可以得出：

400×（P/A、R、4）＋208＝1 400＋208＝1 608

当R＝5%时，400×3.546 0＋208＝1 626.4

当R＝7%时，400×3.387 2＋208＝1 562.88

1 626.4	5%
1 608	R
1 562.88	7%

R＝5.579 3%

表11－1 财务费用和已收本金计算表

单位：万元

日期	未收本金 （1）	财务费用 （2）＝（1）×实际利率	收现总额 （3）	已收本金 （4）＝（3）－（2）
2021年1月1日	1 400			
2021年12月31日	1 078.110 2	78.110 2	400	321.889 8
2022年12月31日	738.261 3	60.151	400	339.848 9

（续上表）

日期	未收本金 （1）	财务费用 （2）=（1）×实际利率	收现总额 （3）	已收本金 （4）=（3）-（2）
2023 年 12 月 31 日	379. 451 1	41. 189 8	400	358. 810 2
2024 年 12 月 31 日		20. 549	400	379. 451 1
总额		200	1 600	1 400

特别提示

上例中，由于财务费用总的金额为 200 万元，所以 2024 年 12 月 31 日的财务费用是 200 - 78. 110 2 - 60. 151 - 41. 189 8 = 20. 549（万元）

由于现金销售的总额为 1 400 万元，所以 2024 年 12 月 31 日收回的本金为 1 400 - 321. 889 8 - 339. 848 9 - 358. 810 2 = 379. 451 1（万元）

①销售时。

借：长期应收款　　16 000 000

　　银行存款　　2 080 000

　贷：主营业务收入　　14 000 000

　　　应交税费——应交增值税——销项税额　　2 080 000

　　　未实现融资收益　　2 000 000

②结转销售成本时。

借：主营业务成本　　10 000 000

　贷：库存商品　　10 000 000

③2021 年 12 月 31 日收到货款时。

借：银行存款　　4 000 000

　贷：长期应收款　　4 000 000

借：未实现融资收益　　781 102

　贷：财务费用　　781 102

④2022 年 12 月 31 日收到货款时。

借：银行存款　　4 000 000

　贷：长期应收款　　4 000 000

借：未实现融资收益　　601 510

　贷：财务费用　　601 510

⑤2023 年 12 月 31 日收到货款时。

借：银行存款　　4 000 000

贷：长期应收款　　4 000 000

借：未实现融资收益　　411 898

贷：财务费用　　411 898

⑥2024 年 12 月 31 日收到货款时。

借：银行存款　　4 000 000

贷：长期应收款　　4 000 000

借：未实现融资收益　　205 490

贷：财务费用　　205 490

2. 附有销售退回条款的销售

对于附有销售退回条款的销售，企业应当在客户取得相关商品控制权时，按照因向客户转让商品而预期有权收取的对价金额（即不包含预期因销售退回将退还的金额）确认收入，按照预期因销售退回将退还的金额确认负债；同时，按照预期将退回商品转让时的账面价值，扣除收回该商品预计发生的成本（包括退回商品的价值减损）后的余额，确认为一项资产，按照所转让商品转让时的账面价值，扣除上述资产成本的净额结转成本。其会计业务处理模板如下。

（1）发出商品，确认销售收入。

借：应收账款

银行存款

贷：主营业务收入

应交税费——应交增值税——销项税额

预计负债——应付退货款

（2）结转销售成本。

借：主营业务成本

应收退货成本

贷：库存商品

（3）收回货款。

借：银行存款

贷：应收账款

（4）对退货率进行重新评估，调整销售收入和销售成本。

借：预计负债——应付退货款

贷：主营业务收入

借：主营业务成本

贷：应收退货成本

（5）实际发生退货。

借：库存商品

应交税费——应交增值税——销项税额

预计负债——应付退货款

贷：应收退货成本

主营业务收入

银行存款

应收账款

案例 27：

甲公司于2020 年10 月向乙公司销售 A 产品，根据双方签订的销售合同，若产品在规格、尺寸、型号等方面有问题，乙公司有权在2021 年3 月31 日将货物退回给甲公司。该批货物的销售量为1 000 个，单个不含税售价为800 元，增值税税率为13%，单个货物的成本为700 元，货物于10 月11 日已经发给了乙公司。根据经验，估计退货率为10%。货款于11 月20 日收到。2020 年年底对退货率进行了重新评估，将退货率调整为5%。2021 年3 月16 日乙公司退回货物40 个，退回货物已经收到入库。款项通过银行已经退还给了乙公司。

①发出商品，确认销售收入。

借：应收账款	810 400	
贷：主营业务收入		720 000
应交税费——应交增值税——销项税额		10 400
预计负债——应付退货款		80 000

②结转销售成本。

借：主营业务成本	630 000	
应收退货成本	70 000	
贷：库存商品		700 000

③收回货款。

借：银行存款	810 400	
贷：应收账款		810 400

④对退货率进行重新评估，调整销售收入和销售成本。

借：预计负债——应付退货款	40 000	
贷：主营业务收入		40 000
借：主营业务成本	35 000	
贷：应收退货成本		35 000

⑤实际发生退货。

借：库存商品	28 000	
应交税费——应交增值税——销项税额	4 160	
预计负债——应付退货款	40 000	
贷：应收退货成本		28 000
主营业务收入		8 000
银行存款		36 160

3. 附有质量保证条款的销售

对于附有质量保证条款的销售，企业应当评估该质量保证是否在向客户保证所销售商品符合既定标准之外提供了一项单独的服务。企业提供额外服务的，应当作为单项履约义务，按照本准则规定进行会计处理；否则，质量保证责任应当按照《企业会计准则第13号——或有事项》规定进行会计处理。在评估质量保证是否在向客户保证所销售商品符合既定标准之外提供了一项单独的服务时，企业应当考虑该质量保证是否为法定要求、质量保证期限以及企业承诺履行任务的性质等因素。客户能够选择单独购买质量保证的，该质量保证构成单项履约义务。

会计业务处理模板如下。

（1）销售货物时。

借：银行存款

　　应收账款

　贷：主营业务收入

　　　合同负债

　　　应交税费——应交增值税——销项税额

（2）结转销售成本。

借：主营业务成本

　贷：库存商品

（3）免费修理费用。

借：销售费用

　贷：预计负债

（4）将延期保修费用确认为收入时。

借：合同负债

　贷：主营业务收入

　　　应交税费——应交增值税——销项税额

案例28：

甲公司向乙公司销售电脑一批，数量为200台，不含税的销售单价为3 000元，单位销售成本为2 600元，增值税税率为13%，免费保修期为6个月，预计会发生修理费用为1万元，同时收取客户的延期保修费用（含税）4.52万元，保修期自免费保修期止算起，期限为2年。款项已经收到。

①销售货物时。

借：银行存款	723 200	
贷：主营业务收入		600 000
合同负债		45 200
应交税费——应交增值税——销项税额		78 000

②结转销售成本。

借：主营业务成本	520 000	

贷：库存商品　　　　520 000

③免费修理费用。

借：销售费用　　　　10 000

　贷：预计负债　　　　10 000

④将延期保修费用确认为收入时。

借：合同负债　　　　45 200

　贷：主营业务收入　　　　40 000

　　应交税费——应交增值税——销项税额　　　　5 200

4. 附有客户额外购买选择权的销售

对于附有客户额外购买选择权的销售，企业应当评估该选择权是否向客户提供了一项重大权利。企业提供重大权利的，应当作为单项履约义务，按相关规定将交易价格分摊至该履约义务，在客户未来行使购买选择权取得相关商品控制权时，或者该选择权失效时，确认相应的收入。客户额外购买选择权的单独售价无法直接观察的，企业应当综合考虑客户行使和不行使该选择权所能获得的折扣的差异、客户行使该选择权的可能性等全部相关信息后，予以合理估计。

客户虽然有额外购买商品选择权，但客户行使该选择权购买商品时的价格反映了这些商品单独售价的，不应被视为企业向该客户提供了一项重大权利。

案例 29：

甲公司为销售 A 产品，推出一项购买商品奖励积分的促销方案，每购买 10 元奖励一个积分，价值不含税 1 元。根据以往的经验，购买 A 产品的客户 90% 会进行积分兑换。2020 年甲公司销售 A 产品的不含税收入 80 万元，增值税税率为 13%。

①首先按商品和积分单独售价的相对比例对交易价格进行分摊，分摊到商品交易价格为 73.39 [800 000 ÷ (800 000 + 72 000) × 800 000] 万元，分摊到积分交易价格为 6.61 [72 000 ÷ (800 000 + 72 000) × 800 000] 万元，然后确认销售收入和合同负债。

借：银行存款　　　　810 400

　贷：主营业务收入　　　　733 900

　　应交税费——应交增值税——销项税额　　　　10 400

　　合同负债　　　　66 100

②若客户全部兑换了奖励积分。

借：合同负债　　　　66 100

　贷：主营业务收入　　　　66 100

5. 涉及知识产权许可的销售业务

企业向客户授予知识产权许可的，应当按照本准则规定评估该知识产权许可是否构成单项履约义务，构成单项履约义务的，应当进一步确定其是在某一时段内履行还是在某一时点履行。

企业向客户授予知识产权许可，同时满足下列条件时，应当作为在某一时段内履行的履约义务确认相关收入；否则，应当作为在某一时点履行的履约义务确认相关收入。

（1）合同要求或客户能够合理预期企业将从事对该项知识产权有重大影响的活动。

（2）该活动对客户将产生有利或不利影响。

（3）该活动不会导致向客户转让某项商品。

案例 30：

甲公司将一项无形资产专利授权给 A 公司使用，每年固定收取不含税的 12 万元的专利使用许可费。款项已收到。增值税税率为 6%。

①收到款项。

借：银行存款　　127 200

　贷：合同负债　　127 200

②确认收入（按 12 个月平摊）。

借：合同负债　　10 600

　贷：主营业务收入　　10 000

　　　应交税费——应交增值税——销项税额　　600

6. **建造合同的会计处理**

建筑施工企业主要采用完工百分比法确认销售收入。

当期确认的合同收入 = 合同总收入 × 完工进度 - 以前会计年度累计已确认的收入。

当期确认的合同毛利 = 当期合同总收入 - 当期合同成本。

当期确认的合同费用 = 合同预计总成本 × 完工进度 - 以前会计年度累计已确认的费用。

案例 31：

A 公司与乙公司签订了一项含税的总额为 5 450 万元的建造合同，预计工程施工期从 2020 年 1 月 1 日开始，工期为 30 个月，预计该项工程的总成本为 4 200 万元。2021 年经与乙公司协商，追加了投资 100 万元。工程总成本预计为 4 300 万元，增值税税率为 9%，有关各年施工成本如表 11 - 2 所示。

表 11 - 2　各年施工成本表

单位：万元

项目	2020 年	2021 年	2022 年
累计发生的成本	1 890	3 440	4 300
已结算工程款	2 180	2 725	654
实际收到工程款	1 962	2 398	1 199

● 2020 年

完工程度 = 1 890 ÷ 4 200 = 0. 45

确认合同收入 = 5 000 × 0. 45 = 2 250（万元）

确认合同成本 =4 200 ×0. 45 =1 890（万元）

借：合同履约成本 18 900 000

　贷：应付职工薪酬、原材料等 18 900 000

①记录已结算的工程款。

借：应收账款 21 800 000

　贷：合同结算——价款结算 20 000 000

　　应交税费——应交增值税——销项税额 1 800 000

②收到工程款。

借：银行存款 19 620 000

　贷：应收账款 19 620 000

③确认收入。

借：合同结算——收入结转 22 500 000

　贷：主营业务收入 22 500 000

④结转成本。

借：主营业务成本 18 900 000

　贷：合同履约成本 18 900 000

• 2021 年

完工程度 =3 440 ÷4 300 =0. 8

确认合同收入 =5 100 ×0. 8 =4 080（万元）

2021 年的收入为 =4 080 －2 250 =1 830（万元）

2021 年的成本为 =3 440 －1 890 =1 550（万元）

借：合同履约成本 15 500 000

　贷：应付职工薪酬、原材料等 15 500 000

③记录已结算的工程款。

借：应收账款 27 250 000

　贷：合同结算——价款结算 25 000 000

　　应交税费——应交增值税——销项税额 2 250 000

②收到工程款。

借：银行存款 23 980 000

　贷：应收账款 23 980 000

③确认收入。

借：合同结算——收入结转 18 300 000

　贷：主营业务收入 18 300 000

④结转成本。

借：主营业务成本 15 500 000

　贷：合同履约成本 15 500 000

• 2022 年

2022 年的收入 =5 100 − 1 830 − 2 250 = 1 020（万元）

2022 年的成本 =4 300 − 1 550 − 1 890 = 860（万元）

借：合同履约成本　　8 600 000

　贷：应付职工薪酬、原材料等　　8 600 000

①记录已结算的工程款。

借：应收账款　　6 540 000

　贷：合同结算——价款结算　　6 000 000

　　　应交税费——应交增值税——销项税额　　540 000

②收到工程款。

借：银行存款　　11 990 000

　贷：应收账款　　11 990 000

③确认收入。

借：合同结算——收入结转　　10 200 000

　贷：主营业务收入　　10 200 000

④结转成本。

借：主营业务成本　　8 600 000

　贷：合同履约成本　　8 600 000

第二节　费用的会计核算

一、费用的定义及分类

费用是指日常经营活动中发生的、会导致所有者权益减少的、与所有者分配利润无关的经济利益的总流出。

确认费用时，要划分生产费用和非生产经营费用的界限、生产费用与产品成本的界限、生产费用与期间费用的界限。

期间费用主要有管理费用、销售费用、财务费用三部分。

管理费用是指企业行政管理部门为组织和管理生产经营活动发生的各种费用。主要有工会经费、职工教育经费、业务招待费、技术转让费、无形资产摊销、咨询费、诉讼费、公司经费、聘请中介机构费、研究与开发费、劳动保险费、待业保险费、董事会费等。公司经费主要有总部管理人员工资、职工福利费、差旅费、办公费、折旧费、修理费、物料消耗、低值易耗品摊销及其他公司经费。

销售费用是指企业在销售产品、提供劳务等日常经营过程中发生的各项费用以及专设销售机构的各项经费。包括运输费、装卸费、包装费、保险费、展览费、广告费、租赁费（不包括融资租赁费），以及为销售本公司商品而专设的销售机构的职工工资、福利费等经常性费用。商品流通企业在进货过程中发生的运输费、装卸费、包装费、运输途中的合理损耗和入库前的挑选整理费用，也作为销售费用处理。

财务费用指企业筹集生产经营所需资金而发生的费用。包括利息净支出减利息收入、汇兑净损失（减汇兑收益）、金融机构手续费以及筹集生产经营资金发生的其他费用等。

二、 期间费用的会计核算

期间费用发生时的会计核算如下。

借：财务费用
　　销售费用
　　管理费用
　贷：库存现金
　　　银行存款
　　　应付账款
　　　应付票据

特别提示

在进行会计核算时，期间费用要列示二级或三级会计明细科目，否则无法满足管理需要及登记多栏式明细账的需要。

案例32：

广州A公司人力资源部于2020年12月发生招待费用2 000元、购买办公用品500元、财务部汇款到外地支付手续费150元、为销售部支付在某报纸的广告费2 500元。以上款项均以银行存款支付。

借：财务费用——手续费	150	
销售费用——广告费	2 500	
管理费用——招待费	2 000	
管理费用——办公费	500	
贷：银行存款		5 150

第三节　利润的会计核算

一、 利润的计算过程

企业利润是企业一定期间经营的成果，一定期间收入减去相关费用后的净额。企业首先计算出营业利润，其次计算出利润总额，最后计算出净利润。营业利润的构成如下。

营业利润＝营业收入－税金及附加－营业成本－销售费用－管理费用－财务费用－资产减值损失＋（－）投资净收益＋（－）公允价值变动损益＋（－）资产处置损益＋其他收益

利润总额＝营业利润＋营业外收入－营业外支出

净利润＝利润总额－所得税费用

二、 营业外收入

营业外收入是反映企业发生的营业利润以外的收益。主要内容有债务重组利得、盘盈利得、捐赠利得。政府补助收入应当计入“其他收益”中，不能计入“营业外收入”中。

盘盈利得：对于现金等清查盘点中盘盈的部分，报批准后计入营业外收入。

案例 33：

广州 A 公司于 2020 年 6 月 15 日收到 2018 年度技术改造补助收入，共计 42 万元。

借：银行存款　　420 000

　贷：其他收益　　420 000

三、 营业外支出

营业外支出是反映企业发生的营业利润以外的支出。主要包括债务重组损失、公益性捐赠支出、非常损失、盘亏损失（不包括存货的盘亏，其已计入了“管理费用”账户中）、非流动资产报废损失等。

四、 固定资产盘亏的会计处理

1. 将盘亏的固定资产净值转入“待处理财产损溢”账户中

借：待处理财产损溢

　　累计折旧

　贷：固定资产

2. 将“待处理财产损溢”账户余额转入“营业外支出”账户中

借：营业外支出

　贷：待处理财产损溢

案例 34：

广州 A 公司于 2020 年 12 月对公司的所有固定资产进行盘点，盘亏了一台设备，其账面价值为 10 万元，账面上反映已计提折旧 7 万元。无法查明盘亏的原因，经总经理批准后作为公司损失处理。

①将盘亏的固定资产净值转入“待处理财产损溢”账户中。

借：待处理财产损溢　　30 000

　　累计折旧　　70 000

　贷：固定资产　　100 000

②将“待处理财产损溢”账户余额转入“营业外支出”账户中。

借：营业外支出　　30 000

　贷：待处理财产损溢　　30 000

五、 应交企业所得税的会计处理

应交企业所得税是以企业的利润总额为根据所缴纳的一种税额。在实际工作中并不能直接根据当年实现的利润总额乘以所得税税率计算当期应交的所得税，要考虑前期是否亏损再做计算。按现行税法规定，企业实现的亏损，可以用以后连续 5 年内实现的税前利润进行弥补，没有弥补完的，只能用税后利润进行弥补。

1. 计提当期应交的所得税时

借：所得税费用

　贷：应交税费——应交所得税

2. 结转所得税费用

借：本年利润

　贷：所得税费用

案例35：

广州A公司于2014年开业，当年实现利润-100万元，2015实现利润10万元，2016年实现利润-20万元，2017年实现利润20万元，2018年实现利润30万元，2019年实现利润-15万元，2020年实现利润150万元，试计算企业每年应缴纳的所得税，并做出账务处理。所得税率为25%。

2014年不用缴纳所得税。

2015年不用缴纳所得税。

2016年不用缴纳所得税。

2017年不用缴纳所得税。

2018年不用缴纳所得税。

2019年不用缴纳所得税。

2020年应缴纳所得税=（150-20-15）×25%=28.75（万元）。

①计提当期应交的所得税时。

借：所得税费用　　287 500

　贷：应交税费——应交所得税　　287 500

②结转所得税费用。

借：本年利润　　287 500

　贷：所得税费用　　287 500

六、本年利润的结转与分配

当期发生的经济业务全部编制并完成记账凭证后，就可以利用T字账户对本期发生的经济业务进行试算平衡，然后得到本期会计科目试算平衡表，根据会计科目试算平衡表就可以将本期收入及费用支出等损益类账户的发生额结转到“本年利润”账户中。

1. 将收入类账户的贷方发生额结转到“本年利润”账户中

借：主营业务收入

　　其他业务收入

　　营业外收入

　　投资收益

　　资产处置损益

　　其他收益

　　公允价值变动损益

　贷：本年利润

2. 将费用支出类账户的借方发生额结转到“本年利润”账户中

借：本年利润

贷：主营业务成本
　　其他业务成本
　　营业外支出
　　信用减值损失
　　资产减值损失
　　所得税费用
　　财务费用
　　管理费用
　　销售费用
　　税金及附加

3．若本年利润账户的余额在贷方

借：本年利润
　贷：利润分配——未分配利润

4．若本年利润账户的余额在借方

借：利润分配——未分配利润
　贷：本年利润

特别提示

若收入、费用支出等损益类账户设置有二级或三级会计明细科目，在将收入、费用支出等损益类账户的发生额结转到“本年利润”账户中时，要分明细项目进行结转。

案例 36：

表 11－3　广州市某公司 2020 年 10 月会计科目发生额试算平衡表

单位：元

科目名称	借方金额	贷方金额
银行存款	1 700 068	1 074 000
应付票据	200 000	
在途物资	300 000	300 000
应交税费（增值税）	113 992	340 000
应交税费（其他税）		117 640. 54
原材料	499 600	500 000

（续上表）

科目名称	借方金额	贷方金额
其他货币资金		234 000
应收账款	702 000	
主营业务收入		2 000 000
主营业务成本	1 200 000	
库存商品	1 390 000	1 200 000
固定资产	172 940	400 000
工程物资	300 000	
财务费用	300 000	
长期借款		
固定资产清理	41 000	41 000
累计折旧	360 000	400 000
营业外支出	39 400	
应付利息		300 000
投资收益		60 000
生产成本	1 390 000	1 390 000
本年利润		
管理费用	90 000	
应付职工薪酬		580 000
制造费用	340 000	340 000
所得税费用	95 039. 74	
销售费用	20 000	
税金及附加	22 600. 8	
合计	9 276 640. 54	9 276 640. 54

①将收入类账户的贷方发生额结转到“本年利润”账户中。

借：主营业务收入　　2 000 000

　　投资收益　　60 000

　贷：本年利润　　2 060 000

②将费用支出类账户的借方发生额结转到“本年利润”账户中。

借：本年利润	1 767 040.54	
贷：主营业务成本		1 200 000
营业外支出		39 400
所得税费用		95 039.74
财务费用		300 000
管理费用		90 000
销售费用		20 000
税金及附加		22 600.8

③将“本年利润”账户的贷方余额结转到“利润分配”账户中。

借：本年利润	292 959.46	
贷：利润分配——未分配利润		292 959.46

第十二章 | 所有者权益

本章学习重点

1. 所有者权益的核算
2. 资本公积的核算
3. 留存收益的核算

第一节　实收资本（股本）会计核算

一、所有者权益

所有者权益是指企业资产扣除负债后由所有者享有的剩余权益。所有者权益由实收资本、资本公积、盈余公积和未分配利润等四个部分构成。其中盈余公积和未分配利润叫作留存收益。

二、实收资本

实收资本是指投资者投入企业中的各项资产的价值。一般情况无须偿还，可以长期周转使用。在股份有限公司中被投资企业收到投资者投入的资本放在“股本”账户进行会计核算。

国有独资公司的投入资本。这种类型的企业组建时，所有者投入的资本全部作为实收资本入账，不能发行股票，不会产生股票溢价的发行收入，也不会在追加投资时为维持一定的投资比例而产生的资本公积。

公司发行股票取得的收入与股本总额往往不一致，公司发行收入大于股本总额的，称为溢价发行。发行收入小于股本总额的，称为折价发行。发行收入等于股本总额的，称为面值发行。在我国不允许折价发行股票。在溢价发行的情况下，应当将相当于股票面值的部分记入“股本”科目，其余部分在扣除发行手续费、佣金等发行费用后记入“资本公积（股本溢价）”科目。

如有新介入投资者缴纳的出资额大于其按约定比例计算的其在注册资本中所占的份额部分，不记入“实收资本”科目，而是记入“资本公积”科目。

三、 账务处理

借：固定资产
　　银行存款
　　库存商品
　　原材料
　　周转材料
　　应交税费——应交增值税——进项税额
　　无形资产
　贷：实收资本
　　　股本
　　　资本公积——资本溢价或股本溢价

案例1：

2020年5月15日，广州A股份有限公司与广州B股份有限公司经过协商达成如下协议：双方共同组建广州C股份有限公司，广州A股份有限公司占有广州C股份有限公司注册资本的60%比例，广州B股份有限公司占有广州C股份有限公司注册资本的40%比例，广州C股份有限公司的注册资本总额为200万元。2020年5月30日，广州A股份有限公司将银行存款30万元、某种原材料市场公允价值80万元投入广州C股份有限公司。增值税税率为13%。广州C股份有限公司收到了增值税专用发票。

借：银行存款	300 000	
原材料	800 000	
应交税费——应交增值税——进项税额	104 000	
贷：股本		1 200 000
资本公积——股本溢价		4 000

案例 2：

广州 C 股份有限公司由广州 A 股份有限公司、广州 B 股份有限公司共同出资 200 万元于 2007 年 6 月 30 日组建，到了 2020 年 10 月 30 日，广州 D 股份有限公司愿意出资 80 万元占有广州 C 股份有限公司 30% 的股份。广州 A 股份有限公司、广州 B 股份有限公司经过讨论，同意广州 D 股份有限公司的上述条款，资金已经到达广州 C 股份有限公司的账户。

借：银行存款　　800 000
　贷：股本　　600 000
　　资本公积——股本溢价　　200 000

案例 3：

广州 A 股份有限公司于 2020 年 2 月 1 日发行股票 100 000 股，每股面值 10 元，发行价为 12 元，按发行价的 5% 向证券公司支付发行手续费，款项已存入银行。

借：银行存款　　1 140 000
　贷：股本　　1 000 000
　　资本公积——股本溢价　　140 000

四、 实收资本增减变动的会计处理

企业增加注册资本的途径有三条：

（1）将资本公积转为实收资本或股本。

（2）将盈余公积转为实收资本或股本。

（3）所有者投入。

具体账务处理：

借：资本公积——资本溢价或股本溢价
　　盈余公积
　贷：实收资本或股本

案例 4：

经广州 A 有限责任公司股东大会同意，广州 A 有限责任公司将资本公积（资本溢价）52 万元转为股本。

借：资本公积——资本溢价　　520 000
　贷：实收资本　　520 000

五、 发放股票股利的会计处理

具体账务处理：

借：利润分配——应付股票股利

贷：股本

资本公积——股本溢价

案例 5：

广州 A 股份有限公司董事会于 2020 年 3 月 15 日召开股东大会决定，向股东发放 2019 年的利润，由于公司现金紧张等原因，经中国证监会同意，决定发放股票股利，此次发放的股票 150 000 股，每股 10 元，实际发行价 12 元，同时向证券公司支付发行手续费用 10 万元，发行过程已经结束。

借：利润分配——应付股票股利　　　　1 700 000

贷：股本　　　　1 500 000

资本公积——股本溢价　　　　200 000

六、 实收资本减少的会计处理

实收资本减少的原因有两种：一是企业发生重大亏损需要减少实收资本；二是资本过剩。

1．企业发生重大亏损需要减少实收资本

按照公司法的规定，投资者要想从被投资公司的盈利中分得利润，被投资公司前期不得存在亏损，若存在亏损，首先要用本期实现的利润弥补前期的亏损后，才能用剩余的利润进行利润分配，但有些公司投资者为了多从被投资公司分得利润，通过减少实收资本来弥补前期亏损的方式来达到从被投资公司多分得利润的目的。

2．资本过剩

（1）回购价高于股票发行价时具体账务处理。冲减盈余公积和利润分配具有一定的顺序性，先要冲减盈余公积，此账户金额冲减完了以后，才能冲减利润分配账户。

“库存股”相当于资产类科目，增加记借方，减少记贷方，其余额一般在借方。但从企业整个科目体系上讲，它属于权益类科目，通俗地讲是“股本”科目的备抵科目。将发行在外的股份减少，是权益的减少，应当记借方，所记的不是“股本”科目，而是“库存股”科目。

具体账务处理：

借：库存股

贷：银行存款

借：股本

资本公积——股本溢价

盈余公积

利润分配——未分配利润

贷：库存股

（2）若回购价小于发行价时，具体账务处理：

借：库存股

　贷：银行存款

借：股本

　贷：库存股

　　资本公积——股本溢价

案例6：

广州A股份有限公司于2020年8月16日经中国证监会批准，回购本公司对外发行的普通股100 000股，回购价为14元，当初发行时面值为10元，发行价为12元，当初发行时支付发行手续费100 000元，资本公积（股本溢价）账户余额100 000元。盈余公积账户120 000元，利润分配账户200 000元。

借：库存股	1 400 000	
贷：银行存款		1 400 000
借：股本	1 000 000	
资本公积——股本溢价	100 000	
盈余公积	120 000	
利润分配——未分配利润	180 000	
贷：库存股		1 400 000

案例7：

2020年6月10日，广州A股份有限公司经中国证监会批准，回购本公司于2005年发行的股票，当时发行价为12元，发行时面值为10元，回购时每股支付了9元。此次共回购了100 000股。

借：库存股	900 000	
贷：银行存款		900 000
借：股本	1 000 000	
贷：库存股		900 000
资本公积——股本溢价		100 000

第二节　资本公积的核算

一、 资本公积的定义

资本公积是指企业收到投资者的超出其在企业注册资本（或股本）中所占份额的

投资以及直接计入所有者权益的利得或损失。其主要构成有资本溢价（股本溢价）和直接计入所有者权益的利得和损失。

资本溢价或股本溢价形成的原因有溢价发行股票、投资者超额缴入资本等。

二、 有关资本公积的会计科目设置

为了正确核算资本公积，需要设置以下几个明细科目：

（1）资本（股本）溢价，反映企业实际收到的资本（或股本）大于注册资本的金额。

（2）其他资本公积。

三、 资本公积的构成

资本或股本的溢价，按现行会计准则有关规定，投资者投入被投资企业超过其实收资本的金额应计入资本公积；对于溢价发行股票，从溢价发行收入中扣除发行费用后，再减去股票面值后的余额，计入资本公积。

案例 8：

广州 A 股份有限公司于 2020 年 8 月增发 50 000 股股票，每股面值为 10 元，实际发行价为 12 元，发行费用为发行价格的 1%。款项已收到存入银行。

借：银行存款　　594 000

　贷：股本　　500 000

　　　资本公积——资本或股本的溢价　　94 000

第三节　留存收益的核算

重难点知识讲解

一、 盈余公积的核算

企业实现的利润分配顺序如下。

（1）提取法定公积金和法定公益金。

法定公积金按照税后利润 10% 的比例提取（非公司企业提取的比例可以高于这个比例）。当法定公积金累计数达到公司注册资本的 50% 以上时，可以不再提取法定公积金。

法定公益金按照税后利润 5% 至 10% 的比例提取。

特别提示

在提取法定盈余公积金和法定公益金之前，应当用当期实现的利润弥补前期发生的亏损，若前期的亏损没有弥补完成，是不能提取盈余公积金的。

（2）提取任意公积金，提取的比例由企业自主决定。

（3）向投资者分配利润或股利。

二、盈余公积的用途和财务处理

公益金主要是用于职工福利设施的支出。如购建职工宿舍、托儿所、理发室等固定资产方面的支出。盈余公积主要用于以下几个方面：①弥补亏损。②转增资本。当用盈余公积转增资本时，留存的盈余公积的比例不得低于注册资本的25%。③扩大生产经营。

（1）法定盈余公积的账务处理。

借：利润分配——提取盈余公积

　贷：盈余公积

案例9：

广州A有限责任公司2017年亏损20万元，2018年亏损10万元，2019年亏损5万元，2020年实现利润80万元，该公司的所得税税率25%，公司按15%的比例计提盈余公积。

该公司当年的税后利润为（80－20－10－5）×0.75＝33.75（万元）

当年应计提盈余公积为33.75×0.15＝5.0625（万元）

借：利润分配——提取盈余公积　　50 625

　贷：盈余公积　　50 625

（2）转增资本或弥补亏损的财务处理。

借：盈余公积

　贷：实收资本

　　股本

　　利润分配——未分配利润

案例10：

2020年2月15日广州A有限责任公司董事会决定用公司的盈余公积15万元弥补前期的亏损，2020年6月20日经公司股东大会表决通过后执行。

借：盈余公积　　150 000

　贷：利润分配——未分配利润　　150 000

（3）公益金使用的账务处理。

①购建固定资产时。

借：固定资产

　　在建工程

　贷：银行存款

借：盈余公积——法定公益金

　贷：盈余公积——任意公益金

②当处置固定资产时。

借：盈余公积——任意公益金

　贷：盈余公积——法定公益金

案例 11：

广州 A 股份有限公司的工会为员工食堂购买电视机 2 台，用银行存款支付 8 200 元。

借：固定资产	8 200	
贷：银行存款		8 200
借：盈余公积——法定公益金	8 200	
贷：盈余公积——任意公益金		8 200

三、 利润分配的会计处理

1. 将本年实现的净利润转入利润分配中

借：本年利润

　贷：利润分配——未分配利润

2. 提取盈余公积及分配股利时的会计处理

借：利润分配——盈余公积

　　利润分配——应付现金股利

　　利润分配——应付股票股利

　贷：盈余公积

　　　应付股利

　　　股本

　　　资本公积

3. 将利润分配账户的借方明细发生额转贷方未分配利润中

借：利润分配——未分配利润

　贷：利润分配——盈余公积

　　　利润分配——应付现金股利

　　　利润分配——应付股票股利

案例 12：

广州 A 股份有限公司于 2020 年当年实现了利润总额为 100 万元，公司的盈余公积提取比例为 15%，所得税税率为 25%，并准备用现金向投资者分配利润 20 万元。假设以前年度没有未弥补的亏损额。

①将本年实现的净利润转入利润分配中。

借：本年利润	750 000	
贷：利润分配——未分配利润		750 000

②提取盈余公积及分配股利时的会计处理。

借：利润分配——盈余公积	112 500	
贷：盈余公积		112 500

③分配现金股利的会计处理。

借：利润分配——应付现金股利	200 000	
贷：应付股利		200 000

④将利润分配账户的借方明细发生额转贷方未分配利润中。

借：利润分配——未分配利润	312 500	
贷：利润分配——盈余公积		112 500
利润分配——应付现金股利		200 000

第十三章　财务报告编制岗位

本章学习重点

1. 利润表的编制
2. 资产负债表的编制

第一节　财务报告的概述

一、 财务报告的定义及分类

1. 财务报告的定义

财务报告是指企业对外提供的反映企业某一特定日期的财务状况和某一会计期间的经营成果、现金流量等会计信息的文件。

财务报告的构成：

（1）资产负债表。

（2）利润表。

（3）现金流量表。

（4）所有者权益变动表。

（5）附注。

2. **财务报表的分类**

（1）按报表的期限划分为中期财务报表和年度财务报表。中期报表主要有季度报表和半年报表。

（2）按报表的主体可以分为个别会计报表和合并报表。

二、 会计报表编制的要求

1. **遵循各项会计准则进行确认和计量**

应当根据实际发生的交易和事项，遵循各项具体会计准则的规定进行确认和计量，并在此基础上编制财务报表。

2. **列报基础**

持续经营是会计的基本前提，是会计确认、计量及编制财务报表的基础。在编制财务报表的过程中，应当对企业持续经营能力进行评价。

出现了下列情况，表明企业处于非持续经营状态。

（1）企业已在当期进行清算或停止营业。

（2）企业已正式在下一个会计期间进行清算或停止营业。

（3）企业已确定在当期或下一个会计期间没有其他可选择的方案而将被迫进行清算或停止营业。

在非持续经营的情况下，企业应当在附注中声明财务报表未持续经营为基础列报，披露未以持续经营为基础的原因以及财务报表的编制基础。

3. **重要性和项目列报**

（1）性质或功能不同的项目，一般应当在财务报表中单独列报，但是不具有重要性项目可以合并列报。

（2）性质或功能类似的项目，一般可以合并列报，但是对其具有重要性的类别应该单独列报。

（3）项目的单独列报不仅适用于报表，还适用于附注，某些项目的重要性程度不足以在资产负债表、利润表、现金流量表、所有者权益变动表中单独列报，但是可能对附注而言具有重要性，在这种情况下应当在附注中单独披露。

（4）无论是财务报表列报还是其他会计准则规定的单独列报的项目，都必须单独列报。

4. **列报的一致性**

要求同一企业不同期间和同一期间不同企业的财务报表相互可比。若是出现了下列情况，是可以变更的。

（1）会计准则要求可以改变。

（2）企业经营业务的性质发生重大变化后，变更财务报表项目的列报能够提供更可靠、更相关的会计信息。

5．**财务报表项目金额**

财务报表项目应当以总额列报，资产、负债、收入和费用不能相互抵销。

下列情况下不属于抵销：

（1）资产项目按扣除减值准备后的净额列示。

（2）非日常活动的发生具有偶然性，并非企业主要的业务，从重要性来讲，非日常活动产生的损益以收入扣减费用后的净额列示，更有利于报表使用者的理解。

6．**比较信息的列报**

企业在列报当期财务报表时，至少应当提供所有项目上一可比会计期间的比较数据，以及与理解当期财务报表相关的说明。

在财务报表项目的列报的确需要发生变更的情况下，企业应当对上期比较数据按照当期列报的要求进行调整，并在附注中披露调整的原因和性质。但是在某些特殊情况下，对上期比较数据进行调整是不切实可行的，则应当在附注中披露不能调整的原因。

7．**财务报表表首列报的要求**

表首应当有编制企业的名称、具体的编制时间或会计期间、货币的名称和单位等。

8．**报告期间**

企业至少应当编制年度财务报表。

第二节　利润表

一、 利润表定义及格式

1．**利润表定义**

利润表是反映企业一定期间生产经营成果的会计报表。主要用它来反映企业当前实现的利润，同时又可以利用利润表预测企业将来的获利能力。

2．**利润表格式**

利润表格式如表 13－1 所示。

表 13－1　利润表

编制单位：　　　　　　　　　　　　年　　月　　　　　　　　　　　　单位：元

项　　目	本期数	上期数
一、营业收入		
减：营业成本		
税金及附加		
销售费用		
管理费用		
研发费用		
财务费用		
其中：利息收入		
利息费用		
信用减值损失（损失以“－”填列）		
资产减值损失（损失以“－”填列）		
加：其他收益		
投资收益（损失以“－”填列）		
其中：对联合企业和合营企业的投资收益		
以摊余成本计量的金融资产终止确认收益（损失以“－”填列）		
公允价值变动收益（损失以“－”填列）		
资产处置收益（损失以“－”填列）		
二、营业利润（亏损以“－”填列）		
加：营业外收入		
减：营业外支出		
三、利润总额（亏损以“－”填列）		
减：所得税费用		

（续上表）

项　　目	本期数	上期数
四、净利润（亏损以“－”填列）		
五、其他综合收益的税后净额		
（一）不能重分类进损益的其他综合收益		
1. 重新计量设定受益计划变动额		
2. 权益法不能转损益的其他综合收益		
3. 其他权益工具投资公允价值变动		
4. 企业自身信用风险公允价值变动		
（二）将重分类进损益的其他综合收益		
1. 权益法可转损益的其他综合收益		
2. 其他债权投资公允价值变动		
3. 金融资产重分类计入其他综合收益的金额		
4. 其他债权投资减值准备		
5. 外币报表折算差额		
六、综合收益总额		
七、每股收益		
（一）基本每股收益		
（二）稀释每股收益		

二、 利润表中相关项目的填列方法

（1）“营业收入”反映企业经营主要业务和其他业务所确认的收入总额，本项目是根据主营业务收入和其他业务收入的科目贷方发生额填列的。

（2）“营业成本”反映经营主要业务和其他业务所发生的成本总额，本项目应根据主营业务成本和其他业务成本科目的借方发生额填列。

（3）“税金及附加”反映企业经营业务应负担的消费税、城市维护建设税、资源税、土地增值税及教育费附加等，本项目应根据税金及附加科目借方发生额填列。

（4）一般情况下，“销售费用”根据销售费用账户借方发生额直接填列。若有时贷方发生额也有数据，只能根据借方发生额的合计数减去贷方发生额的合计数的差额填列在该项目中。

（5）一般情况下，“管理费用”根据管理费用账户借方发生额直接填列。若有时贷方发生额也有数据，只能根据借方发生额的合计数减去贷方发生额的合计数的差额填列在该项目中。

（6）一般情况下，“研发费用”根据研发费用账户借方发生额直接填列。若有时贷方发生额也有数据，只能根据借方发生额的合计数减去贷方发生额的合计数的差额填列在该项目中。

（7）一般情况下，“财务费用”根据财务费用账户借方发生额直接填列。若有时贷方发生额也有数据，只能根据借方发生额的合计数减去贷方发生额的合计数的差额填列在该项目中。

（8）“信用减值损失”根据信用减值损失科目借方发生额直接填列。

（9）“资产减值损失”根据资产减值损失科目借方发生额直接填列。

（10）“其他收益”是反映计入其他收益的政府补助等，该项目根据“其他收益”科目的贷方发生额分析填列。

（11）“投资收益”根据投资收益的科目发生额直接填列，如为投资损失，以“－”填列。

（12）以摊余成本计量的金融资产终止确认收益项目反映企业因转让等情形导致终止确认以摊余成本计量的金融资产而产生的利得或损失。该项目根据“投资收益”科目的相关明细科目的发生额分析填列，如为损失，以“－”填列。

（13）公允价值变动收益根据公允价值变动损益科目发生额分析填列，如为损失，以“－”填列。

（14）资产处置收益项目，反映企业出售划分为持有待售的非流动资产（金融工具、长期股权投资和投资性房地产除外）或处置时确认的处置利得或损失，以及处置未划分为持有待售的固定资产、在建工程、生产性生物资产及无产资产而产生的处置利得或损失。债务重组中因处置非流动资产产生的利得或损失和非货币性资产交换产生的利得或损失也包括在本项目内。该项目根据在损益类科目新设置的“资产处置损益”科目的发生额分析填列，如为处置损失，以“－”填列。

（15）“营业外收入”根据营业外收入账户的贷方发生额直接填列。

（16）“营业外支出”根据营业外支出账户的借方发生额直接填列。

（17）“所得税费用”根据所得税费用借方发生额科目直接填列。

（18）其他权益工具投资公允价值变动项目，反映企业指定为以公允价值计量且其变动计入其他综合收益的非交易性权益工具投资发生的公允价值变动。该项目根据“其他综合收益”科目的相关明细科目的发生额分析填列。

（19）企业自身信用风险公允价值变动项目，反映企业指定为以公允价值计量且其变动计入当期损益的金融负债，由企业自身信用风险变动引起的公允价值变动而计入其他综合收益的金额。该项目根据“其他综合收益”科目的相关明细科目的发生额分析填列。

（20）其他债权投资公允价值变动项目，反映企业分类为以公允价值计量且其变动计入其他综合收益的债权投资发生的公允价值变动。企业将一项以公允价值计量且其变动计入其他综合收益的金融资产重分类为以摊余成本计量的金融资产，或重分类为以公允价值计量且其变动计入当期损益的金融资产，之前计入其他综合收益的累计利得或损失从其他综合收益中转出的金额作为该项目的减项。该项目根据“其他综合收益”科目下的有关明细科目的发生额分析填列。

（21）其他债权投资减值准备项目，反映企业按照《企业会计准则第22号——金融工具确认和计量》第十八条分类为以公允价值计量且其变动计入其他综合收益的金融资产的损失准备。该项目根据“其他综合收益”科目下的“信用减值准备”明细科目的发生额分析填列。

特别提示

在实际工作中，一定要先编制利润表，然后才能编制资产负债表，只有根据利润表中的净利润项目数据，才能填列资产负债表中的“未分配利润”项目。

第三节　资产负债表

一、资产负债表的定义

资产负债表是反映企业某一特定日期财务状况的会计报表，可以利用资产负债表来获取企业的短期偿债能力、长期偿债能力。

二、资产负债表的作用

（1）了解企业在某一特定日期所拥有的资产总量及其结构。

（2）可以提供某一日期的负债总额及其结构，从而断定企业将来的短期偿债和长期偿债能力。

（3）可以断定资本保值、增值的情况以及对负债保障情况。

三、资产负债表的构成（按账户式反映）

表 13－2　资产负债表

编制单位：　　　　　　　　　　年　　　月　　　日　　　　　　　　　　单位：元

资产	年初余额	期末余额	负债和所有者权益	年初余额	期末余额
货币资金			短期借款		
交易性金融资产			交易性金融负债		
衍生金融资产			衍生金融负债		
应收票据			应付票据		
应收账款			应付账款		
预付账款			预收账款		
应收利息			合同负债		
应收股利			应付职工薪酬		
其他应收款			应交税费		
存货			其他应付款		
合同资产			持有待售负债		
持有待售资产			一年内到期的非流动负债		
一年内到期的非流动资产			其他流动负债		
其他流动资产			**流动负债合计**		
流动资产合计			非流动负债		
非流动资产			长期借款		
债权投资			应付债券		
其他债权投资			长期应付款		
长期应收款			预计负债		
长期股权投资			递延所得税负债		
其他权益工具投资			**非流动负债合计**		
其他非流动金融资产			**负债合计**		
固定资产			所有者权益		

（续上表）

资产	年初余额	期末余额	负债和所有者权益	年初余额	期末余额
在建工程			股本		
无形资产			资本公积		
开发支出			减：库存股		
商誉			其他综合收益		
长期待摊费用			盈余公积		
递延所得税资产			未分配利润		
其他非流动资产			**所有者权益合计**		
资产总计			**负债和所有者权益合计**		

四、 资产负债表的编制方法

1. 根据会计科目的总账余额直接填列

也就是说总账的余额是多少金额，在会计报表中的相关项目就直接填列多少金额。如应付票据、短期借款等会计账户。

2. 根据会计科目的总账余额计算填列

也就是说会计报表中的有关项目的金额是根据若干个总账科目的余额合计数填列的。如货币资金项目是根据库存现金、银行存款、其他货币资金三个总账科目的余额加总填列的；存货项目的金额是根据原材料、库存商品、周转材料、生产成本、委托加工物资等这些总账科目的余额加总填列的。

3. 根据会计科目明细账余额分析填列

如应收账款、预收账款、应付账款、预付账款等项目不能根据总账科目直接填列，而要根据有关的会计科目的明细科目进行分析后填列。

重难点知识讲解

案例1：

应收账款（A公司）10万元，应收账款（B公司）20万元，应收账款（C公司）−5万元。预收账款（甲公司）2万元，预收账款（乙公司）−3万元。

由于应收账款的余额在贷方，它的性质已经发生了改变，变成了企业的负债，预收账款的余额在借方，它的性质已经发生了改变，变成了企业的资产。因此，在资产负债表上填列的应收账款的金额是10+20+3=33（万元），预收账款的金额是2+5=7（万元）。

案例 2：

预付账款（A 公司）5 万元，预付账款（B 公司）15 万元，预付账款（C 公司）-3 万元。应付账款（甲公司）20 万元，应付账款（乙公司）10 万元，应付账款（丙公司）-5 万元。

由于预付账款的余额在贷方，它的性质已经发生了改变，变成了负债，应付账款的余额在借方，它的性质已经发生了改变，变成了资产。因此资产负债表上预付账款应填列的金额是 5 + 15 + 5 = 25（万元），应付账款是 20 + 10 + 3 = 33（万元）。

4. 根据会计科目总账余额和会计科目明细账余额分析填列

这类账户主要是长期借款、长期应付款、应付债券、债权投资、其他债权投资、其他权益工具投资、长期应收款，对于将于一年内到期的长期借款、长期应付款、应付债券、债权投资、其他债权投资、长期应收款这类账户的金额在账务上不需要做会计处理。也就是说并没有将于一年内到期的长期借款、长期应付款、应付债券、债权投资、其他债权投资、长期应收款分别转入短期借款、交易性金融资产等有关会计账户中，其金额仍保留在这些账户中，但在编制会计报表时，应当从这些账户中分离出来，填入一年内到期的非流动资产、一年内到期的非流动负债项目中。

案例 3：

广东 A 股份有限公司于2021 年1 月1 日将60 万元银行存款用于购买广东甲公司发行的债券，合同中规定此次债券的发行期为 3 年。2020 年 1 月 1 日购买广东 B 股份有限发行的公司债券100 万元，合同中规定此次债券的发行期为 3 年，购买后准备持有至债券到期。该债权投资以摊余成本计量。

因此 2021 年年末在资产负债表上填列的一年内到期的非流动资产为 100 万元。债权投资为 60 万元。

5. 根据会计科目余额减去其备抵会计科目后的净额填列

如：应收账款净额 = 应收账款 - 坏账准备

固定资产净值 = 固定资产原价 - 累计折旧

五、 资产负债表有关项目的具体填列方法

（1）货币资金：根据“库存现金”“银行存款”“其他货币资金”三个会计账户的总账余额总和填列。

（2）交易性金融资产是根据“交易性金融资产”会计科目的总账余额填列。自资产负债表日起超过一年到期且预期持有超过一年的以公允价值计量且变动计入当期损益的非流动金融资产的期末账面价值，在其他非流动金融资产项目中填列。

（3）衍生金融资产是根据“衍生金融资产”会计科目的总账余额填列。

（4）应收账款是根据“应收账款”每个账户的具体项目明细分析填列。同时要注意的是，此项目要减去坏账准备账户后的余额填列。

（5）应收票据根据“应收票据”总账科目余额直接填列。若计提了坏账准备，还应减掉已经计提的坏账准备后的金额填列。

（6）预付账户不能根据该账户的总账余额直接填列，要根据各个明细项目分析填列。

（7）其他应收款根据“其他应收款”会计科目总账余额直接填列。若经计提了坏账准备，还要减掉已经计提的坏账准备后的金额填列。

（8）存货是根据“原材料”“库存商品”“生产成本”“委托加工物资”“周转材料”“委托代销商品”“材料采购”这几个账户的总账余额的总和减去“受托代销商品款”“存货跌价准备”科目后的余额的金额填列。如果材料采用计划成本核算，以及库存商品采用计划成本核算或售价核算，还应加上或减去材料成本差异、商品进销差价后的金额填列。

（9）合同资产和合同负债，企业应按照《企业会计准则第 14 号——收入》的相关规定，根据本企业履约义务与客户付款之间的关系在资产负债表中列示合同资产或合同负债，应根据“合同资产”或“合同负债”科目的相关明细科目期末余额分析填列。同一合同下的合同资产和合同负债应当以净额填列，期中净额为借方余额的，应当根据其流动性在合同资产或其他非流动资产项目中填列，已计提减值准备的，还应当减去合同资产减值准备科目中的余额后的金额填列。期中净额为贷方余额的，应当根据其流动性在合同负债或其他非流动负债项目中填列。

（10）持有待售资产，反映资产负债表日划分为持有待售类别的非流动资产及划分为持有待售类别的处置组中的流动资产和非流动资产的期末账面价值。该项目应根据在资产类科目“持有待售资产”科目的期末余额，减去“持有待售资产减值准备”科目的期末余额后的金额填列。

（11）一年内到期的非流动资产，对于将于一年内到期的债权投资、其他债权投资、长期应收款这类账户的金额在账务上不需要做会计处理。也就是说并没有将于一年内到期的债权投资、其他债权投资、其他权益工具投资、长期应收款分别转入应收账款、交易性金融资产等有关会计账户中，将其金额仍保留在这些账户中，但在编制会计报表时，应当从这些账户中分离出来，填入一年内到期的非流动资产项目中。

案例 4：

A 公司于 2020 年 1 月 1 日将 80 万元银行存款用于购买甲公司发行的债券，合同中规定时间为 2 年，准备持有时间为 2 年。2019 年 1 月 1 日购买某公司债券 100 万元，合同中规定时间为 5 年，准备持有时间为 5 年。该债权投资以摊余成本计量。

因此 2020 年年末资产负债表上填列的一年内到期的非流动资产为 80 万元。债权投资为 100 万元。

（12）债权投资是反映资产负债表日企业以摊余成本计量的长期债权投资的期末账面价值。该项目应根据“债权投资”科目的相关明细科目期末余额，减去“债权投资减值准备”科目中的相关减值准备的期末余额的金额分析填列。自资产负债表日起一年内到期的长期债权投资的期末账面价值，在一年内到期的非流动资产项目中填列。企业购入的以摊余成本计量的一年内债权投资的期末账面价值，在其他流动项目中填列。

（13）其他债权投资，反映资产负债表日企业分类为以公允价值计量且其变动计入其他综合收益的长期债权投资的期末账面价值。该项目应根据“其他债权投资”科目的相关明细科目期末余额分析填列。自资产负债表日起一年内到期的长期债权投资的期末账面价值，在一年内到期的非流动资产项目中反映。企业购入的以公允价值计量且其变动计入其他综合收益的一年内到期的债权投资的期末账面价值，在其他流动资产项目中填列。

（14）其他权益工具投资，反映资产负债表是企业以公允价值计量且其变动计入其他综合收益的非交易性权益工具投资的期末账面价值。该项目应根据“其他权益工具投资”科目的期末余额填列。

（15）长期应收款是根据总账余额减去相应的“未实现的融资收益”科目和“坏账准备”科目所属相关明细科目期末余额后的金额填列。

（16）长期股权投资是根据该账户的余额直接填列。若已经计提了减值准备，还要扣除已经计提的减值准备后填列。

特别提示

对于上述债权投资、其他债权投资、长期应收款、长期股权投资等账户中的金额距离到期还只有一年的时间时，应将这些金额从这几个账户中扣除，填到一年内到期的非流动资产项目中。要想做到准确填列资产负债表中的这些项目，平时要做好台账等基础性工作。

（17）固定资产是根据固定资产原价减去“累计折旧”和“固定资产减值准备”的余额直接填列。

（18）工程物资是根据“工程物资”的总账科目余额填列。

（19）在建工程是根据“在建工程”的总账余额减去“在建工程减值准备”后的金额填列。

（20）无形资产是根据“无形资产”的总账余额减去“无形资产减值准备”和“累计摊销”的金额直接填列。

（21）开发性支出反映企业开发无形资产过程中能够资本化形成无形资产成本的支出部分，本项目应根据研发支出所属的资本性支出明细科目期末余额填列。

（22）长期待摊费用是根据“长期待摊费用”的总账余额直接填列。长期待摊费用中的一年内（含一年内）摊销部分，在资产负债表中的一年内到期的非流动资产项目填列。

（23）递延所得税资产要根据“递延所得税资产”总账科目的期末余额填列。

（24）短期借款是根据“短期借款”的总账余额直接填列。

（25）交易性金融负债，反映资产负债表日企业承担的交易性金融负债，以及企业持有的直接指定为以公允价值计量且其变动计入当期损益的金融负债的期末账面价值。该项目应根据“交易性金融负债”科目的有关明细科目期末余额填列。

（26）应付票据是根据“应付票据”的总账余额直接填列。

（27）应付账款要根据每个明细账户的余额性质分析填列。不能根据总账余额直接填列。

（28）预收账款是根据“预收账款”科目的明细账户性质分析填列，不能根据总账余额直接填列。

（29）合同负债项目在（9）中已经讲过。

（30）应付职工薪酬是按国家相关规定应付给职工的工资、福利、社会保险、住房公积金、工会经费、教育经费、非货币性福利、辞退福利等各种薪酬。外商投资企业按规定从净利润中提取的职工奖励及福利基金，也在本项目内列示。直接根据“应付职工薪酬”科目的总账余额填列。

（31）应交税费是根据“应交税费”科目的总账余额直接填列。包括增值税、消费税、企业所得税、资源税、土地增值税、城市维护建设税、房产税、土地使用税、车船使用税、教育费附加、矿产资源补偿费等，企业代扣代缴的个人所得税也通过本项目列示。企业所交纳的税金不需要预计应交数的，如印花税、耕地占用税等，不在本项目内列示。如应交税费的余额在借方，以“－”号列示。

（32）其他应付款是根据“其他应付款”科目的总账余额直接填列。

（33）持有待售负债，反映资产负债表日处置组中与划分为持有待售类别的资产直接相关的负债的期末账面价值。该项目应根据“持有待售负债”科目的期末余额填列。

（34）一年内到期的非流动负债是反映非流动负债项目中将于资产负债表日后一年内到期部分的金额。

（35）长期借款是反映企业向银行和其他金融机构借入的期限在一年以上（不含一年）的各项借款，该项目是根据“长期借款”科目余额直接填列，但一年以内的借款将会填在一年内到期的非流动负债项目中。

案例5：

广州A股份有限公司于2020年1月1日向中国工商银行广州分行借款100万元，借款期限为6年。2019年1月1日向中国建设银行广州分行借款200万元，借款期限为3年。在2020年12月31日编制资产负债表时，应将向中国建设银行借款200万元填入一年到期的非流动负债项目中，而不应填在长期借款项目中。

（36）预计负债是根据“预计负债”的账户余额直接填列。

（37）应付债券是根据“应付债券”的账户总账余额直接填列。一年以内的应付债券将会填在一年内到期的非流动负债项目中。

（38）长期应付款是根据“长期应付款”账户总账余额减去“未确认的融资费用”科目余额直接填列。

（39）递延所得税款负债是根据“递延所得税负债”科目的贷方余额直接填列。

（40）实收资本是根据“实收资本”或“股本”账户的总账余额填列。

（41）资本公积是根据“资本公积”账户的总账余额直接填列。

（42）库存股反映企业持有尚未转让或注销的本公司股份金额，本项目应根据“库存股”科目的期末余额填列。

（43）盈余公积是根据“盈余公积”账户的总账余额直接填列。

（44）未分配利润是根据“利润分配”的总账余额直接填列。若余额在借方，此处填负数。

案例6：

广州A股份有限公司为增值税一般纳税人，增值税税率为13%，所得税税率为25%，该公司2021年1月有关科目余额表如表13-3所示。

表13-3 科目余额表

单位：元

科目名称	借方金额	科目名称	贷方金额
库存现金	4 000	短期借款	600 000
银行存款	2 560 000	应付票据	400 000
其他货币资金	248 600	应付账款	1 907 600
交易性金融资产	30 000	其他应付款	100 000
应收票据	492 000	应付职工薪酬	220 000
应收账款	600 000	应交税费	73 200
坏账准备	-1 800	应付利息	2 000
预付账款	200 000	长期借款	1 200 000
其他应收款	10 000	其中一年内到期长期负债	2 000 000
材料采购	450 000	股本	10 000 000
原材料	1 100 000	盈余公积	200 000
周转材料（包装物）	76 100	利润分配（未分配利润）	-100 000
周转材料（低值易耗品）	100 000		
库存商品	3 433 900		
长期股权投资	500 000		

（续上表）

科目名称	借方金额	科目名称	贷方金额
固定资产	3 000 000		
累计折旧	−800 000		
在建工程	3 000 000		
无形资产	1 200 000		
长期待摊费用	400 000		
合计	16 602 800		16 602 800

该公司2021年1月发生以下业务：

①1月2日收到银行通知，用银行存款支付到期的商业承兑汇票200 000元，增值税已于前期支付。

借：应付票据　　200 000

　贷：银行存款　　200 000

②1月3日购入原材料一批，用银行存款支付货款300 000元。增值税进项税额39 000元，取得增值税专用发票，款项已付。材料尚未收到。

借：在途物资　　300 000

　　应交税费——应交增值税——进项税额　　39 000

　贷：银行存款　　339 000

③1月5日收到原材料一批，实际成本300 000元，材料已验收入库。

借：原材料　　300 000

　贷：在途物资　　300 000

④1月6日用银行汇票支付材料采购价款，公司收到开户银行转来银行汇票多余款收账通知。通知单上填写的多余金额为6 272元，支付不含税的材料价款199 600元，税率为13%。不含税运费2 000元，税率为9%。取得了增值税专用发票。原材料已验收入库。

借：原材料　　201 600

　　应交税费——应交增值税——进项税额　　26 128

　　银行存款　　6 272

　贷：其他货币资金　　23 4000

⑤1月7日销售产品一批给广州乙公司，销售价款600 000元（不含应收取的增值税），该批产品实际成本为360 000元。产品已发出，价款未收到。

借：应收账款　　678 000

　贷：主营业务收入　　600 000

　　　应交税费——应交增值税——销项税额　　78 000

借：主营业务成本　　360 000

　贷：库存商品　　360 000

⑥1 月 8 日购入不需要安装的生产设备 1 台，价款 170 940 元，增值税进项税额 22 222.2元，取得了增值税专用发票，发生的运费 2 000 元，没有取得运输专用发票。价款、税款及运费均以银行存款支付。设备已交付使用。该设备生产的产品是需要缴纳增值税的。

借：固定资产　　172 940

　　应交税费——应交增值税——进项税额　　22 222.20

　贷：银行存款　　195 162.20

⑦1 月 10 日，购入准备用来建造生产厂房的工程物资一批，不含税价款 300 000 元，已用银行存款支付。

借：工程物资　　300 000

　　应交税费——应交增值税——进项税额　　39 000

　贷：银行存款　　339 000

⑧前期借款用来建造一项生产设备，该项生产设备已经完工投入生产使用，1 月 30 日计算本月应负担的长期借款利息 300 000 元，该项借款本息未付。

借：财务费用　　300 000

　贷：应付利息　　300 000

⑨1 月 20 日基本生产车间 1 台机床出售，原价 400 000 元，已计提折旧 360 000 元，发生清理费用 1 000 元，没有取得增值税专用发票。取得不含税残值收入 1 600 元，均通过银行存款收支。该项固定资产已清理完毕。

借：固定资产清理　　40 000

　　累计折旧　　360 000

　贷：固定资产　　400 000

借：固定资产清理　　1 000

　贷：银行存款　　1 000

借：银行存款　　1 808

　贷：固定资产清理　　1 600

　　　应交税费——应交增值税——销项税额　　208

借：资产处置损益　　39 400

　贷：固定资产清理　　39 400

⑩1 月 21 日销售产品一批，销售价款 1 400 000 元，应收取的增值税销项税额 182 000元，销售产品的实际成本 840 000 元，贷款及税款已存入银行。

借：银行存款　　1 582 000

　贷：主营业务收入　　1 400 000

　　　应交税费——应交增值税——销项税额　　182 000

借：主营业务成本　　840 000
　贷：库存商品　　840 000

⑪1 月 22 日收到北京丙公司的捐款 60 000 元，已存入银行。

借：银行存款　　60 000
　贷：营业外收入　　60 000

⑫1 月 25 日用银行存款支付产品展览费 20 000 元。

借：销售费用　　20 000
　贷：银行存款　　20 000

⑬1 月 28 日计提应付的职工工资 580 000 元，分配计入有关成本费用中。其中生产人员工资 550 000 元，行政管理人员工资 30 000 元。

借：生产成本　　550 000
　　管理费用　　30 000
　贷：应付职工薪酬　　580 000

⑭本月基本生产车间为生产产品领用原材料，成本 500 000 元。

借：生产成本　　500 000
　贷：原材料　　500 000

⑮1 月 30 日计提固定资产折旧 400 000 元，其中计入制造费用 340 000 元，计入管理费用 60 000 元。

借：制造费用　　340 000
　　管理费用　　60 000
　贷：累计折旧　　400 000

⑯1 月 31 日将本期的制造费用转入生产成本。

借：生产成本　　340 000
　贷：制造费用　　340 000

⑰1 月 31 日计算并结转本期完工产品成本 1 390 000 元，没有期初在产品，本期生产的产品全部完工入库。

借：库存商品　　1 390 000
　贷：生产成本　　1 390 000

⑱1 月 31 日计算本期应缴纳的增值税、城市维护建设税（7%）、教育费附加，并做出会计分录。

应交的城市维护建设税 =（260 208 − 126 350. 20）×0. 07 =9 370. 05（元）

应交的教育费附加 =（260 208 − 126 350. 20）×0. 03 =4 015. 73（元）

借：税金及附加　　13 385. 78
　贷：应交税费——应交城建税　　9 370. 05
　　　应交税费——教育费附加　　4 015. 73

⑲1 月 31 日将各收支科目发生额结转至本年利润账户中。

借：本年利润　　1 623 385.78
　贷：主营业务成本　　1 200 000
　　税金及附加　　13 385.78
　　管理费用　　90 000
　　销售费用　　20 000
　　财务费用　　300 000
借：主营业务收入　　2 000 000
　营业外收入　　60 000
　贷：本年利润　　2 060 000
借：本年利润　　39 400
　贷：资产处置损益　　39 400
⑳结转本年利润至利润分配账户中。
借：本年利润　　397 214.22
　贷：利润分配——未分配利润　　397 214.22
㉑2021 年 1 月会计科目发生额试算平衡表。

表 13－4　2021 年 1 月会计科目发生额试算平衡表

单位：元

科目名称	借方金额	贷方金额
银行存款	1 650 080.00	1 094 162.20
应付票据	200 000.00	
在途物资	300 000.00	300 000.00
应交税费（增值税）	126 350.20	260 208.00
应交税费（其他税种）		13 385.78
原材料	501 600.00	500 000.00
其他货币资金		234 000.00
应收账款	678 000.00	
主营业务收入	2 000 000.00	2 000 000.00
主营业务成本	1 200 000.00	1 200 000.00
库存商品	1 390 000.00	1 200 000.00
固定资产	172 940.00	400 000.00
工程物资	300 000.00	
财务费用	300 000.00	300 000.00

（续上表）

科目名称	借方金额	贷方金额
固定资产清理	41 000. 00	41 000. 00
累计折旧	360 000. 00	400 000. 00
资产处置损益	39 400. 00	39 400. 00
应付利息		300 000. 00
营业外收入	60 000. 00	60 000. 00
生产成本	1 390 000. 00	1 390 000. 00
本年利润	1 662 785. 78	2 060 000. 00
管理费用	90 000. 00	90 000. 00
应付职工薪酬		580 000. 00
制造费用	340 000. 00	340 000. 00
销售费用	20 000. 00	20 000. 00
税金及附加	13 385. 78	13 385. 78
合计	12 835 541. 76	12 835 541. 76

㉒2021 年 1 月利润表。

表 13－5　利润表

编制单位：广州 A 股份有限公司　　　　2021 年 1 月　　　　单位：元

项　目	本期数	上期数
一、营业收入	2 000 000. 00	
减：营业成本	1 200 000. 00	
税金及附加	13 385. 78	
销售费用	20 000. 00	
管理费用	90 000. 00	
研发费用	0. 00	
财务费用	300 000. 00	
其中：利息收入		
利息费用		

（续上表）

项　　目	本期数	上期数
信用减值损失（损失以“－”填列）	0.00	
资产减值损失（损失以“－”填列）	0.00	
加：其他收益	0.00	
投资收益（损失以“－”填列）	0.00	
其中：对联合企业和合营企业的投资收益		
以摊余成本计量的金融资产终止确认收益（损失以“－”填列）		
公允价值变动收益（损失以“－”填列）		
资产处置收益（损失以“－”填列）	－39 400.00	
二、营业利润（亏损以“－”填列）	337 214.22	
加：营业外收入	60 000.00	
减：营业外支出		
三、利润总额（亏损以“－”填列）	397 214.22	
减：所得税费用	0.00	
四、净利润（亏损以“－”填列）	397 214.22	
五、其他综合收益的税后净额		
（一）不能重分类进损益的其他综合收益		
1. 重新计量设定受益计划变动额		
2. 权益法不能转损益的其他综合收益		
3. 其他权益工具投资公允价值变动		
4. 企业自身信用风险公允价值变动		
（二）将重分类进损益的其他综合收益		
1. 权益法可转损益的其他综合收益		
2. 其他债权投资公允价值变动		
3. 金融资产重分类计入其他综合收益的金额		
4. 其他债权投资减值准备		
5. 外币报表折算差额		
六、综合收益总额		

（续上表）

项　　目	本期数	上期数
七、每股收益		
（一）基本每股收益		
（二）稀释每股收益		

㉓2021 年 1 月会计科目余额试算平衡表。

表 13－6　2021 年 1 月会计科目余额试算平衡表

单位：元

科目名称	期初借方余额	期初贷方余额	本期借方发生额	本期贷方发生额	期末借方余额	期末贷方余额
库存现金	4 000.00				4 000.00	
银行存款	2 560 000.00		1 650 080.00	1 094 162.20	3 115 917.80	
其他货币资金	248 600.00			234 000.00	14 600.00	
交易性金融资产	30 000.00				30 000.00	
应收票据	492 000.00				492 000.00	
应收账款	600 000.00		678 000.00		1 278 000.00	
坏账准备	－1 800.00				－1 800.00	
预付账款	200 000.00				200 000.00	
其他应收款	10 000.00				10 000.00	
材料采购	450 000.00				450 000.00	
原材料	1 100 000.00		501 600.00	500 000.00	1 101 600.00	
周转材料（包装物）	76 100.00				76 100.00	
周转材料（低值易耗品）	100 000.00				100 000.00	
在途物资			300 000.00	300 000.00	0.00	
生产成本			1 390 000.00	1 390 000.00	0.00	
制造费用			340 000.00	340 000.00	0.00	
库存商品	3 433 900.00		1 390 000.00	1 200 000.00	3 623 900.00	
长期股权投资	500 000.00				500 000.00	
固定资产	3 000 000.00		172 940.00	400 000.00	2 772 940.00	

（续上表）

科目名称	期初借方余额	期初贷方余额	本期借方发生额	本期贷方发生额	期末借方余额	期末贷方余额
累计折旧	-800 000.00		360 000.00	400 000.00	-840 000.00	
工程物资			300 000.00		300 000.00	
在建工程	3 000 000.00				3 000 000.00	
无形资产	1 200 000.00				1 200 000.00	
固定资产清理			41 000.00	41 000.00	0.00	
长期待摊费用	400 000.00				400 000.00	
短期借款		600 000.00				600 000.00
应付票据		400 000.00	200 000.00			200 000.00
应付账款		1 907 600.00				1 907 600.00
其他应付款		100 000.00				100 000.00
应付职工薪酬		220 000.00		580 000.00		800 000.00
应交税费		73 200.00	126 350.20	273 593.78		220 443.58
应付利息		2 000.00		300 000.00		302 000.00
长期借款		1 200 000.00				1 200 000.00
其中一年内到期长期负债		2 000 000.00				2 000 000.00
主营业务收入			2 000 000.00	2 000 000.00		0.00
主营业务成本			1 200 000.00	1 200 000.00		0.00
财务费用			300 000.00	300 000.00		0.00
资产处置损益			39 400.00	39 400.00		0.00
管理费用			90 000.00	90 000.00		0.00
销售费用			20 000.00	20 000.00		0.00
税金及附加			13 385.78	13 385.78		0.00
营业外收入			60 000.00	60 000.00		0.00
本年利润			2 060 000.00	2 060 000.00		0.00
股本		10 000 000.00				10 000 000.00
盈余公积		200 000.00				200 000.00
利润分配（未分配利润）		-100 000.00		397 214.22		297 214.22
合计	16 602 800.00	16 602 800.00	13 232 755.98	13 232 755.98	17 827 257.80	17 827 257.80

㉔2021 年 1 月 31 日资产负债表。

表 13－7　资产负债表

编制单位：广州 A 股份有限公司　　2021 年 1 月 31 日　　单位：元

资产	期初数	期末数	负债及所有者权益	期初数	期末数
货币资金	2 812 600.00	3 134 517.80	短期借款	600 000.00	600 000.00
交易性金融资产	30 000.00	30 000.00	应付票据	400 000.00	200 000.00
应收票据	492 000.00	492 000.00	应付账款	1 907 600.00	1 907 600.00
应收账款	598 200.00	1 276 200.00	其他应付款	100 000.00	100 000.00
预付账款	200 000.00	200 000.00	应付职工薪酬	220 000.00	800 000.00
其他应收款	10 000.00	10 000.00	应交税费	73 200.00	220 443.58
存货	5 160 000.00	5 351 600.00	应付利息	2 000.00	302 000.00
流动资产合计	9 302 800.00	10 494 317.80	其中一年内到期长期负债	2 000 000.00	2 000 000.00
长期股权投资	500 000.00	500 000.00	流动负债合计	5 302 800.00	6 130 043.58
固定资产	2 200 000.00	1 932 940.00	长期借款	1 200 000.00	1 200 000.00
工程物资		300 000.00	长期负债合计	1 200 000.00	1 200 000.00
在建工程	3 000 000.00	3 000 000.00	股本	10 000 000.00	10 000 000.00
无形资产	1 200 000.00	1 200 000.00	盈余公积	200 000.00	200 000.00
长期待摊费用	400 000.00	400 000.00	未分配利润	－100 000.00	297 214.22
非流动资产合计	7 300 000.00	7 332 940.00	所有者权益合计	10 100 000.00	10 497 214.22
资产合计	16 602 800.00	17 827 257.80	负债及所有者权益合计	16 602 800.00	17 827 257.80

附录　实训

第一章　总论

实训一　会计要素的确认

【实训目的】

通过本次实训，掌握并理解会计要素的确认条件。

【实训资料】

某企业在会计核算中，存在以下事项：

1. 企业对以融资租赁方式租入的生产机器设备和以经营租赁方式租入的卡车在租赁开始日，都作为固定资产的增加。

2. 企业在明知购货方目前经济困难，无力支付货款的情况下，出于与购货方已合作多年，决定继续将产品销售给对方，同时确认当期收入。

3. 企业将收到职工的迟到罚款确认为当期收入。

4. 企业将对地震灾区的捐款确认为期间费用。

5. 企业将收到的职工工作服押金确认为负债。

【实训要求】

请分析企业的上述事项处理是否正确，为什么？

实训二　会计假设的运用

【实训目的】

通过本次实训，理解并运用会计基本假设。

【实训资料】

某大型生产企业，共有 5 个产品生产车间和 2 个辅助生产车间，各车间符合独立会计核算要求，同时各车间也相互提供产品或服务并进行相应会计核算。因此，有的人说该企业的每个生产车间都可以同时作为法律主体和会计主体。而有的人说企业是一个法律主体，也是一个会计主体，但每个车间只能是会计主体，不能是法律主体。

【实训要求】

根据上述资料，判断上述说法是否正确。

实训三　会计信息质量要求运用

【实训目的】

通过本次实训，理解并运用会计信息质量要求。

【实训资料】

某企业在会计核算中，存在以下事项：

1. 对企业的无形资产和固定资产均计提减值准备。
2. 对存货期末计价采用成本与可变现净值孰低法。
3. 对应收款项按应收账款余额百分比法计提坏账准备。
4. 对于企业发生的某项支出，金额较小的，虽从支出收益期看可在若干个会计期间进行分摊，但企业将其一次性计入当期损益。
5. 企业对以融资租赁方式租入的生产机器设备和以经营租赁方式租入的卡车这两项固定资产在租赁期内每月均计提折旧。

【实训要求】

1. 请分析企业的上述事项处理是否正确。
2. 分析上述资料是否符合会计信息质量要求，为什么？

实训四　单项选择题

1. 体现了会计核算空间范围的会计假设是（　　）。

A. 持续经营　　B. 会计分期　　C. 货币计量　　D. 会计主体

2. 由于（　　）假设，产生权责发生制和收付实现制会计处理基础。

A. 持续经营　　B. 会计分期　　C. 货币计量　　D. 会计主体

3. 由于（　　）假设，才能够对固定资产分期计提折旧和对有关长期待摊费用进行分期摊销。

A. 持续经营　　B. 会计分期　　C. 货币计量　　D. 会计主体

4. 货币计量假设的最重要作用是（　　）。

A. 便于进行会计核算

B. 便于不同企业之间提供的会计信息进行相互可比

C. 便于政府监督企业

D. 便于企业管理

5. 公司工会派人到医院看望生病的员工，送去的探望金没有在账簿中反映出来，体现了(　　)原则。

A. 可靠性　　B. 重要性　　C. 可比性　　D. 及时性

6. 下列（　　）行为可以确认为公司的资产。

A. 公司以经营方式租入的厂房　　B. 公司以融资方式租入的设备

C. 购买货物尚未支付的货款　　D. 尚未缴纳的上期增值税

7. 公司8月销售的一批货物没有在当期确认收入，而是放在10月份确认销售收入，违背了（　　）原则。

A. 重要性　　B. 及时性

C. 可靠性　　D. 实质重于形式

8. 下列（　　）行为可以确认为收入。

A. 享受现金折扣　　B. 销售产品

C. 按季取得银行存款利息收入　　D. 接受其他企业捐赠

9. 企业的销售收入会导致企业（　　）的增加。

A. 负债的减少　　B. 资产的减少

C. 所有者权益　　D. 资本公积的增加

实训五　多项选择题

1. 会计的四大假设是（　　）。

A. 持续经营　　B. 会计分期　　C. 货币计量

D. 会计主体　　E. 收付实现制　　F. 谨慎性原则

2. 下列（　　）情况，体现了谨慎性原则。

A. 在物价上涨情况下，存货成本结转采用后进先出法

B. 存货成本结转采用先进先出法

C. 对应收账款计提减值准备

D. 对存货计提减值准备

3. 企业的一项销售行为能够导致（　　）。

A. 资产的增加　　B. 所有者权益的减少

C. 负债的增加　　D. 所有者权益的增加

4. 企业的一项赊购行为能够导致（　　）。

A. 资产增加　　B. 负债增加

C. 资产不变　　D. 负债减少

第二章　资金岗位核算

实训一　其他货币资金业务核算

【实训目的】

1. 通过本次实训，掌握其他货币资金的核算内容。

2. 通过本次实训，掌握其他货币资金业务的会计处理。

【实训资料】

某公司 2020 年 8 月发生如下经济业务：

1. 委托银行开出 50 000 元银行汇票进行采购。采购 A 材料价款合计 42 000 元，取得了增值税普通发票，增值税税率为 13%。材料已验收入库。多余款项已经退回。

2. 汇款 80 000 元到外地设立采购专户。采购结束，收到供货单位开具的增值税专用发票，发票上列明不含税价款 60 000 元，增值税税率为 13%，所购 B 材料已到货并验收入库。采购专户同时结清。

3. 向某证券公司划款 20 万元，委托其代购 B 公司即将发行的股票。

4. 委托银行开出银行汇票 50 万元向甲公司采购 C 材料。当日，材料运到并验收入库，增值税专用发票列示 C 材料不含税价款 40 万元，增值税税率为 13%。汇票余款尚未结清。

5. 将款项交存银行，开立银行本票，金额 150 000 元。

6. 用银行本票结算材料货款，增值税专用发票注明：价款 100 000 元，增值税专用发票上列示增值税 13 000 元，共计 113 000 元。汇票余款结清。

【实训要求】

根据上述业务编制会计分录。

实训二　现金使用范围

【实训目的】

通过本次实训，掌握现金使用范围。

【实训资料】

某企业在 2020 年 7 月发生下列现金支付业务：

1. 支付职工张添差旅费 3 000 元。
2. 支付银行承兑汇票手续费 1 000 元。
3. 支付李明困难补助 800 元。
4. 支付购置设备款 6 000 元。
5. 支付采购材料款 10 000 元。
6. 支付采购农副产品 1 800 元。
7. 支付职工高温津贴 35 000 元。

【实训要求】

根据上述资料，逐项判断是否符合现金开支范围的有关规定。

实训三　现金业务核算

【实训目的】

通过本次实训，掌握现金业务的会计处理。

【实训资料】

某企业在 2020 年 8 月发生下列现金支付业务：

1. 8 月 6 日，从银行提取现金 90 000 元，以备发放本月工资。

2. 8 月 7 日，以银行存款支付生产车间业务招待费 800 元。

3. 8 月 9 日，以现金发放职工上个月的工资 90 000 元。

4. 8 月 12 日，销售部张兰出差预借差旅费 900 元，以现金支付。

5. 8 月 14 日，公司收到零星销售款 2 260 元（增值税税率为 13%）。

6. 8 月 18 日，销售部职工李宏出差预借差旅费 1 000 元，以现金支付。出差回来后报销费用 850 元，并交来余款 150 元。

7. 8 月 23 日，以现金支付第四季度的报刊费 600 元。

8. 8 月 31 日，库存现金清查中发现短缺 20 元，清查核实后，仍无法查明原因。责成出纳人员李明赔偿。

【实训要求】

根据上述业务编制相关会计分录。

实训四 编制银行存款余额调节表

【实训目的】

1. 通过本次实训，理解未达账项的含义。

2. 通过本次实训，掌握银行存款余额调节表的编制。

【实训资料】

2020 年 8 月 31 日，某企业银行存款日记账余额为 362 500 元，而银行对账单余额为 368 200 元。经与银行对账，发现有以下几笔未达账项：

1. 销售产品，收到货款 5 000 元，支票已送存银行，银行尚未记账。

2. 用银行存款支付广告费 10 000 元，转账支票已开出，银行尚未记账。

3. 本月水电费 2 800 元，银行已划出，企业尚未记账。

4. 刘宇公司偿付前欠货款 3 500 元，银行已收入企业账户，企业尚未记账。

【实训要求】

根据以上资料编制企业银行存款余额调节表，并加以分析说明。

实训五 单项选择题

1. 银行存款余额表（ ）。

A. 可以作为付款的原始凭证

B. 可以作为收款的原始凭证

C. 不可以作为原始凭证

D. 需要根据银行存款余额表编制记账凭证

2. 信用卡存款放在（ ）科目进行核算。

A. 银行存款 B. 其他货币资金 C. 库存现金 D. 预付账款

3. 企业库存现金的最高限额一般为（ ）零星日常开支。

A. 12 天 B. 3 至 5 天 C. 15 天 D. 16 天

4. 银行汇票提示付款期限自出票日起最长不得超过（ ）个月。

A. 1 B. 2 C. 3 D. 4

5. 企业向银行申请开具银行汇款或银行本票所支付的手续费计入（　　）中。

A. 管理费用　B. 销售费用　C. 制造费用　D. 财务费用

6. 销售部张三出差回来报销的差旅费计入（　　）科目中。

A. 财务费用　B. 销售费用　C. 管理费用　D. 制造费用

7. 公司现金盘盈后，在批准处理前，贷方首先计入（　　）科目中。

A. 营业外收入　B. 待处理财产损溢

C. 管理费用　D. 其他业务收入

8. 企业申请办理的银行本票先放在（　　）科目中进行会计处理。

A. 银行存款　B. 其他货币资金　C. 预付账款　D. 应收账款

9. 无法查明的原因现金盘亏可以放在（　　）科目中进行处理。

A. 营业外支出　B. 管理费用　C. 财务费用　D. 销售费用

10. 因采购业务的需要，汇款异地放在采购专户的资金，放在（　　）进行会计核算。

A. 银行存款　B. 应收票据　C. 应收账款　D. 其他货币资金

实训六　多项选择题

1. 下列（　　）银行结算方式需要通过“其他货币资金”科目进行核算。

A. 银行本票　B. 银行汇票　C. 商业汇票　D. 外埠存款

2. 银行结算账户可以分为（　　）。

A. 基本存款账户　B. 一般存款账户　C. 专用存款账户　D. 临时存款账户

3. 下列各项中，不通过“其他货币资金”科目进行核算的是（　　）。

A. 信用卡存款　B. 信用证存款　C. 商业承兑汇票　D. 银行承兑汇票

4. 可以用于异地结算的方式有（　　）。

A. 银行本票　B. 银行汇票　C. 汇兑　D. 商业票据

第三章　金融资产

实训一　金融资产的分类

【实训目的】

通过本次实训，掌握金融资产的含义及其分类。

【实训资料】

某企业在2020年7月发生下列投资业务，并已计入“债权投资”科目。

1. 1日，购入2020年1月1日发行的5年期债券，准备持有1年后出售，并将在持有期间的公允价值变动计入其他综合收益中。

2. 1日，购入当天发行的1年期债券，企业决定并有能力将债券持有至到期。

3. 15日，购入某公司股票50 000股，当时购买价为每股12.5元，并将在持有期间的公允价值变动计入其他综合收益中。

4．20 日，购入某上市公司股票 1 000 股，并准备在近期内出售。以公允价值计量且其变动计入当期损益。

【实训要求】

根据上述资料，逐项判断是否符合金融资产分类的有关规定。

实训二　交易性金融资产的初始确认

【实训目的】

通过本次实训，掌握交易性金融资产的初始确认及其会计处理。

【实训资料】

某公司认购 C 公司普通股股票 1 000 股，每股面值 10 元，实际买价每股 11 元，其中包含已宣告发放但尚未领取的现金股利 500 元，另外支付相关费用 100 元，公司将该批股票作为交易性金融资产核算和管理。

【实训要求】

1．根据上述资料，计算该项投资的初始成本。

2．根据上述资料，编制会计分录。

实训三　交易性金融资产（股票）业务核算

【实训目的】

1．通过本次实训，掌握交易性金融资产的初始确认及其会计处理。

2．通过本次实训，掌握交易性金融资产的持有期间收益确认及其会计处理。

3．通过本次实训，掌握交易性金融资产的期末计量。

4．通过本次实训，掌握处置交易性金融资产的业务处理。

【实训资料】

2020 年 5 月 11 日，甲企业购入 10 万股股票，每股市价 10 元，甲企业将其划分为交易性金融资产。取得时实际支付价款 106 万元（包含已宣告发放的现金股利 5 万元，交易费用 1 万元）。2020 年 5 月 16 日收到最初支付价款中所包含的现金股利 5 万元。2020 年 12 月 31 日，该股票公允价值为 112 万元。2021 年 3 月 6 日，收到现金股利 3 万元。2021 年 5 月 8 日，将该股票处置，售价 120 万元，不考虑其他费用。

【实训要求】

1．根据上述资料，编制相关会计分录。

2．根据上述资料，计算该项投资的投资收益总额。

实训四　交易性金融资产（债券）业务核算

【实训目的】

1．通过本次实训，掌握交易性金融资产的初始确认及其会计处理。

2．通过本次实训，掌握交易性金融资产的持有期间收益确认及其会计处理。

3．通过本次实训，掌握交易性金融资产的期末计量。

4．通过本次实训，掌握交易性金融资产账面价值的计算。

5．通过本次实训，掌握处置交易性金融资产的业务处理。

【实训资料】

2020 年 7 月 1 日，乙公司购入面值为 100 万元，年利率为 4% 的 A 债券，取得时的价款为 102 万元（含已到付息期但尚未领取的利息 2 万元），另支付交易费用 0.5 万元。乙公司将该项金融资产划分为交易性金融资产。2020 年 12 月 31 日，A 债券的公允价值为 106 万元。2021 年 1 月 5 日，收到 A 债券 2020 年度的利息 4 万元。2021 年 2 月 3 日，乙公司出售 A 债券，售价为 108 万元。

【实训要求】

1．根据上述资料，编制相关会计分录。

2．计算 2020 年 12 月 31 日该项投资的账面价值。

实训五　债权投资（溢价购入）业务核算

【实训目的】

1．通过本次实训，掌握债权投资的初始确认及其会计处理。

2．通过本次实训，掌握债权投资的持有期间收益确认及其会计处理。

3．通过本次实训，掌握债权投资到期时的业务处理。

【实训资料】

2021 年 1 月 1 日，乙公司用 3 083. 265 万元购入一批期限为 3 年的一次到期还本付息的公司债券。该债券票面年利率为 5%，实际利率为 4%，面值为 3 000 万元。乙公司将其确认为持有至到期投资。

【实训要求】

根据上述资料，编制该项债权投资从投资时至到期日的相关会计分录。

实训六　债权投资（折价购入）业务核算

【实训目的】

1．通过本次实训，掌握债权投资的初始确认及其会计处理。

2．通过本次实训，掌握债权投资的持有期间收益确认及其会计处理。

3．通过本次实训，掌握债权投资出售时的业务处理。

【实训资料】

2021 年 1 月 1 日，甲公司支付价款 11 000. 29 元从活跃市场上购入某公司 5 年期债券，面值为 12 500 元，票面利率为 5%，按年支付利息，通过计算，该债券实际利率为 8%。乙公司将准备持有至到期日。

【实训要求】

根据上述资料，编制该项债权投资从投资时至出售时的相关会计分录。

实训七　应收票据业务核算

【实训目的】

1．通过本次实训，掌握商业汇票到期日的确认和到期值的计算。

2. 通过本次实训，掌握取得商业汇票的会计处理。

3. 通过本次实训，掌握商业汇票到期时的会计处理。

【实训资料】

某公司2021年2月28日销售产品一批，不含税售价10 000元，增值税1 300元，收到甲企业一张期限为6个月、年利率为9%、面值为11 300元的商业承兑汇票。票据到期时，收到甲企业承兑的款项并存入银行。

【实训要求】

1. 根据资料，确定该票据的到期日、到期值。

2. 编制商业汇票取得时和到期时的会计分录。

实训八 商业汇票贴现核算

【实训目的】

1. 通过本次实训，掌握商业汇票到期日和贴现日的确认。

2. 通过本次实训，掌握到期值、贴现息、贴现净额的计算。

3. 通过本次实训，掌握商业汇票贴现的相关会计处理。

【实训资料】

甲企业2020年12月1日因销售商品取得一张面值20 000元、期限3个月、票面利率为3%的商业承兑汇票，企业持有2个月后向银行申请贴现，贴现率为6%。该票据到期后，承兑方如期承兑。增值税税率为13%。

【实训要求】

1. 根据资料，计算贴现净额。

2. 根据资料，编制相关会计分录。

实训九 坏账损失的核算

【实训目的】

1. 通过本次实训，掌握计提坏账准备的会计处理。

2. 通过本次实训，掌握坏账损失的核算。

【实训资料】

2020年1月1日，甲企业应收账款余额为3 000 000元，坏账准备贷方余额为15 000元。

2020年度，甲企业发生了如下相关业务：

（1）销售商品一批，增值税专用发票上注明的价款为5 000 000元，增值税税额为650 000元，货款尚未收到。

（2）因某客户破产，该客户所欠货款10 000元不能收回，确认为坏账损失。

（3）收回上年度已转销为坏账损失的应收账款8 000元并存入银行。

（4）收到某客户以前所欠的货款400 000元并存入银行。

（5）2020年12月31日，甲公司对应收账款进行减值测试。确定按0.5%计提坏账准备。

【实训要求】

1. 根据上述（1）至（4）资料编制相关的会计分录。

2. 根据上述资料计算2020年年末应计提的坏账准备，并编制计提坏账准备的会计分录。

实训十　公允价值变动计入综合收益的金融资产（债券）业务核算

【实训目的】

1. 通过本次实训，掌握公允价值变动计入综合收益的金融资产的初始确认及其会计处理。

2. 通过本次实训，掌握公允价值变动计入综合收益的金融资产的持有期间收益确认及其会计处理。

3. 通过本次实训，掌握公允价值变动计入综合收益的金融资产出售时的业务处理。

【实训资料】

甲公司支付1 066. 21元购买乙公司于2019年1月1日发行面值为1 000元的债券，其票面利率为10%，每年计算并付利息一次，并于4年后的12月31日到期。当时的实际利率为8%。甲公司根据其管理该债券的业务模式和该债券的合同现金量特征，将该债券分类为以公允价值计量且变动计入其他综合收益的金融资产（见下表）。

单位：元

日期	现金流入（A = 面值×8%）	实际利息收入（B = D×10%）	已收回本金（C = A－B）	期末摊余成本（D = 期初 D－C）	公允价值（E）	公允价值变动额（F = E－D－期初 G）	公允价值变动累计额（G = 期初 G + F）
2019年1月1日				1 066. 21	1 066. 21	0	0
2019年12月31日	100. 00				1 100. 00		
2020年12月31日	100. 00				1 120. 00		
2021年12月31日	100. 00				1 050. 00		
2022年1月20日	0			1 050. 00	1 050. 00		
小计	300. 00						
2022年1月20日	1 050. 00		1 050. 00				
合计	1 350. 00						

当时购买价 $=100\times(P/A、8\%、4)+1\ 000\times(P/S、8\%、4)$

$=100\times3.312\ 1+1\ 000\times0.735\ 0$

$=331.21+735=1\ 066.21$（元）

2019 年 12 月 31 日，乙公司债券的公允价值为 1 100 元（不含利息）。

2020 年 12 月 31 日，乙公司债券的公允价值为 1 120 元（不含利息）。

2021 年 12 月 31 日，乙公司债券的公允价值为 1 050 元（不含利息）。

2022 年 1 月 20 日，通过证券公司出售了乙公司的债券，取得价款 1 050 元。

【实训要求】

根据上述资料，编制该项投资从投资时至出售时的相关会计分录。

实训十一　公允价值变动计入综合收益的金融资产（股票）业务核算

【实训目的】

1. 通过本次实训，掌握公允价值变动计入综合收益的金融资产的初始确认及其会计处理。

2. 通过本次实训，掌握公允价值变动计入综合收益的金融资产的持有期间收益确认及其会计处理。

3. 通过本次实训，掌握公允价值变动计入综合收益的金融资产的期末计量。

4. 通过本次实训，掌握公允价值变动计入综合收益的金融资产出售时的业务处理。

【实训资料】

甲公司于 2019 年 12 月 3 日以 200 万元从证券市场上购入乙公司发行的股票，并划分为公允价值变动计入综合收益的金融资产。该股票当年年末的公允价值为 206 万元。2020 年 12 月 31 日，该股票的公允价值为 192 万元，由于乙公司盈利能力下降，股价持续下跌，根据测算，其价值为 160 万元。2021 年 3 月 26 日，甲公司出售该股票，取得净收入 190 万元。

【实训要求】

根据上述资料，编制该项投资从投资时至出售时的相关会计分录。

实训十二　单项选择题

1. 企业取得交易性金融资产时，所支付的手续费等交易性费用，应当计入(　　)会计科目中。

A. 交易性金融资产　　B. 投资收益

C. 财务费用　　D. 营业外支出

2. 企业取得债权投资时，所支付的手续费等交易性费用，应当计入（　　）会计科目中。

A. 投资收益　　B. 资本公积　　C. 财务费用　　D. 债权投资

3. 在持有交易性金融资产期间，发生的价值增减变动，应当通过（　　）会计科目核算。

A. 公允价值变动损益　　B. 资本公积

C. 投资收益　　D. 本年利润

4. 在持有公允价值变动计入其他综合收益的金融资产期间，发生的价值增减变动，应当通过（　　）会计科目核算。

A. 公允价值变动损益　　B. 其他综合收益

C. 投资收益　　D. 本年利润

5. 计提坏账准备时，借方应当计入（　　）会计科目中。

A. 管理费用　　B. 信用减值损失　　C. 坏账准备　　D. 投资收益

6. 企业将持有的商业票据进行贴现，所支付的贴现息应当计入（　　）会计科目中。

A. 管理费用　　B. 营业外支出　　C. 制造费用　　D. 财务费用

7. 企业预收账款在不经常发生的情况下，将收到的预收账款可以放在（　　）会计科目中进行核算。

A. 应付账款　　B. 预付账款　　C. 应收账款　　D. 应付票据

实训十三　多项选择题

1. 企业在年末可以根据（　　）账户的期末余额计提坏账准备。

A. 应收票据　　B. 预收账款　　C. 应收账款　　D. 其他应收账

2. 下列（　　）具有共同点，即将取得时所发生手续费等交易费用计入其取得时的成本中。

A. 交易性金融资产

B. 公允价值变动计入其他综合收益的金融资产

C. 债权投资

D. 长期股权投资

3.（　　）只能在“应收票据”会计科目中进行核算。

A. 商业承兑汇票　　B. 银行汇票　　C. 银行承兑汇票　　D. 银行本票

4.“坏账准备”借方反映的是（　　）。

A. 发生的坏账损失　　B. 冲回前期多计提的坏账准备金额

C. 计提的本期坏账准备金额　　D. 补提的前期少计提坏账准备金额

实训十四　转让金融资产应交增值税的会计核算

【实训目的】

1. 通过本次实训，掌握转让金融资产应交增值税的计算。

2. 通过本次实训，掌握转让金融资产应交增值税的会计处理。

【实训资料】

广州某公司为一般纳税人，2020 年 1 月 5 日从证券二级市场购入某市公司股票

25 000股，含税价9元/股，支付交易费用6 500元。2020年7月12日，转让该股票5 000股，转让价8.6元/股，同时支付交易费用1 500元。2020年12月25日转让15 000股，转让价9.9元/股，支付交易费用8 900元。该公司拟将该业务划分为交易性金融资产。

【实训要求】

根据上述资料，编制相关会计分录。

第四章 存货及应付款项岗位核算

实训一 存货初始计量

【实训目的】

1. 通过本次实训，掌握存货的确认条件及存货分类。

2. 通过本次实训，掌握存货的初始计量。

【实训资料】

某企业是一般纳税人，其增值税税率为13%，2020年9月发生以下有关存货的业务：

（1）9月3日购入A材料1 000吨，收到的增值税专用发票上注明的单价为每吨100元，增值税为13 000元，款项已通过银行转账支付，并用现金支付运杂费2 000元，只取得了增值税普通发票，材料已验收入库。

（2）9月10日发出一批商品，其成本为100 000元，采用收取手续费方式委托外单位销售。

（3）9月15日购入B材料500吨，收到的增值税专用发票上注明的单价为每吨不含税成本200元，增值税为13 000元，款项已通过银行转账支付，材料尚未验收入库。期初存货余额是20万元。

【实训要求】

1. 根据资料，分析本月该企业存货是否发生减少、是否发生增加。

2. 根据资料，计算本月增加的存货金额和期末存货余额。

实训二 存货购进的实际成本法核算

【实训目的】

通过本次实训，掌握存货购进在实际成本法下的具体会计处理。

【实训资料】

某企业2020年12月发生以下经济业务：

（1）12月1日，向银行存入300 000元办理外埠存款。

（2）12月4日，从外地购进A材料，取得增值税专用发票，发票上注明不含税价款250 000元，增值税税额为32 500元。支付外地运费不含税5 000元，取得了增值税专用发票，材料已验收入库。用所办理的外埠存款支付所有款项。

（3）12 月 6 日，收到银行的收款通知，已收回外埠存款的余款。

（4）12 月 12 日，购入 B 材料 1 000 吨，收到的增值税专用发票上注明的不含税单价为每吨 100 元，增值税税额为 13 000 元，另发生运输费用 3 000 元，装卸费用 500 元，途中保险费用 1 000 元，这三项费用取得了增值税普通发票。原材料运抵企业后，验收入库原材料为 998 吨，运输途中发生合理损耗 2 吨。款项未付。

（5）12 月 23 日从外地购进 C 材料，材料已验收入库，月末发票账单尚未收到也无法确定其实际成本，暂估价值 33 000 元。2021 年 4 月 13 日结算凭证到达，不含税的价款 30 000 元，增值税专用发票上税款为 3 900 元，货款以银行存款支付。

（6）12 月 24 日购进一批货物，取得增值税普通发票一张，增值税税率为 13%，不含税的材料买价为 100 000 元，增值税税额为 13 000 元，款项已经通过银行支付。材料已经验收入库。

（7）12 月 25 日从某一小规模纳税人购进某种货物一批，取得了国税机关代开的增值税专用发票一张，价款共计 6 000 元，材料已经验收入库，款项已经通过银行支付。

【实训要求】

根据上述资料，编制相关会计处理。

实训三　存货购进的计划成本法核算

【实训目的】

通过本次实训，掌握计划成本法下存货购进的会计处理。

【实训资料】

A 企业为一般纳税人，增值税税率为 13%，原材料按计划成本核算。2020 年 12 月发生了以下经济业务：

（1）12 月 6 日企业购入甲材料 1 000 千克，增值税专用发票注明的材料价款为 70 400元，增值税税额为 9 152 元，企业验收入库时实收 980 千克，短少的 20 千克为运输途中定额消耗。材料验收入库，款项未付。甲材料计划单位成本为每千克 70 元。

（2）12 月 8 日购进乙材料 1 000 千克，每千克不含税的买价为 80 元，增值税税率为 13%，取得了增值税专用发票，每千克的计划成本为 72 元。材料已经验收入库，于同时开出了一张为期三个月的商业承兑汇票支付货款。

【实训要求】

根据上述资料，编制相关会计分录。

实训四　存货的发出（实际成本法）业务核算

【实训目的】

通过本次实训，掌握实际成本法下发出存货的成本计算及会计处理。

【实训资料】

某公司于 2020 年 12 月库存 A 商品明细账部分记录如下表：（单位略）

2020 年		凭证编号	摘要	收入			发出			结存		
月	日			数量	单价	金额	数量	单价	金额	数量	单价	金额
12	1	略	期初余额							500	12	6 000
	5		购入	800	14	11 200				1 300		17 200
	12		发出				900			400		
	15		发出				200			200		
	28		购入	600	17	10 200				800		13 000
	29		发出				300			500		

【实训要求】

分别采用先进先出法、月末一次加权平均法和移动加权平均法计算本期发出 A 商品的金额和期末库存 A 商品的金额（列出计算过程，计算保留到小数点后四位）。

实训五　存货的发出（计划成本法）业务核算

【实训目的】

通过本次实训，掌握计划成本法下发出存货的成本计算及会计处理。

【实训资料】

甲企业购入 A 材料，2020 年 12 月 1 日有关账户的期初余额如下：

1．原材料账户：A 材料 2 000 千克，计划单价 10 元，金额 20 000 元。

2．材料成本差异账户（贷方余额）：800 元。

3．12 月份发生下列有关经济业务：

（1）1 日，银行转来乙公司的托收凭证，金额为 19 050 元，内附增值税专用发票一张，开列 A 材料 1 500 千克，每千克不含税的价格为 11 元，货款计 16 500 元，增值税税额为 2 145 元，运杂费凭证一张，金额 405 元，没有取得增值税专用发票。次日，仓库转来收料单，1 日购入 A 材料已到并验收入库，予以转账。

（2）6 日，向丙企业赊购 A 材料 3 000 千克，金额为 30 510 元，取得了增值税专用发票，不含税货款计 27 000 元，增值税税额为 3 510 元，运费 500 元，没有取得增值税专用发票。款项没有支付。

（3）15 日，银行转来丙企业有关托收凭证，金额为 27 120 元，内附增值税专用发票一张，开列 A 材料 2 000 千克，不含税货款为 24 000 元，增值税税额为 3 120 元，运杂费由对方承付，经审核无误，予以支付。材料还没有入库。

（4）18 日，仓库转来通知，14 日从丙企业发来的 A 材料到达，并准备验收入库，入库盘点时发现短缺 200 千克，其中 50 千克属于正常损耗，150 千克由运输单位负责。（假设该材料市价与成本价相同）

（5）本月共发出 A 材料 5 200 千克，全部用于生产产品领用。

【实训要求】

1. 根据上述资料，做出有关会计处理。

2. 计算材料成本差异率，材料成本差异率保留四位小数。

3. 将本月发出的材料计划成本调整为实际成本，并做出相关的会计分录。（计算结果四舍五入保留两位小数）

实训六　存货期末计量

【实训目的】

通过本次实训，掌握存货期末计量的会计处理。

【实训资料】

某企业2019年年初，甲存货的跌价准备为零。年末，甲存货的实际成本为80 000元，可变现净值为77 000元；假设其后各年甲存货的成本没变，可变现净值分别为：2020年年末，可变现净值为73 000元；2021年年末，可变现净值为77 500元；2022年年末，可变现净值为81 000元。

【实训要求】

根据上述资料，计算各年应提取或应冲减的存货跌价准备并编制相关的会计分录。

实训七　单项选择题

1. 在物价持续下降的情况下，采用（　　）结转的存货成本最低。

A. 先进先出法　B. 后进先出法　C. 加权平均法　D. 个别计价法

2. 采用（　　）结转存货成本，体现了谨慎性原则。

A. 先进先出法　B. 后进先出法　C. 加权平均法　D. 个别计价法

3. 对于企业管理不善所造成的盘亏，无法查明原因的，应当由企业来承担，计入（　　）会计科目中。

A. 管理费用　B. 营业外支出　C. 销售费用　D. 主营业务成本

4. 下列（　　）情况发生的费用应当计入“营业外支出”会计科目中。

A. 管理不善所造成的盘亏　B. 在运输途中发生的定额内损耗

C. 人为原因造成的盘亏　D. 自然灾害原因造成的盘亏

5. 下列发生的（　　）费用一般不计入存货成本。

A. 购进过程中发生的定额内损耗　B. 购进过程中发生的货物运费

C. 购进过程中所支付的增值税　D. 入库前发生的挑选整理费用

6. 计提存货跌价准备，在一般情况下，其借方应计入（　　）会计科目中。

A. 营业外支出　B. 管理费用

C. 资产减值损失　D. 其他业务成本

7. 某公司为一般纳税人，于2020年12月15日购入材料一批，取得了增值税专用发票一张，其不含税买价为50 000元，增值税税额为6 500元，发生运输费用不含税3 000元，取得了增值税专用发票，该项货物的入账成本为（　　）元。

A. 53 000　B. 61 500　C. 52 790　D. 61 290

8. 某企业对原材料采用计划成本进行会计核算，对于月底材料已到，但发票账单还没有到达的货物，其借方金额应通过（　　）会计科目进行处理。

A. 原材料　B. 材料采购　C. 不做账务处理　D. 在途物资

实训八　多项选择题

1. 下列各项中，属于存货的有（　　）。

A. 委托加工物资　B. 委托代销商品　C. 生产成本　D. 原材料

2. 可以计入存货成本的费用有（　　）。

A. 合理的途中损耗

B. 入库前的挑选整理费

C. 购进货物取得增值税普通发票时所支付的进项税额

D. 购进货物取得增值税专用发票时所支付的进项税额

3. 在采用计划成本核算时，涉及的会计科目有（　　）。

A. 在途物资　B. 原材料　C. 材料采购　D. 材料成本差异

4. 在采用实际成本核算的方法下，存货的结转方法有（　　）。

A. 材料成本差异率　B. 先进先出法

C. 加权平均法　D. 个别计价法

5. 材料成本差异账户的贷方表示（　　）。

A. 购进货物时产生的节约额　B. 结转的材料成本差异超支额

C. 购进货物时产生的超支额　D. 结转的材料成本差异节约额

第五章　长期股权投资

实训一　长期股权投资的初始计量

【实训目的】

通过本次实训，掌握长期股权投资初始计量的会计处理。

【实训资料】

2020 年 1 月 1 日，丁公司支付现金 110 万元给丙公司，受让丙公司持有的甲公司 55% 的股权，受让股权时甲公司的所有者权益账面价值为 200 万元，公允价值是 205 万元。

【实训要求】

1. 如果丙、丁公司同受甲公司的控制，编制丁公司取得长期股权投资时的会计处理。

2. 如果丙、丁公司之间不存在关联关系，编制丁公司取得长期股权投资时的会计处理。

实训二　权益法下长期股权投资的业务核算

【实训目的】

通过本次实训，掌握在权益法下，长期股权投资的会计处理。

【实训资料】

2020 年年初，H 公司用银行存款购入 A 公司 30% 的股票，计划长期持有。初始投资成本为 165 万元，采用权益法核算；投资时 A 公司可辨认净资产的公允价值为 600 万元。2020 年 A 公司实现净利润 150 万元，2021 年年初宣告分配现金股利 100 万元；2021 年 A 公司发生亏损 200 万元。

【实训要求】

1. 根据上述资料，编制相关会计分录。

2. 根据上述资料，分别计算 2020 年、2021 年年末 H 公司该项长期股权投资的账面价值。

实训三　成本法下长期股权投资的业务核算

【实训目的】

通过本次实训，掌握在成本法下，长期股权投资的会计处理。

【实训资料】

F 公司投资于 D 公司，有关投资情况如下：

（1）2020 年 1 月 1 日，F 公司支付银行存款 1 200 万元给 B 公司，受让 B 公司持有的 D 公司 60% 的股权，采用成本法核算。假设未发生直接相关费用和税金。受让股权时 D 公司的可辨认资产公允价值与账面价值都为 2 000 万元。

（2）2020 年 12 月 31 日，D 公司 2020 年实现的净利润为 600 万元。

（3）2021 年 2 月 5 日，D 公司宣告分配现金股利 200 万元；A 公司于 4 月 15 日收到。

（4）2021 年 D 公司发生亏损 2 000 万元。

（5）2022 年 1 月 28 日，F 公司经协商，将持有的 D 公司的全部股权转让给丁企业，收到股权转让款 800 万元。

【实训要求】

根据上述资料，编制相关会计分录。

实训四　单项选择题

1. 在同一控制下的合并，投资成本应当按（　　）入账。

A. 被投资企业的账面价值　　B. 被投资企业的公允价值

C. 实际投资资产的成本　　D. 实际投资资产的公允价值

2. 在同一控制下的合并，若被投资企业的账面价值小于其公允价值的差额，按持股比例进行计算，投资方应当将此差额计入（　　）会计科目中。

A. 营业外收入　　B. 资本公积　　C. 营业外支出　　D. 盈余公积

3. 在非同一控制下的合并，若被投资企业的资产的账面价值小于公允价值的差额，按持股比例进行计算，投资方应当将此差额计入（　　）会计科目中。

A. 营业外支出　　B. 资本公积　　C. 投资收益　　D. 营业外收入

4. 企业合并以外其他方式取得的长期股权投资，若是以支付现金取得的长期股权投资，应当按照（　　）作为初始投资成本。

A. 实际支付的购买价

B. 被投资方净资产的账面价值乘以持股比例

C. 被投资方净资产的公允价值乘以持股比例

D. 被投资方净资产的公允价值

实训五　多项选择题

1. 当企业之间存在如下（　　）关系，采用权益法进行会计处理。

A. 共同控制　　B. 重大影响

C. 控制　　D. 无控制、无共同控制且无重大影响

2. 当企业之间存在如下（　　）关系，采用成本法进行会计处理。

A. 共同控制　　B. 重大影响

C. 控制　　D. 无控制、无共同控制且无重大影响

3. 以合并方式为基础的企业合并分类可以分为（　　）。

A. 控制合并　　B. 吸收合并　　C. 注销合并　　D. 新设合并

4. 以是否在同一控制下进行合并为基础对企业合并的分类可以分为（　　）。

A. 同一控制下合并　　B. 非同一控制下合并

C. 吸收合并　　D. 新设合并

第六章　固定资产岗位核算

实训一　固定资产的确认与分类

【实训目的】

1. 通过本次实训，掌握固定资产的确认条件。

2. 通过本次实训，掌握固定资产的分类。

【实训资料】

丁公司将办公楼、厂房、职工宿舍、各车间的生产设备以及以经营租赁方式租入的仓库归类为生产经营用的固定资产；将办公设备、各车间的电风扇、办公室的电风扇归类为非生产经营用的固定资产；将过去已经估价并单独入账的土地归类为无形资产。

【实训要求】

根据上述资料，分析判断该公司对固定资产的确认和分类是否正确，为什么？

实训二　自营工程的核算

【实训目的】

通过本次实训，掌握自营工程的会计处理。

【实训资料】

2021 年 2 月，丙公司准备自行建造厂房一幢，为此，购入工程物资一批，增值税专用发票上注明的价款为 500 000 元，增值税税额为 65 000 元，款项以银行存款支付，物资全部投入工程建设。工程领用生产用原材料一批，成本为 30 000 元，当时购进时取得了增值税专用发票，增值税税率为 13%。领用本企业生产的钢材一批，实际成本为 240 000 元，税务部门确定的计税价格为 300 000 元，增值税税率为 13%。另外，在建造过程中，应付工程人员工资 150 000 元。6 月末，工程达到预定可使用状态。

【实训要求】

根据上述资料，编制相关会计分录。

实训三　出包工程的核算

【实训目的】

通过本次实训，掌握出包工程的会计处理。

【实训资料】

2021 年 2 月甲公司建造一栋楼房，出包给某建筑企业，工程不含税总造价 2 000 000元。根据出包合同，2 月 1 日预付工程总造价的 60%，其余价款工程完工验收合格后付清。2021 年 12 月 25 日工程完工，甲公司已验收并支付余款，工程达到预计可使用状态。取得了增值税专用发票。

【实训要求】

根据上述资料，编制相关会计分录。

实训四　外购固定资产的核算

【实训目的】

通过本次实训，掌握外购固定资产的会计处理。

【实训资料】

某公司 2021 年 1 月发生了以下经济业务：

（1）1 月 1 日购进一台不需要安装的生产设备，不含税的买价是 80 万元，取得了增值税专用发票，税额为 10.4 万元，款项以银行存款支付，使用部门为生产车间，预计使用年限为 15 年，清理费用为 20 000 元，残值收入 30 000 元。该生产设备生产的产品需要缴纳增值税。

（2）1 月 2 日购进空调一台，不含税的买价是 20 000 元，取得了增值税专用发票，税额为 2 600 元，款项以银行存款支付，使用部门是财务部，预计使用年限为 6 年，残值收入 1 000 元。

（3）1 月 3 日从某小规模纳税人购入生产设备甲，价款共计 12 000 元，款项还没有支付，使用部门为生产车间，预计使用年限为 15 年，清理费用为 200 元，残值收入 3 000元。

（4）1 月 3 日从某小规模纳税人购入生产设备乙，价款共计 20 600 元，取得了税务机关代开的增值税专用发票，款项以银行存款支付，使用部门为生产车间，预计使用年限为 8 年，清理费用为 1 000 元，残值收入 2 000 元。该生产设备生产的产品需要缴纳增值税。

（5）1 月 4 日从某公司购进一台打印机，价款合计共 11 300 元，取得了增值税专用发票，款项以银行存款支付，使用部门为公司办公室，预计使用年限为 5 年，残值收入 5 000 元。

（6）1 月 4 日从某公司购进一台不需要安装的生产设备丙，不含税买价是 200 万元，取得了增值税专用发票，税额为 26 万元，开出商业汇票一张，使用部门为生产车间，用该生产设备生产的产品是免税产品，预计使用年限为 12 年，清理费用为 30 000 元，残值收入 50 000 元。

（7）1 月 5 日为建造生产车间的厂房，购买了相关工程物资，在购进过程中均取得了增值税专用发票，款项以银行存款支付，不含税买价是 500 万元，增值税税额为 65 万元。

（8）1 月 8 日为了建造该厂房，领用生产用钢材 10 万元，该钢材购进时取得了增值税专用发票。

（9）1 月 28 日计提某项工程应承担的职工薪酬 20 万元，用银行存款支付其他费用 165 000 元，只是取得了增值税普通发票。

（10）1 月 9 日购入一台需要安装的生产设备，利用该设备生产的产品需要缴纳增值税，不含税的买价是 60 万元，取得了增值税专用发票，税额是 7.8 万元。开出了一张为期 5 个月的商业汇票交给卖方。在安装过程中领用生产用原材料 5 万元，这批原材料购进时取得了增值税专用发票，另外应支付给本厂安装人员工资 2 万元，月底安装完毕交付使用。预计使用年限为 15 年，清理费用为 40 000 元，残值收入 60 000 元。

（11）1 月 10 日对生产车间使用的厂房 A 进行全新装修，将从原来的建筑物拆下的废旧物品进行出售，出售取得不含税价款 10 万元，新发生装修支出 50 万元，本月底装修完毕交付使用，取得了增值税普通发票。所有款项通过银行办理。原来入账价值为 265 万元，已经计提折旧 23.46 万元。

【实训要求】

根据上述资料，编制有关固定资产购进、处理的会计分录。

实训五　固定资产的折旧范围

【实训目的】

1. 通过本次实训，掌握固定资产的确认条件。

2. 通过本次实训，掌握固定资产的折旧范围。

【实训资料】

丙企业是生产型企业的一般纳税人，企业对以下固定资产计提折旧：

（1）正在运转的机器设备。

（2）经营租赁租出的机器设备。

（3）季节性停用的机器设备。

（4）已提足折旧仍继续使用的机器设备。

（5）闲置的仓库。

（6）融资租赁租入的机器设备。

【实训要求】

根据上述资料，分析企业计提固定资产折旧的范围是否正确，为什么？

实训六　固定资产折旧

【实训目的】

1. 通过本次实训，掌握固定资产初始计量及其会计处理。

2. 通过本次实训，掌握固定资产折旧方法及其计算。

【实训资料】

甲公司 2020 年 3 月 12 日购入一台需要安装的生产设备：

（1）增值税专用发票上注明价款 82 800 元，增值税款 10 764 元，取得了增值税专用发票，全部款项以银行存款支付。

（2）在安装过程中，领用原材料 23 400 元，材料购进时取得了增值税专用发票，进项税税额为 3 042 元。

（3）用银行存款结算安装工人工资 3 200 元。

（4）该设备当月安装完毕，交付使用。该设备预计残值收入 2 000 元，清理费用 3 000元，预计使用 6 年。

【实训要求】

1. 计算该设备的入账价值，并编制相关会计分录。

2. 分别采用平均年限法、年限总和法、双倍余额递减法计算该设备各年折旧额。

实训七　固定资产日常维护的核算

【实训目的】

通过本次实训，掌握固定资产日常维护的会计处理。

【实训资料】

甲公司现对管理部门使用的设备和生产车间使用的设备进行日常维护，修理过程中发生应付的维修人员工资 20 000 元，其中管理部门应承担 3 000 元，生产车间应承担 17 000 元；对销售部门使用的固定资产进行维修，发生修理费用及配件费 6 200 元，取得了增值税普通发票，款项以银行存款支付。

【实训要求】

根据上述资料，编制相关会计分录。

实训八　固定资产改扩建的核算

【实训目的】

通过本次实训，掌握固定资产改扩建的会计处理。

【实训资料】

2020 年 6 月 30 日甲公司对一幢生产厂房进行更新改造，该生产厂房 2016 年 6 月 30 日完工投入使用，入账原价 4 520 000 元，预计残值收入 25 000 元，预计清理费用 38 000 元，预计使用年限 25 年，采用年限平均法计提折旧。从房屋中拆下门窗出售所得不含税价款 45 300 元，购买新的门窗支付总价款 226 000 元，取得了增值税专用发票，另支付更新改造不含税工程款 586 000 元，取得了增值税专用发票，所有款项通过银行收支。工程在 7 月份完工。

【实训要求】

根据上述资料，编制固定资产改造的相关会计处理。

实训九　处置固定资产的业务核算

【实训目的】

通过本次实训，掌握处置固定资产的会计处理。

【实训资料】

甲公司 2020 年发生以下有关固定资产的处置业务：

（1）10 月 10 日，出售一台机器设备，原值 300 000 元，已提折旧 20 000 元，支付清理费用 1 000 元，取得了增值税普通发票，出售不含税价款 290 000 元，所有款项均以银行存款支付。

（2）10 月 20 日发生火灾，毁损一栋房产，该房产原值 300 000 元，已提折旧 80 000元，已提减值准备 30 000 元。经批准处理，应由保险公司赔款 90 000 元，款项已经收到。房产毁损残料变卖收入不含税金额 3 200 元。所有款项均以银行存款支付。

【实训要求】

根据上述资料，编制相关会计分录。

实训十　固定资产清查的业务核算

【实训目的】

通过本次实训，掌握固定资产清查的会计处理。

【实训资料】

2020 年 12 月 30 日，乙公司对固定资产进行清查时发现：

（1）短缺一台笔记本电脑，原值 9 800 元，已提折旧 5 000 元。经批准，该盘亏设备做营业外支出处理。

（2）盘盈一台设备尚未入账，重置成本 60 000 元。该公司的所得税税率为 25%。不考虑计提盈余公积。

【实训要求】

根据上述资料，编制相关会计处理。

实训十一　单项选择题

1. 某公司购进一台生产设备，用于生产免税产品，支付不含税买价 200 000 元，取得了增值税专用发票，税款为 26 000 元，该生产设备不需要安装，款项已经支付，该生产设备入账价值为（　　）元。

A. 200 000　　B. 226 000　　C. 220 000　　D. 230 000

2. 采用出包方式，建造一项生产设备，支付出包工程款时，通过（　　）会计科目进行核算。

A. 预付账款　　B. 固定资产　　C. 在建工程　　D. 应付账款

3. 对某项固定资产进行更新改造，在改造过程中发生的变价收入冲减（　　）会计科目。

A. 固定资产清理　　B. 营业外收入　　C. 营业外支出　　D. 在建工程

4. 购进一台办公用生产设备，该设备不需安装，支付不含税买价为 20 000 元，取得了增值税专用发票，税额为 2 600 元，款项已经支付。该办公设备的入账价值为(　　)。

A. 20 000　　B. 22 600　　C. 23 000　　D. 21 000

5. 固定盘盈的金额贷方只能通过（　　）会计科目进行核算。

A. 营业外收入　　B. 以前年度损益调整

C. 其他业务收入　　D. 主营业务收入

6. 对某项固定进行出售处理，在出售过程中发生的收入，首先通过（　　）会计科目进行核算。

A. 主营业务收入　　B. 其他业务收入　　C. 营业外收入　　D. 固定资产清理

7. 下列固定资产不需再计提折旧额的是（　　）。

A. 不需用的生产设备　　B. 房屋

C. 季节性停用的生产设备　　D. 已经提足折旧继续使用的设备

8. 加速折旧法的特点是（　　）。

A. 前期计提的折旧额少，后期计提的折旧额多

B. 前期计提的折旧额多，后期计提的折旧额少

C. 每期计提的折旧额相等

D. 没有显著的特点

9. 一项固定资产折旧额是（　　）。

A. 固定资产原价

B. 固定资产原价加上清理费用

C. 固定资产原价加上清理费用减去残值收入

D. 固定资产原价减去残值收入

10．采用年限平均法计提折旧时，计提折旧额的基数是（　　）。
A．固定资产原价
B．固定资产净值
C．固定资产原价减去残值收入
D．固定资产原价减去残值收入加上清理费用

实训十二　多项选择题

1．固定资产的加速折旧法主要有（　　）。
A．年限总和法　　B．双倍余额递减法
C．工作量法　　D．平均年限法
2．一项固定资产的折旧总额受以下几项因素影响（　　）。
A．固定资产原值　　B．清理费用　　C．使用年限　　D．残值收入
3．计提固定资产折旧额，需要考虑的因素有（　　）。
A．使用年限　　B．固定资产原值　　C．清理费用　　D．残值收入
4．固定资产清理账户反映的经济业务有（　　）。
A．出售（报废）固定资产的净值　　B．清理固定资产费用
C．清理固定资产残值收入　　D．固定资产的盘亏
5．下列各项固定资产中，需要计提折旧的有（　　）。
A．不需要用的生产设备　　B．当月增加的固定资产
C．当月减少的固定资产　　D．季节性停用的生产设备
6．下列各项固定资产中，不需要计提折旧的有（　　）。
A．已经提足折旧继续使用的固定资产　　B．当月增加的固定资产
C．经营租入的固定资产　　D．融资租入的固定资产

第七章　无形资产

实训一　无形资产的确认

【实训目的】
通过本次实训，掌握无形资产的含义、特征及确认条件。
【实训资料】
乙企业在会计核算中，把以下内容都确认为无形资产入账：
（1）高级专业技术人才。
（2）公司购入的企业管理软件和会计核算软件。
（3）有偿取得一项为期 15 年的高速公路收费权。
（4）购买的商标权。
（5）自行研发产品发生的所有研发费用。

【实训要求】

根据上述资料，分析判断企业的做法是否正确，为什么？

实训二　无形资产的初始计量

【实训目的】

通过本次实训，掌握无形资产的初始确认及其会计处理。

【实训资料】

2020 年 6 月，甲公司为降低公司生产成本，决定研发某项新型技术。研发过程中发生的费用支出情况如下：

（1）在 2020 年度领用原材料 1 000 000 元，当时购进时取得了增值税专用发票，人工费用 550 000 元，计提专用设备折旧 250 000 元，以银行存款支付其他费用 3 000 000元，总计 4 800 000 元，其中，符合资本化条件的支出为 3 650 000 元。

（2）2021 年 1 月 31 日前领用原材料 200 000 元，人工费用 100 000 元，计提专用设备折旧 50 000 元，以银行存款支付其他费用 80 000 元。全部费用符合资本化条件。

（3）2021 年 1 月 31 日，该项新兴技术研发成功，达到预定用途并成功申请获得该项技术专利权，在申请过程中发生的专利登记费为 20 000 元，律师费 15 000 元。全部以银行存款支付。

（4）2021 年 5 月 10 日，公司购入一项商标权 100 万元，支付相关费用 3 万元，款项以银行存款支付。

【实训要求】

根据上述资料，编制相关会计分录。

实训三　无形资产后续计量

【实训目的】

通过本次实训，掌握无形资产摊销的会计处理。

【实训资料】

丙公司于 2021 年 1 月 1 日购入一项专利权，支付价款 500 万元。该无形资产预计使用年限为 8 年。款项以银行存款支付。

【实训要求】

根据上述资料，做出 2021 年、2022 年、2023 年的相关会计处理。

实训四　处置无形资产的业务核算

【实训目的】

通过本次实训，掌握处置无形资产的会计处理。

【实训资料】

丙公司 2020 年至 2022 年无形资产业务有关的资料如下：

(1) 2020 年 1 月 1 日，购入一项无形资产，以银行存款支付 500 万元。该无形资产的预计使用年限为 10 年，采用直线法摊销。

（2）2022 年 3 月 1 日，将该无形资产对外出售，取得含税价款 212 万元并收存银行，增值税税率为 6%。

【实训要求】

1. 根据上述资料，计算每年的摊销金额。

2. 编制 2020 年、2021 年、2022 年相关的会计分录。

第八章　投资性房地产

实训一　多项选择题

1. 投资性房地产主要包括（　　）。

A. 持有并准备增值后转让的土地使用权

B. 已经用经营方式出租的拥有产权的建筑物

C. 已经出租的通过出让或转让方式取得的土地使用权

D. 一项房地产，部分用于生产商品、提供劳务或经营管理，部分用于赚取租金或资本增值的，用于赚取租金或资本增值的部分能够单独计量和出售的，可以将此部分确认为投资性房地产

2. 下列（　　）不属于投资性房地产。

A. 自用房地产　　B. 作为存货的房地产

C. 购入准备建造厂房的土地使用权　　D. 以经营方式租入的办公楼

3. 投资性房地产计量模式主要有（　　）。

A. 计划成本计量模式　　B. 未来现金流量计量模式

C. 公允价值计量模式　　D. 成本计量模式

4. 企业有确凿的证据表明房地产用途发生改变，满足下列（　　）条件之一的，应当将投资性房地产转为其他资产或将其他资产转为投资性房地产。

A. 投资性房地产开始自用

B. 作为存货的房地产，改为出租

C. 自用土地使用权停止自用，用于赚取租金或资本增值

D. 自用建筑物停止自用，改为出租

实训二　单项选择题

1. 采用公允价值模式计量的投资性房地产转为自用房地产时，应当以其转换当日的公允价值作为自用房地产的账面价值。公允价值与原账面价值之间差额计入（　　）中。

A. 公允价值变动损益　　B. 投资收益

C. 营业外支出　　D. 其他业务收入

2. 自用房地产或存货转换为采用公允价值计量的投资性房地产时，投资性房地产按转换当日的公允价值计量，转换当日的公允价值小于原账面价值的，其差额计入当

期损益（公允价值变动损益）中。转换当日公允价值大于原账面价值的，其差额计入（　　）中。

A. 股本或实收资本　　B. 资本公积

C. 盈余公积　　D. 其他综合收益

3. 已经采用公允价值模式计量的投资性房地产，（　　）从公允价值模式转为成本模式。

A. 可以　　B. 不可以　　C. 不一定　　D. 无法确定

4. 在成本模式下，应当将房地产转换前的（　　）作为转换后的入账价值。

A. 账面原价　　B. 账面原值　　C. 账面价值　　D. 账面净值

5. 采用公允价值模式计量的，不对投资性房地产计提折旧或进行摊销，应当以资产负债表日投资性房地产的公允价值为基础调整其账面价值，公允价值与原账面价值之间的差额计入当期（　　）中。

A. 公允价值变动损益　　B. 其他综合收益

C. 其他收入　　D. 投资收益

实训三　投资性房地产成本计量模式会计核算

【实训目的】

通过本次实训，掌握投资性房地产以成本计量模式取得、计提折旧、租金收入和最后处置的会计核算。

【实训资料】

广州某公司于 2020 年 10 月 20 日从某房地产公司购得房屋 5 套，准备用于对外出租。购房共支付价税合计 61 040 000 元，取得了增值税专用发票，另外按 3% 支付了契税和其他费用 12 000 元，这些费用没有取得增值税专用发票。该项房屋预计使用 40 年，净残值估计 160 000 元，每月租金收入价税合计 218 000 元。2022 年 12 月 15 日，公司决定当日起停止对外出租，将该房屋对外出售，取得了价税合计 65 400 000 元。所有款项都已通过银行账户收付。采用成本模式进行后续计量。

【实训要求】

根据上述业务编制会计分录。

实训四　投资性房地产公允价值计量模式会计核算

【实训目的】

通过本次实训，掌握投资性房地产以公允价值计量模式取得、租金收入和最后处置的会计核算。

【实训资料】

广州某公司于 2020 年 10 月 20 日从某房地产公司购得房屋 5 套，准备用于对外出租。购房共支付价税合计 61 040 000 元，取得了增值税专用发票，另外按 3% 支付了契税和其他费用 12 000 元，这些费用没有取得增值税专用发票。2020 年 12 月 31 日该项房屋公允价值为 55 000 000 元。2021 年 12 月 31 日该项房屋公允价值为 59 000 000 元，每月租金收入价税合计218 000元。2022年12月15日，公司决定当日起停止对外出租，将该房屋对外出售，取得了价税合计65 400 000元。出售当日该项房屋公允价值为60 000 000元。所有的款项都已经通过银行账户收付。采用公允价值模式进行后续计量。

【实训要求】

根据上述业务编制会计分录。

第九章　借款费用

实训一　借款费用资本化（专门借款）

【实训目的】

1. 通过本次实训，掌握借款费用资本化（专门借款）的计算。
2. 通过本次实训，掌握借款费用资本化（专门借款）的会计处理。

【实训资料】

广州某公司于2020年1月1日正式动工兴建一幢办公楼，工期预计为2年，将于2021年年底完工，工程采用出包方式，分别于2020年1月1日、2020年7月1日、2021年1月1日和2021年7月1日支付工程款。公司为此于2020年1月1日专门借款3 500万元，借款期限为3年，年利率为6%，另外于2020年7月1日又专门借款6 000万元，借款期限为5年，年利率为7%，借款利息按年支付。闲置的借款资金均用于固定收益债券短期投资，其短期月收益为0.4%。

公司为建造该办公大楼发生的支出表

单位：万元

日期	每期支出金额	累计支出金额	短期投资金额
2020年1月1日	3 000	3 000	500
2020年7月1日	4 000	7 000	2 500
2021年1月1日	2 000	9 000	500
2021年7月1日	500	9 500	0
总计	9 500		3 500

【实训要求】

1. 计算出2020年、2021年每年资本化金额及费用化金额。
2. 根据上述计算结果，做出2020年、2021年的会计处理。

实训二　借款费用资本化（一般借款）

【实训目的】

1. 通过本次实训，掌握借款费用资本化（一般借款）的计算。

2. 通过本次实训，掌握借款费用资本化（一般借款）的会计处理。

【实训资料】

广州某公司于2020年1月1日正式动工兴建一幢办公楼，工期预计为2年，工程采用出包方式，分别于2020年1月1日、2020年7月1日、2021年1月1日和2021年7月1日支付工程款。假定建造办公楼没有专门借款，占用的都是一般性借款。

（1）向银行贷款4 000万元，期限为2020年1月1日至2022年12月31日，年利率为7%，按年付利息。

（2）发行公司债券5 000万元，2020年1月1日发行，期限为4年，年利率为9%，按利付息。

公司为建造该办公大楼发生的支出表

单位：万元

日期	每期支出金额	累计支出金额
2020年1月1日	2 000	2 000
2020年7月1日	3 000	5 000
2021年1月1日	3 000	8 000
2021年7月1日	1 000	9 000
总计	9 000	

【实训要求】

1. 计算出2020年、2021年每年资本化金额及费用化金额。

2. 根据上述计算结果，做出2020年、2021年的会计分录。

实训三　多项选择题

1. 借款费用包括（　　）等项目。

A. 借款利息　　B. 外币借款的汇兑差额

C. 借款的辅助费用　　D. 折价或溢价摊销

2. 确定借款费用资本化的时点需要考虑（　　）等这些因素。

A. 资产支出是否已经发生

B. 借款费用是否已经发生

C. 为使资产达到预定可使用或可销售状态所必要的购建或生产活动是否已经开始

D. 借款是否已经成功

3. 发生了（　　）情况，可以考虑暂停借款费用资本化。
A. 如企业因与施工方发生了质量纠纷
B. 工程、生产用料没有及时供应
C. 资金周转发生了困难
D. 施工、生产发生了安全事故

第十章　负债

实训一　应付债券溢价发行

【实训目的】
通过本次实训，基本上能够掌握应付债券溢价发行的会计账务处理。
【实训资料】
广州 A 股份有限公司于 2020 年 1 月 1 日发行一批债券，面值为 200 万元，票面利率为 10%，期限为 3 年，实际利率为 8%，发行价格为 210.302 万元。款项已存入银行。该笔款项用于流动资金运转。每年年末支付利息一次。

利息分摊一览表

单位：万元

付息日期	支付利息（A = 面值 × 10%）	利息费用（B = 上期 D × 8%）	摊销的利息调整（C = A − B）	应付债券摊余成本（D = 上期 D − C）
2020 年 12 月 31 日				
2021 年 12 月 31 日				
2022 年 12 月 31 日				
合计				

【实训要求】
1. 将正确的数据填入上述表格中。
2. 根据上述发生的经济业务，进行正确的发行、摊销、偿还会计核算。

实训二　应付债券折价发行

【实训目的】
通过本次实训，基本上能够掌握应付债券折价发行的会计账务处理。
【实训资料】
广州 A 股份有限公司于 2020 年 1 月 1 日发行一批债券，面值为 200 万元，票面利率为 8%，期限为 3 年，实际利率为 10%，发行价格为 190.050 4 万元。款项已存入银行。该笔款项用于流动资金运转。每年年末支付利息一次。

折价发行时：

利息分摊一览表

单位：万元

付息日期	支付利息（A = 面值 ×8%）	利息费用（B = 上期 D × 10%）	摊销的利息调整（C = B – A）	应付债券摊余成本（D = 上期 D + C）
2020 年 12 月 31 日				
2021 年 12 月 31 日				
2022 年 12 月 31 日				
合计				

【实训要求】

1. 将正确的数据填入上述表格中。

2. 根据上述发生的经济业务，进行正确的发行、摊销、偿还会计核算。

实训三　应付债券平价发行

【实训目的】

通过本次实训，基本上能够掌握应付债券平价发行的会计账务处理。

【实训资料】

广州 A 股份有限公司于 2020 年 1 月 1 日发行一批债券，面值为 200 万元，票面利率为 10%，期限为 3 年，实际利率为 10%，发行价格为 200 万元。款项已存入银行。该笔款项用于流动资金运转。每年年末支付利息一次。

【实训要求】

根据上述发生的经济业务，进行正确的发行、摊销、偿还会计核算。

实训四　应付职工薪酬

【实训目的】

通过本次实训，基本上能够掌握应付职工薪酬的会计账务处理。

【实训资料】

1. 公司相关制度和纪律如下：

（1）根据国家有关法律规定，平均每月全勤天数为 21.75 天。

（2）因私事经公司相关领导批准后，以当月应付工资的全部应发金额除以 21.75 天作为每天事假扣款金额。

（3）无故迟到或早退在 15 分钟（含 15 分）以内的，每次扣款金额为 40 元；无故迟到或早退超过 15 分钟的，做旷工处理。

（4）无故旷工的，每天的扣款金额为事假扣款的 2 倍，直到当天应发工资扣完为止。

（5）因病请假的，请假时间在 3 天（含 3 天）以内的，按每天应发工资金额的

70%发放；请假时间在3天以上，5天（含5天）以内的，按每天应发工资金额的50%发放；请假时间超过5天的，按每天应发工资的30%发放。

2. 广州A股份有限公司2020年8月考勤表如下：

部门	姓名	旷工天数	事假天数	病假天数			迟到次数	
				3天以下	3至5天	5天以上	15分钟以下	15分钟以上
财务部	李一	1		1				
	李二		1				1	
采购部	张一	0.5						
	张二		2				4	
人事部	王一		4					
	王二		2					
工程开发部	万一		2					
	万二		2					3
车间办公室	陈一		5					
	陈二		4		4		2	
车间生产线	董一		3				2	
	董二		2					
销售部	汤一		2					
	汤二		4					

制表：　　　　　　　　审核：

3. 广州A股份有限公司（该企业的性质是私营企业）所在地区“四险”的缴纳标准如下：

（1）养老保险。单位：外资单位20%，省属单位18%，私营企业12%，个人8%。

（2）医疗保险。单位7%，个人2%。

（3）失业保险。单位0.2%，个人0.1%。

（4）工伤保险。单位0.4%，个人不用缴纳。

4. 个人所得税税率表如下：

个人所得税预扣率表

（居民个人工资、薪金所得预扣预缴适用）

级数	累计预扣预缴应纳税所得额	预扣率/%	速算扣除数/元
1	不超过 36 000 元	3	0
2	超过 36 000 元至 144 000 元的部分	10	2 520
3	超过 144 000 元至 300 000 元的部分	20	16 920
4	超过 300 000 元至 420 000 元的部分	25	31 920
5	超过 420 000 元至 660 000 元的部分	30	52 920
6	超过 660 000 元至 960 000 元的部分	35	85 920
7	超过 960 000 元的部分	45	181 920

注：个税免征额 5 000 元/月。

5. 代扣水电明细表如下：

部门	姓名	用水量/吨	单价/(元·吨$^{-1}$)	金额/元	用电量/度	单价/(元·度$^{-1}$)	金额/元	合计/元
财务部	李一	5	2.85		50	0.65		
采购部	张一	6	2.85		50	0.65		
人事部	王一	5	2.85		40	0.65		
	王二	4	2.85		40	0.65		
工程开发部	万一	5	2.85		80	0.65		
	万二	6	2.85		80	0.65		
车间办公室	陈一	8	2.85		50	0.65		
	陈二	4	2.85		80	0.65		
车间生产线	董一	5	2.85		60	0.65		
	董二	5	2.85		50	0.65		
销售部	汤一	5	2.85		60	0.65		
	汤二	4	2.85		40	0.65		

制表：　　　　　　审核：

6. 代扣“四险”明细表如下：

单位：元

部门	姓名	计提基数	工伤保险（0%）	养老保险（8%）	医疗保险（2%）	失业保险（0.1%）	合计
财务部	李一						
	李二						
小计							
采购部	张一						
	张二						
小计							
人事部	王一						
	王二						
小计							
工程开发部	万一						
	万二						
小计							
车间办公室	陈一						
	陈二						
小计							
车间生产线	董一						
	董二						
	董三						
	董四						
小计							
销售部	汤一						
	汤二						
小计							
总计							

制表： 审核：

7. 8 月份工资表如下：

单位：元

部门	姓名	基本工资	职务工资	岗位工资	奖金	交通补贴	误餐补贴	应发合计	事假扣款	病假扣款	迟到扣款	旷工扣款	代扣水电	代扣五险	代扣个税	扣款合计	实发合计
财务部	李一	8 000	1 000	500	600	400	200										
	李二	4 800	800	300	200	400	200										
小计																	
采购部	张一	3 500	600	200	300	400	200										
	张二	3 000	500	150	200	400	200										
小计																	
人事部	王一	5 000	700	300	500	400	200										
	王二	3 600	500	120	240	400	200										
小计																	
工程开发部	万一	6 000	500	400	300	400	200										
	万二	5 500	500	350	400	400	200										
小计																	
车间办公室	陈一	8 000	600	300	400	400	200										
	陈二	6 500	550	250	60	400	200										
小计																	
车间生产线	董一	2 500	200	150	100	400	200										
	董二	2 500	200	150	100	400	200										
	董三	2 500	200	150	100	400	200										
	董四	2 500	200	150	100	400	200										
小计																	
销售部	汤一	2 000	200	300	0	400	200										
	汤二	2 000	200	300	0	400	200										
小计																	
总计																	

制表：　　　　　　　　　　审核：

8. 计提“四险”明细表如下：

单位：元

部门	姓名	计提基数	工伤保险（0.4%）	养老保险（12%）	医疗保险（7%）	失业保险（0.2%）	合计
财务部	李一						
	李二						
小计							
采购部	张一						
	张二						
小计							
人事部	王一						
	王二						
小计							
工程开发部	万一						
	万二						
小计							
车间办公室	陈一						
	陈二						
小计							
车间生产线	董一						
	董二						
	董三						
	董四						
小计							
销售部	汤一						
	汤二						
小计							
总计							

制表：　　　　　　　　　审核：

【实训要求】

1. 根据上述发生的经济业务，将有关正确的数据填入相关工资表中。

2. 根据上述工资表，编制正确的会计凭证。

实训五　应交税费

【实训目的】

通过本次实训，基本上能够掌握应交税费的计算及会计账务处理。

【实训资料】

1. 广州 A 股份有限公司为增值税一般纳税人，增值税税率为 13%，销售产品时需要缴纳增值税，城市维护建设税税率为 7%。

2. 2020 年 10 月发生的经济业务如下：

（1）1 日购进生产用原材料一批，材料不含增值税成本为 20 万元，取得了增值税专用发票，款项通过银行存款已经支付。

（2）2 日从小规模纳税人广州甲公司购入一批原材料，价税合计 4 200 元，广州甲公司自己开具了增值税发票给广州 A 股份有限公司，款项尚未支付。

（3）3 日购进生产用原材料一批，材料不含增值税成本为 5 万元，销售方开具了增值税普通发票，款项通过银行存款已经支付，增值税税率为 13%。

（4）4 日从小规模纳税人广州甲公司购入一批原材料，价税合计 4 120 元，广州甲公司委托当地国家税务机关代开了增值税专用发票，款项还没有支付。

（5）5 日从上海建昌公司购进一台不需要安装的生产设备，取得了增值税专用发票，不含增值税的买价为 8 万元，增值税税额为 1.04 万元，开出为期三个月的商业票据一张。

（6）6 日将一批原材料从公司仓库领出后作为建筑材料自建生产车间厂房，当时购进时取得增税专用发票，不含税的金额为 5 000 元。

（7）7 日对上月仓库因火灾发生毁损的一批材料进行处理，材料不含税的成本为 2 000元，当时购进时取得了增值税专用发票，增值税税率为 13%。

（8）8 日购进需要安装建筑设备一台，用来建造生产车间厂房，取得了增值税专用发票，不含税的买价为 30 万元，增值税税率为 13%。开出了为期四个月的商业票据一张。

（9）9 日销售 A 产品一批，开具了增值税普通发票，不含税的金额为 30 万元，款项已经通过银行收到。

（10）10 日销售 A 产品一批，开具了增值税专用发票，不含税的金额为 70 万元，收到对方银行汇票一张。

（11）11 日将一批 A 产品作为公司福利分发给本公司员工，数量为 50 个，单位成本为 120 元，市场上不含税销售单价为 200 元。其中管理部门人员有 30 人，销售部门有 20 人。

（12）12 日将一批 A 产品无偿捐给当地一家养老院，数量为 30 个，单位成本为

120 元，市场上不含税的销售单价为 200 元。

（13）13 日将一批 A 产品投入广东乙公司，该公司的注册资本为 100 万元，占该公司注册资本的 10%，数量为 1 000 个，单位成本为 120 元，市场上不含税的销售单价为 200 元。

【实训要求】

1. 根据上述发生的经济业务及计算结果，编制正确的会计凭证。

2. 根据上述发生的经济业务，正确计算当期应交的增值税、城市维护建设税、教育费附加等有关税费。

实训六　单项选择题

1. 按期计提短期借款的利息时，其贷方应通过（　　）会计科目进行会计处理。

A. 短期借款　　B. 应付利息

C. 财务费用　　D. 在建工程

2. 开出带息的商业票据应承担的利息应计入（　　）会计科目。

A. 营业外支出　B. 原材料　C. 财务费用　D. 主营业务成本

3. 当企业预收账款不是太多，也可以不设置“预收账款”会计科目，可以放在（　　）会计科目中进行会计核算。

A. 应付账款　B. 预付账款　C. 应收账款　D. 其他应收款

4. 一般纳税人购进货物时没有取得增值税专用发票，所支付的增值税（　　）。

A. 应计货物成本中　　B. 应单独计算增值税进项税额

C. 应单独计算增值税销项税额　　D. 税法中没有明确规定

5. 某一般纳税人从外地采购一批货物，支付不含税运费为 1 000 元，取得了增值税专用发票，该项行为增值税的进项税额为（　　）元。

A. 74.55　B. 90　C. 70　D. 69.67

6. 某超市从当地农民手中采购了一批农产品，开具了有关农副产品采购增值税发票，货物的买价为 50 万元。该项采购行为可以计算进项税额（　　）元。

A. 45 000　B. 57 522.12　C. 72 649.57　D. 85 000

7. 某企业为一般纳税人，为建造一幢厂房，从仓库领用材料一批，不含税价格为 5 000 元，当时购进时取得了增值税专用发票，可以计入在建工程成本的金额为（　　）元。

A. 5 000　B. 5 650　C. 5 500　D. 4 980

8. 需要缴纳增值税的一般纳税人，月底对本期需要缴纳的增值税（　　）进行处理。

A. 结转到“应交税费——未交增值税”

B. 结转到“应交税费——已交税金”

C. 不做任何账务处理

D. 结转到“应交税费——进项税额转出”

实训七　多项选择题

1. 一般纳税人企业，为了正确核算本期应缴纳的增值税，应当设置的会计科目为（　　）。

A. 应交税费——进项税额　　B. 应交税费——销项税额

C. 应交税费——进项税额转出　　D. 应交税费——已交税金

2. 计提当期应当缴纳的城市维护建设税、教育费附加的数据基础是（　　）。

A. 当期应缴纳的增值税　　B. 当期应缴纳的消费税

C. 当期应缴纳的企业所得税　　D. 当期应缴纳的资源税

3. 视同销售行为有（　　）。

A. 将自产、委托加工或购买的货物无偿赠送他人

B. 将自产或委托加工的货物用于集体福利或个人消费

C. 将自产、委托加工或购买货物作为投资，提供给其他单位或个体经营者

D. 非同一县（市）将货物从一个机构移送他机构用于销售

4. 需要做出进项税额转出的行为有（　　）。

A. 非正常损失的在产品、产成品所耗用的购进货物或者应税劳务

B. 用于免税项目的购进货物或者应税劳务

C. 用于集体福利或个人消费的购进货物或者应税劳务

D. 用于非应税项目的购进货物或者应税劳务

5. 下列（　　）不通过“应交税费”会计科目进行会计处理。

A. 消费税　　B. 印花税　　C. 耕地占用税　　D. 教育费附加

第十一章　销售及应收款项岗位核算

实训一　应交企业所得税

【实训目的】

通过本次实训，能够正确计算当期应缴纳的企业所得税，并做出正确的会计处理。

【实训资料】

（1）广东A有限公司2013年实现利润－20万元，2014年实现利润－10万元，2015年实现利润10万元，2016年实现利润－15万元，2017年实现利润5万元，2018年实现利润8万元，2019年实现利润－2万元，2020年实现利润65万元。企业的所得税税率为25%。

（2）2021年第一季度实现利润20万元。

【实训要求】

1. 计算2013年至2021年第一季度各期应当缴纳的企业所得税。

2. 根据各期的计算结果，正确编制有关企业所得税计提及结转的会计分录。

实训二 分期收款销售

【实训目的】

通过本次实训，能够掌握分期收款销售的会计处理。

【实训资料】

广东 A 股份有限公司于 2021 年 1 月 1 日采用分期收款销售的方式向广州乙股份有限公司销售甲产品，合同约定销售价格为 2 000 万元，分 4 次于每年的 12 月 31 日等额收取。该产品成本为 1 200 万元，在现销的方式下，该产品的现金销售价格为 1 800 万元，假定广州 A 股份有限公司发出商品时开出增值税发票，注明的增值税税额为 340 万元，并于当天收到增值税额 340 万元。实际利率为 4.356 4%。

财务费用和已收本金计算表

单位：万元

日期	未收本金 （A）	财务费用 （B = A × 实际利率）	收现总额 （C）	已收本金 （D = C − B）
2021 年 1 月 1 日				
2021 年 12 月 31 日				
2022 年 12 月 31 日				
2023 年 12 月 31 日				
2024 年 12 月 31 日				
总额				

【实训要求】

1. 正确填写财务费用和已收本金计算表。
2. 根据财务费用和已经本金计算表中数据编制 2017 年至 2020 年的会计分录。

实训三 委托代销商品（视同买断）销售

【实训目的】

通过本次实训，能够正确进行视同买断的委托代销商品销售的会计处理。

【实训资料】

广州 A 有限责任公司与广州乙有限责任公司于 2020 年 10 月 1 日签订了一份委托代销商品协议，广州乙有限责任公司为 A 公司代销 A 商品 1 500 个，不含税代销价为 200 元，其成本为 160 元。11 月 20 日 A 公司收到广州乙有限责任公司寄来的代销清单，将此批产品全部销售出去，款项已通过银行收妥。但广州乙有限责任公司最终的不含税实际销售单价为 240 元。增值税税率为 13%。

【实训要求】

对委托方广州 A 有限责任公司的委托代销商品销售行为进行会计处理。

实训四　委托代销商品（收取手续费）销售

【实训目的】

通过本次实训，能够正确进行收取手续费的委托代销商品销售的会计处理。

【实训资料】

广州 A 有限责任公司与广州乙有限责任公司于 2020 年 11 月 5 签订了一份委托代销商品协议，广州乙有限责任公司为广州 A 有限责任公司代销某种商品 1 500 个，不含税代销单位销售价为 160 元，其单位销售成本为 120 元。12 月 12 日广州 A 有限责任公司收到广州乙有限责任公司公司寄来的代销清单，将此批产品全部销售出去。按销售收入的 1% 计算代销手续费。款项已经通过银行支付。增值税税率为 13%。

【实训要求】

1. 对委托方广州 A 有限责任公司的委托代销商品销售行为进行会计处理。
2. 对受托方广州乙有限责任公司的委托代销商品销售行为进行会计处理。

实训五　销售退回

【实训目的】

通过本次实训，能够正确进行销售退回的会计处理。

【实训资料】

1. 广州 A 有限责任公司于 2021 年 1 月 5 日收到一批退货，该批退货的原因是产品质量不符合合同要求。该批退货的销售时间是 2020 年 11 月 25 日，退货的数量为 20 个，当时不含税的销售单价为 200 元，单位销售成本为 140 元，增值税税率为 13%，通过转账方式退回了全部货款，货物办理了全部退货入库手续。该企业的所得税税率为 25%。

2. 广州 A 有限责任公司于 2021 年 2 月 15 日收到一批退货，该批退货的原因是产品质量不符合合同要求。该批退货的销售时间是 2021 年 1 月 25 日，退货的数量为 30 个，当时不含税的销售单价为 260 元，单位销售成本为 200 元，增值税税率为 13%，通过转账方式退回了全部货款，货物办理了全部退货入库手续。

【实训要求】

编制上述两笔退货业务的会计分录。

第十二章　所有者权益

实训一　实收资本（股本）增加

【实训目的】

1. 通过本次实训，能够掌握通过发行股票方式增加实收资本（或股本）的会计处理。
2. 通过本次实训，能够掌握发行股票股利的会计处理。

【实训资料】

1. 广东甲股份有限公司采用公开发行股票的方式筹集注册资本，经中国证券监督委员会的审核同意，于2020年8月10日向社会公开发行股票。

2. 本次公开发行5 000万股股票，每股股票的面值为1元，实际发行价为6元。按发行价的2%向中国光大证券公司支付发行费用。发行完毕后，所有款项已经入账。

3. 2021年2月，经公司股东大会表决，决定向全体股东分派2020年的利润，发放的股票股利总金额为9 800万元，但只能发放股票股利，经中国证券监督委员会审核同意，于4月16日向全体股东发放了股票股利，每股面值为1元，发行2 000万股，实际发行价为5元，按发行价的2%向中国光大证券公司支付股票发行手续费用，所有发行手续全部完毕。

【实训要求】

根据该公司实际发生的经济业务，编制正确的记账凭证。

实训二　实收资本（股本）增加

【实训目的】

通过本次实训，能够掌握通过货币资金、流动资产、固定资产等方式增加实收资本（或股本）的会计处理。

【实训资料】

1. 广东某有限责任公司于2020年6月10日成立，注册资本为1 000万元，投资者为广东甲有限责任公司、广东乙有限责任公司、广东丙有限责任公司，它们分别持有广东某有限责任公司的40%、35%、25%的股份。

2. 2020年5月15日广东甲有限责任公司以银行存款180万元，某种成本价为250万元（双方确认价值）、市场价格为250万元的原材料出资。广东某有限责任公司取得了增值税专用发票。

3. 2020年5月16日广东乙有限责任公司以一台账面原价为500万元，累计折旧为100万元的不需要安装的生产设备出资，经双方协商确认其价值为375万元。

4. 2020年5月18日广东丙有限责任公司以一项专利技术出资，该项专利技术的账面原价为120万元，累计摊销金额为15万元，双方经协商确认的价值为105万元，同时还以银行存款145万元出资。

【实训要求】

根据该公司实际发生的经济业务，编制正确的记账凭证。

实训三　利润分配

【实训目的】

通过本次实训，能够掌握本年实现利润及利润分配的会计处理。

【实训资料】

1. 2020年12月31日广东某有限责任公司实现税前利润为360万元，该公司所得税税率为25%，该公司在2014年发生的亏损额还有42万元没有弥补。该公司的提取盈余公积的比例为 15%。

2. 计算当年应当缴纳的企业所得税，并做出正确的会计处理。

3. 将本年实现的净利润进行结转。

4. 计提本年的盈余公积并进行会计处理。

5. 向投资者分派现金股利 50 万元。

6. 将“利润分配”账户的借方发生额进行结转。

【实训要求】

根据该公司实际发生的上述经济业务，编制正确的记账凭证。

第十三章　财务报告编制岗位

实训　会计报表编制

【实训目的】

通过本次实训，学生基本能够正确编制记账凭证、编制利润表和资产负债表。

【实训资料】

1. 广东某公司的增值税税率为 13%，所得税税率为 25%。前期发生的亏损额未超过 5 年。

2. 广东某公司的材料采用计划成本进行会计核算，库存商品、周转材料采用月末一次加权平均法结转成本，在月末进行一次性的销售成本结转工作。期初库存商品的数量为 34 698 个。

3. 每个季度预缴一次企业所得税。

4. 2020 年 11 月 30 日会计科目余额表。

会计科目余额表

单位：元

科目名称	借方金额	科目名称	贷方金额
库存现金	12 000	短期借款	1 200 000
银行存款	1 568 200	应付票据	965 500
其他货币资金	351 000	应付账款	2 095 000
交易性金融资产	30 000	其他应付款	2 000
应收票据	856 000	应付职工薪酬	560 000
应收账款	1 600 000	应交税费	159 800
坏账准备	－8 000	应付利息	2 000
预付账款	200 000	长期借款	2 000 000

（续上表）

科目名称	借方金额	科目名称	贷方金额
其他应收款	5 600	其中一年内到期长期负债	150 000
材料采购	500 000	股本	9 300 000
原材料	1 100 000	盈余公积	206 000
周转材料（包装物）	8 500	利润分配（未分配利润）	－13 160
周转材料（低值易耗品）	12 000		
库存商品	2 775 840		
固定资产	5 000 000		
累计折旧	－800 000		
在建工程	3 000 000		
无形资产	60 000		
长期待摊费用	350 000		
材料成本差异	6 000		
合计	16 627 140		16 627 140

5．2020 年 11 月 30 日应收账款明细表。

单位：元

序号	公司名称	金额
1	广东 A 股份有限公司	936 000
2	广东 B 股份有限公司	234 000
3	广东 C 股份有限公司	430 000
合计		1 600 000

6．2020 年 11 月 30 日应收票据明细表。

单位：元

序号	公司名称	金额
1	广东甲股份有限公司	456 000
2	广东乙股份有限公司	400 000
合计		856 000

7．2020 年 11 月 30 日其他应收款明细表。

单位：元

序号	姓名	金额
1	张三	3 000
2	李四	2 600
合计		5 600

8．2020 年 11 月 30 日预付账款明细表。

单位：元

序号	公司名称	金额
1	上海三环公司	150 000
2	山东四方公司	50 000
合计		200 000

9．2020 年 11 月 30 日应付票据明细表。

单位：元

序号	公司名称	金额
1	上海三环公司	365 500
2	山东四方公司	600 000
合计		965 500

10．2020 年 11 月 30 日应付账款明细表。

单位：元

序号	公司名称	金额
1	上海三环公司	1 050 000
2	山东四方公司	850 000
3	广东甲股份有限公司	195 000
合计		2 095 000

11．2020 年 11 月 30 日其他应付款明细表。

单位：元

序号	姓名	金额
1	王红	1 000
2	胡华	1 000
合计		2 000

12．所有分配率保留小数点后四位数。

13．2020 年 1—11 月有关损益类会计科目累计发生额表。

单位：元

序号	会计科目名称	1—11 月累计发生额
1	主营业务收入	3 590 000
2	其他业务收入	564 000
3	营业外收入	39 600
4	投资收益	20 000
5	主营业务成本	3 400 000
6	其他业务成本	456 280
7	税金及附加	254 000
8	营业外支出	16 480
9	所得税费用	0

14．长期借款中有一笔是在 2018 年 1 月 1 日借入，借款金额为 500 000 元，借款期限为 4 年。

15．2020 年广东某公司 12 月发生的经济业务如下：

（1）12 月 1 日销售部张三报销差旅费 2 600 元，多余的款项退回公司财务部。

（2）12 月 1 日销售产品一批给广东 A 股份有限公司，不含税的销售单价为 180 元，款项还没有收到。销售数量为 5 000 个。

（3）12 月 2 日从上海三环公司采购材料一批，取得了增值税专用发票，入库的材料数量为 5 000 个，每个材料不含税的单价为 20 元，以银行存款支付物流公司运杂费 1 000 元，没有取得增值税专用发票，每个材料计划单位成本为 21 元，采购货款及税费以前期预付账款冲抵。

（4）12 月 3 日从山东四方公司采购材料一批，取得了增值税专用发票，入库的材料数量为 2 000 个，每个材料不含税单价为 30 元，以银行存款支付物流公司不含税运杂费930元，取得了增值税专用发票，每个材料计划单位成本为28元，采购货款及税费以前期预付账款冲抵，冲抵后的差额用银行存款支付。

（5）12月5日以现金支付车间主任的差旅费600元。

（6）12月6日收到前期广东甲股份有限公司所欠的商业票据款456 000元，已办妥银行进账手续。

（7）12月6日，生产车间为了生产某产品，从公司领用材料一批，共计材料（计划成本）425 000元。

（8）12月7日以银行存款向南方都市报支付广告费用3 000元，支付车间财产保险费用4 500元。取得了增值税普通发票。

（9）12月8日向银行申请银行汇票一张，准备到山东四方公司采购材料一批，汇票金额200 000元，同时支付手续费50元。

（10）12月8日销售产品一批，销售数量为50个，不含税单价为100元，开具了增值税普通发票，对方以现金支付。

（11）12月9日以现金支付车间货车的过路费用120元，加油费用350元。取得了增值税普通发票。

（12）12月10日向山东四方公司采购的材料入库，取得了增值税专用发票，不含税的买价为150 000元，支付增值税19 500元，该批材料的计划成本为145 000元。多余的款项已经退回。

（13）12月10日向广东丙公司采购材料一批，取得了增值税普通发票，价税合计23 400元，增值税税率为13%，已经办理入库手续，该批材料的计划成本为24 000元。以银行存款支付款项。

（14）12月15日购进一台不需要安装的生产设备，不含税的买价为100 000元，增值税专用发票上注明的税额为13 000元，款项已经支付，用该生产设备生产的产品需要缴纳增值税。

（15）12月20日计提本月的人员工资300 000元，其中生产车间办公室42 000元，一线生产工人工资223 000元，管理部门人员工资30 000元，销售部门人员工资5 000元。

16. 计提本期的固定折旧费用22 500元，其中生产车间20 000元，销售部门900元，管理部门1 600元。

17. 归集本期发生的制造费用，并结转到生产成本中。

18. 计算并结转材料成本差异。

19. 本期投入的产品全部完工，完工产品数量为8 900个，并进行正确的会计处理。

20. 计算本期应缴纳的城市维护建设税（7%）、教育费附加（3%），并做出适当的会计处理。

21. 计提本期应收账款的坏账准备。计提比率为0.5%。

22. 结转本期的销售成本。
23. 归集本期损益类账户的发生额，并进行期末结转。
24. 计算出本期的利润额和本期应缴纳的企业所得税，并进行适当的会计处理。
25. 将本年实现的利润或亏损结转到利润分配账户中。
26. 12 月会计科目发生额平衡表。

会计科目发生额平衡表

2020 年 12 月　　　　单位：元

会计科目	借方发生额	贷方发生额
库存现金		
其他应收款		
应收账款		
主营业务收入		
应交税费（增值税）		
应交税费（其他税）		
材料采购		
预付账款		
材料成本差异		
银行存款		
原材料		
制造费用		
应收票据		
生产成本		
其他货币资金		
销售费用		
财务费用		
固定资产		
管理费用		
应付职工薪酬		
累计折旧		

（续上表）

会计科目	借方发生额	贷方发生额
税金及附加		
库存商品		
信用减值损失		
坏账准备		
主营业务成本		
本年利润		
所得税费用		
利润分配		
合计		

27．2020 年 12 月利润表。

利润表

编制单位：广东某公司　　　　2020 年 12 月　　　　单位：元

项　　目	本期数	上期数
一、营业收入		
减：营业成本		
税金及附加		
销售费用		
管理费用		
研发费用		
财务费用		
其中：利息收入		
利息费用		
信用减值损失（损失以“－”填列）		
资产减值损失（损失以“－”填列）		
加：其他收益		
投资收益（损失以“－”填列）		

（续上表）

项　　目	本期数	上期数
其中：对联合企业和合营企业的投资收益		
以摊余成本计量的金融资产终止确认收益（损失以“-”填列）		
公允价值变动收益（损失以“-”填列）		
资产处置收益（损失以“-”填列）		
二、营业利润（亏损以“-”填列）		
加：营业外收入		
减：营业外支出		
三、利润总额（亏损以“-”填列）		
减：所得税费用		
四、净利润（亏损以“-”填列）		
五、其他综合收益的税后净额		
（一）不能重分类进损益的其他综合收益		
1. 重新计量设定受益计划变动额		
2. 权益法不能转损益的其他综合收益		
3. 其他权益工具投资公允价值变动		
4. 企业自身信用风险公允价值变动		
（二）将重分类进损益的其他综合收益		
1. 权益法可转损益的其他综合收益		
2. 其他债权投资公允价值变动		
3. 金融资产重分类计入其他综合收益的金额		
4. 其他债权投资减值准备		
5. 外币报表折算差额		
六、综合收益总额		
七、每股收益		
（一）基本每股收益		
（二）稀释每股收益		

28．12 月会计科目余额试算平衡表。

会计科目余额试算平衡表

2020 年 12 月　　单位：元

科目名称	期初借方余额	期初贷方余额	本期借方发生额	本期贷方发生额	期末借方余额	期末贷方余额
库存现金						
其他货币资金						
银行存款						
交易性金融资产						
应收账款						
坏账准备						
应收票据						
预付账款						
其他应收款						
材料采购						
原材料						
周转材料（低值易耗品）						
周转材料（包装物）						
材料成本差异						
库存商品						
制造费用						
生产成本						
固定资产						
累计折旧						
在建工程						
无形资产						
长期待摊费用						
短期借款						
应付票据						
应付账款						
其他应付款						

（续上表）

科目名称	期初借方余额	期初贷方余额	本期借方发生额	本期贷方发生额	期末借方余额	期末贷方余额
应付职工薪酬						
应交税费						
应付利息						
一年内到期的长期负债						
长期借款						
主营业务成本						
主营业务收入						
销售费用						
管理费用						
财务费用						
税金及附加						
信用减值损失						
所得税费用						
股本						
盈余公积						
本年利润						
利润分配						
合计						

29. 资产负债表。

资产负债表

编制单位：　　　　　　　　年　　月　　日　　　　　　　　单位：元

资产	期初余额	期末余额	负债及所有者权益	期初余额	期末余额
货币资金			短期借款		
交易性金融资产			交易性金融负债		
衍生金融资产			衍生金融负债		
应收票据			应付票据		

（续上表）

资产	期初余额	期末余额	负债及所有者权益	期初余额	期末余额
应收账款			应付账款		
预付账款			预收账款		
应收利息			合同负债		
应收股利			应付职工薪酬		
其他应收款			应交税费		
存货			其他应付款		
合同资产			持有待售负债		
持有待售资产			一年内到期的非流动负债		
一年内到期的非流动资产			其他流动负债		
其他流动资产			流动负债合计		
流动资产合计			非流动负债		
非流动资产			长期借款		
债权投资			应付债券		
其他债权投资			长期应付款		
长期应收款			预计负债		
长期股权投资			递延所得税负债		
其他权益工具投资			非流动负债合计		
其他非流动金融资产			负债合计		
固定资产			所有者权益		
在建工程			股本		
无形资产			资本公积		
开发支出			减：资本公积		
商誉			其他综合收益		
长期待摊费用			盈余公积		
递延所得税资产			未分配利润		
其他非流动资产			所有者权益合计		
资产总计			负债及所有者权益合计		

【实训要求】

根据12月份发生的经济业务，编制记账凭证；试算本月会计科目发生额平衡表，并填写12月会计科目余额试算平衡表；编制本月的利润表；编制资产负债表。